JN335948

# 民家の再生 II
[転用事例編]　降幡廣信

## はじめに

　振り返れば、昭和53年(1978年)のことだ。安曇野市で工事を終えた古民家を見た後の、松本市にある生野家模様替工事の現場だった。私の仕事を見た、今は亡き立松久昌氏(1983年より1991年まで『住宅建築』編集長)に目を覚まされた言葉が思い出される。

　「降幡さん、こんなのを毎年3軒したら、あんた、えらいことになるよ。」という雲をつかむような言葉だった。

　それに対して、「ええ、毎年5軒くらいしてみせますよ。」と軽く言ってしまった。突然その場に似合わない言葉を受けて、硬い雰囲気をほぐすためだったのだが、そのことが約束となってその後の私の心の重荷となった。

　それから本格的に民家と取り組み、民家再生の実例を『住宅建築』誌に発表して10年経った1989年、建築思潮研究所の平良敬一氏を通じ、『民家の再生——降幡廣信の仕事』が建築資料研究社より出版された。

　その内容を見ると、私が民家再生方向へ一歩踏み出したのは、年代的に見て木曽奈良井宿の「上問屋資料館」の工事だった。資料を保管・展示していた手塚家を、独立した専門の上問屋資料館とし、住宅を裏に新築する工事だった。古民家を資料館にするためには新しい工夫、即ち再生の発想が必要だった。その新しい発想が印象を変え、斬新に映ったのであろう。建築歴史の先生をはじめ、以前を知っている人の誰もが褒めてくださった。

　そんなことから、意を強くし古民家との付き合いを深めていったことになる。昭和51年(1976年)のことである。

　その後も木曽奈良井宿と隣の平沢の集落で仕事をさせていただきながら、仕事をした職人たちと共に徐々に再生の手法を学んでいった。仕事の多くは街道に面した古い店舗付住宅であった。それらを今日の住宅や店舗にするにあたっては、当然再生の発想が必要だった。前述の『民家の再生』に掲載の、平野酒造店と平沢の手塚邸もその一例である。

　そして今日までの24年余、『民家の再生』は参考資料として多くの人々に用いられ、日本に多くの再生民家を生んできたと思う。

　私もその間、多くの民家再生にたずさわって、多くの人や家を通じて教えられ、学んできた。その中には、住まいもあったが、住まい以外の飲食店や旅館、催し場等の商業用建築も多くあった。今後も日本の民家を住宅以外の建築へ再生することが行われることであろう。その資料として、私のしてきた仕事が何らかのお役に立てれば、お世話になった古民家への恩返しになるだろう。また、民家をつくられた方、そして守ってこられた方への感謝の気持ちを表したうえで、私に協力し、再生工事に携わった方々と、支えてくれた社員の労に、幾分なりとも報いることにもなるだろう。そんな思いのなかで生まれたのが『民家の再生Ⅱ 転用事例編』である。

　続編は前編と内容を異にし、重複しない方法をとっているため、再生工事に関する説明は前編を参考にしていただき、続編も参考資料としての効果をあげていただければ幸甚である。

　いまは、その願いが叶えられることを祈るのみである。

　合掌

降幡廣信

目次

はじめに
2
再生にみる民藝の美学　藤森照信
4
異種混在が生み出す陰影の美　平良敬一
6
予期しない未知の世界へ　降幡廣信
8

## 医院・美術館・ギャラリー
10
新潟 佐藤医院
12
長野 塩尻短歌館
18
長野 中町・蔵シック館
24
長野 杏の里 板画館 森獏郎美術館
30
埼玉 工芸ギャラリー ひよし
36
三重 備伊巣
42
広島 常乙女
48

## 花屋・催事場・食事処
54
岐阜 四季彩
56
大阪 木野邑
62
大阪 桜の庄兵衛
70
千葉 茶房 宮﨑邸
78
東京 車家
86
神奈川 鈴廣蒲鉾本店
92
長野 麓庵 かつ玄
100
広島 我馬
106

## 湯処・温泉旅館
112
東京 前野原温泉 さやの湯処
114
福井 越前海岸 料理宿 やまざき
120
岐阜 平瀬温泉 藤助の湯 ふじや
126
岐阜 福地温泉 湯元 長座
132
岐阜 新平湯温泉 松宝苑
138
長野 大町温泉郷 あずみ野 河昌
144
長野 鹿教湯温泉 三水館
152
長野 野沢温泉 民宿 いけしょう
160
長野 白骨温泉 小梨の湯 笹屋
166

図面集
172
作品リスト
213
おわりに
214

# 再生にみる民藝の美学

藤森照信

　降幡廣信さんの仕事が平成2年（1990年）の日本建築学会賞に輝いたとき、降幡さんの仕事を知らない大方の建築家は驚いたし、知っている人は当然のことと納得した。
　それまで、文化財として民家を修理することは広く行われていたし、傷んできたからやっつけ仕事で増改築することは無論いたるところでなされていた。縄文時代・弥生時代以来の伝統を今に伝える民家は、文化財として凍結して人は住まずに形だけ生き永らえるか、それとも美的統一性など委細構わず継ぎはぎされフランケンシュタイン化して住み続けられるか、どちらかしかなかった。
　そうした中で、松本の工務店だか設計事務所だかの社長さんが古くなった民家を手に入れ、しかし美的統一を失わないようにあれこれ工夫している、という話が東京のジャーナリズムにも届き、やがて注目されるようになり、"古民家再生"の降幡廣信として、日本の建築界最高の賞を得た。
　降幡さんにこの前お会いした時、昭和59年（1984年）に関野先生からもらった葉書があるからと見せてもらった。私の先生は村松貞次郎で、そのまた先生は関野克になり、関野は戦後の日本の文化財保存行政のトップを務め、文化庁の現職の課長と東大の教授を兼任していた。そして文化功労者に輝いている。
　降幡さんが何で関野大先生から手紙をもらったのか、と怪訝に思った。孫弟子の私など、形見として東大寺の梔の断面でつくった飾り台しか受け取っていないというのに。
　読むと、あなたの方向は素晴らしいからその道を進みなさいという内容の、励ましの手紙だった。
　この出会いには歴史家にしか分からない面白さが秘められている。関野大先生はどうして降幡さんの古民家再生に興味を持ったのか。話は戦後すぐに逆上るが、昭和22年（1947年）、関野は建築部門の責任者として登呂遺跡を発掘し、その成果を世に伝えるために竪穴住居と高床式倉を復原した。
　そしてこの復原家屋は、関野の予想を超えた反響の波を戦後すぐの日本の社会に巻き起こしてゆく。戦前の神話を歴史とした過ちを反省し、事実に基づく古代史を作ろうという歴史界の決意があり、社会とそして政府にもまだ当時は天皇中心ではなく国民中心の新しい社会を築こうという熱い思いがあり、そうした中に日本の国民の住まいの原型として登呂の復原住居が登場した。
　登呂の発掘は脱神話の歴史的事実としてにわかに注目され、その象徴として関野の復原住居はジャーナリズムに取り上げられ、日本史の教科書に載る。今はどうか知らないが、かつてはたいていの歴史の本や教科書に登場したから、見覚えのある読者は少なくないだろう。

　日本人の住まいのイメージの原点に登呂の竪穴住居は根付くことに成功した。
　しかし、もし復原が茅の先もボロズタにカットされ、茅の下端は土の中にめり込んでいるような造りだったらどうだろう。果たして日本国民のイメージと心の中に根を下ろすことができただろうか。無理だろう。美的に統一されていたからこその成果だった。
　だが冷静に考えてみれば、茅の先をきれいに切り整えるために不可欠な鉄製の刈り込み鋏なんてこの時代には現れていないし、茅の末端を地面から少し浮かす必要なぞ全くない。縄文時代のあの辺の茅葺き屋根の上には防寒のため土が載せられ草でカバーされていた可能性も高い。いずれにせよ竪穴住居の実情はただのボロ小屋同然だったに違いない。
　そのボロ小屋を美的に統一する時、役立ったのは、意外かもしれないがオランダの20世紀初頭のアムステルダム派の茅葺き民家と私はにらんでいる。関野は、戦後、デザイナーを目指しており、堀口捨己の下で日本工作文化連盟の事務局長を務めていた。この連盟は、ドイツのバウハウスをモデルに、堀口をリーダーに、前川國男、坂倉準三、一番若手として丹下健三らが集まっていた。当然のように関野は、堀口に兄事し、当然のように堀口がアムステルダム派に学んで作った茅葺きの名作<紫烟荘>を知っていたし、共鳴もしていた。茅葺きを使ってもモダンでオシャレな住宅が可能であり、その肝心は、①茅をむくらせて葺くこと、②茅の切断面をシャープに見せること、③地上から浮かすこと、と知っていた。
　アムステルダム派の茅葺き美学と日本の江戸以後の茅葺き民家に共通性を認め、その二つを踏まえ、関野は、オシャレでモダンな竪穴住居を復原した。デザイナー関野の美的統一の基にあったのは20世紀初頭のオランダと、日本の江戸時代以後の民家の姿だった。
　なお、師の堀口も、関野の仕事に大いに刺激され、われこそ茅葺きモダンの本家とばかりに長野県茅野市の尖石遺跡に竪穴式住居を美しい建築として復原している。
　その関野が、降幡さんの仕事に魅力を覚えて励ましたのは、登呂や尖石の復原と同じことをしている、と直感したからではないか。
　もし関野先生の存命中に降幡さんに出した手紙の一件を知っていれば、その時の気持ちを確かめることができたのに、残念である。
　さて、では、降幡廣信による古民家再生の美的統一はどこからもたらされたんだろうか。
　関野の登呂と堀口の尖石に続いて、藤島亥次郎東大教授が塩

尻の平出遺跡の復原家屋をつくっている。尖石も平出も松本に近いとはいえ、考古学ファンでもない限り見ていないはずだから、この二つに降幡美学を繋いで考えることは難しい。

降幡さんの再生古民家を美的に統一している美学を、降幡さんに先行する日本の建築家の仕事に求めることはできない。もしそういう建築家がいれば先にその人が学会賞に輝いているからだろう。

堀口捨已は数寄屋造の美とモダニズムの美を融合させた八勝館御幸の間で、吉田五十八も新興数寄屋によって日本の伝統に新風を吹き込み高く評価されたが、いずれも数寄屋をベースにしており、降幡とは日本の伝統建築の筋が違う。

日本の木造建築の長い長い歩みは、二系二流に分けると理解しやすい。まず、宗教建築と住宅建築の二つの系統に分かれ、宗教系には神社と寺院の二流。住宅系には縄文時代の竪穴住居の流れと弥生時代に始まる高床式住居の流れがあり、竪穴の流れはそのまま強い生命力を持ち続けて江戸時代に形式の確立する各地の茅葺きの民家となる。高床の流れは、その後の歴史の流れに合わせて表現を進化させ、平安時代には寝殿造に変わり、室町時代には書院造として確立し、そこから異端児として茶室が分立し、分立した茶室に強く揺すられて書院造から数寄屋造が生まれ出る。

住宅の系統では、"竪穴住居→茅葺き民家"の流れと、"高床住居→寝殿造→書院造→茶室→数寄屋造"の流れの二つが認められる。

とすると、降幡に先行する堀口も吉田も、その先の藤井厚二も村野藤吾も、高床→数寄屋の流れのモダン化に功あったが、竪穴→茅葺き民家の流れの現代化に関わったわけではない。堀口は紫烟荘と尖石復原と湯河原公園の茶室「万葉亭」で茅葺き民家と接触するが、その時だけのこと。村野も処女作の大丸舎監の家でアムステルダム派を意識した表現をし、戦後の樹木園で茅葺きを試みるが、日本の民家へと繋がっているとは言い難い。

ずっと長いこと、日本の建築界では、竪穴住居→茅葺き民家の流れは放置され、そこにモダンな美と機能性を注ぐ者は降幡以前には現れなかった。

と書くと、レーモンドと吉村順三がいるではないか、との指摘があるかもしれないが、二人と降幡は違う。レーモンドはル・コルビュジエ以後のモダニズムの空間を日本の伝統民家の一部を使ってつくりあげたのに対し、降幡は、あくまで民家を本体とし、それを美的にも機能的にもモダンな水で洗っている。降幡以前、そういう建築表現はなかったのである。

さて、では、最後の謎に取り組まなければならない。モダンな水で洗ったその水とは一言で言うなら何だったのか。降幡建築を特徴づける美的統一の美とは何だったのか。答を先に言うなら"民藝"だった。そう、柳宗悦が発見した民藝の美。

降幡青年の出た大学は、意外にも関東学院で、もっぱら写真に明け暮れ、写真家を目指し、コンテストで入賞し、海外に紹介されてもいた。しかし、病んで松本に呼び返され、親の工務店を継ぐ。地方の中小建設会社の常として、民家や店舗や田舎の建主の求めに応じてあれこれ手がけねばならない。東京で写真家を目指し海外にもちょっと手の届いた青年にはもどかしい思いがわだかまっていたに違いない。

そんな時、一つの方向を見せてくれたのは、池田三四郎だった。池田も若き日に写真家を目指したが、志果たせず松本に帰り、工作機械の発明に取り組んだり軍の格納庫をつくったりした。戦後は工作機械が縁で家具製造に乗り出し、柳の民芸を手本にデザインした家具を地元の家具職人たちに広め、〈松本民芸家具〉の生みの親となる。

大学院生時代の私が池田さんに会ったのは師の村松貞次郎に紹介されてだが、まさかその時は、関野大先生と降幡さんに繋がりがあるとも、それより何より池田三四郎が降幡さんの叔父さん(宏子夫人の叔父)とは思いもよらなかった。

池田三四郎は迷える降幡に、"民家と洋風家具には共通性がある"と教えたという。ただしここに池田のいう洋風家具とはルネッサンス以前の中世の家具を指し、素木を加工した素朴なもので、松本民芸家具はその流れを汲む。

こうして新しい道に足を踏み、松本民芸家具と共通する建築をつくり始めたものの、自分の足下に広がる道への自覚も確信も乏しい。すると外からの二つの言葉の光が道を照らしてくれた。その最初が農村建築計画学の持田照夫で、次が関野克だったのである。

安曇野の工務店の息子として生まれ、稼業に反発してキリスト教系大学に入り、写真家を目指したものの田舎に帰って家業を継ぐ。人生の前半は迷える子羊としかいえない降幡だが、受光力に恵まれていたのだろう、幾筋かの外からの光に行き先を照らされ、古民家再生へと辿り着いた。辿り着いた美学は民芸家具を空間化したものだった。

---

藤森照信(ふじもり・てるのぶ)
1946年　長野県に生まれる
1971年　東北大学工学部卒業。1978年　東京大学大学院工学系研究科建築学専攻博士課程修了。1980年　工学博士(東京大学)。近代建築、都市計画史を専攻。1998年〜　東京大学生産技術研究所教授。全国各地で近代建築の調査・研究にあたる一方、1986年　赤瀬川原平氏らと「東京建築探偵団・路上観察学会」を結成、モノの観察を通して現代文化の断面を斬新に読み解く。2006年　第10回ヴェネツィア・ビエンナーレ建築展で日本館のコミッショナーを務める。2010年　東京大学を退官後、工学院大学教授に就任。東京大学名誉教授。2014年　工学院大学退官。『明治の東京計画』(岩波書店)で毎日出版文化賞、『建築探偵の冒険　東京篇』(筑摩書房)で日本デザイン文化賞、サントリー学芸賞受賞。建築作品として「神長官守矢史料館」「タンポポ・ハウス」「ニラ・ハウス」「一本松ハウス」「秋野不矩美術館」「熊本県立農業大学校学生寮」などがある。日本都市計画学会賞、東京市政調査会藤田賞、日本芸術大賞、日本建築学会賞受賞。

# 異種混在が生み出す陰影の美

平良敬一

　木造の民家は、素材としては基本的に木材が主となる構造ではあるけれども、異種混在のハイブリッド性という性格を否定することはできない。材質も多くの場合、必ずしも同質が原則というばかりでなく、細々した細部にまで目配りをすれば結構単純とばかりはいえず、複雑な構成をなすといえなくもない。さらに重要なことは、素材に対する愛情細やかな配慮があり、異種混在・併存という独得な日本文化の伝統の柔軟性を際立たせている。

　谷崎潤一郎が、かつてハイブリッド性をもつ民家が生み出す陰影の作用を、美の問題として称賛したことが忘れがたい記憶として私のなかにある。そのことを降幡廣信の民家再生においても体験させられ、いまでも生々しく蘇るのである。

　時間の永い持続のなかで蓄積されてきた民衆の生きられた陰影感覚にこめられた感性は、現代の環境のなかでも力強く作用しており、〈光一元論〉という明るさ一点張りのモダニズム全般に対する批判的なラジカリズムとしての役割を果たしているといってよい。ハイブリッド思考というものづくりが生み出す陰影の美は、民家再生に期待される希望の課題ではないかと私は考える。

　しかし、この主張の前提として、大河直躬が降幡の仕事への取組みの姿勢に読みとったことを挙げておきたい。降幡が民家の屋根を大事にし、小屋組と軸組構造とを重視するのは、そこに実用的機能を超えた意味の領域にまで踏み込み、地域社会への連帯のメッセージとして、象徴性の実在を見てとっているからだ、と。大事な指摘である。

　降幡のこうした取組みの姿勢は平面構成の視点からも、変わらず非常にはっきりしている。屋根から民家の表側のパブリックな空間に注視すると、室内意匠はできるだけこれまで通りとして手を加えていない。大河直躬はその理由として、民家のパブリックな空間の起源を歴史的に考察したうえで、民家の前面にひろがる外部空間、すなわち〈ニワ〉の存在とのつながりを重視しているからではないかと考える。その場所は、もともとは祖先の霊を迎えたり、送ったりした祭祀の場ではなかったかとの指摘を、私は重く受け止める。

　さらに大河が述べるのは、民家再生の意義について、ひとつは、古い町並みや農村の集落に対しての影響であり、ふたつめは、現代建築のデザインそのものへの影響である。影響を及ぼす力となっている、伝統に培われた多様な形をとると思われるその本質は、形は異なるかもしれないが、持続していると。その本質とはハイブリッド性のモノづくり、異種混在性の表出する陰影の美にこそ存在すると私は考える。

　素材との対話、場所との語らいなくしては、大地との交流もありえない。木造の民家はそのプロセスなくしては生まれない簡素な佇まいと単純な構成だが、それにもかかわらずいろいろな矛盾を抱え込まずには、成り立ち得ないと実感せざるをえない。こうした民家の担い手である素人の感性の居場所は、一元的ではなく多元的な、多矛盾系の場であるほかはない。このようなハイブリッド性としての陰影本質こそ、民家という存在の根底をなすのではないかと考える。

　そこには素材への愛が伴う。その愛よりもいっそう大きな愛として、家の中心の位置を占める大黒柱のもつ倫理性にまで及ぶ思想性が、日本の民家には備わっている。それこそが降幡廣信の民家再生におけるもっとも重要な発見ではなかったのかと思う。

　願わくは、現代建築も、そうした質を獲得するための体質改善がなされてほしい。その先に、高くそびえる過去としっかり対峙しつつ未来へと持続する道が拓かれると私は思う。

---

平良敬一（たいら・けいいち）
1926年　沖縄県に生まれる
建築ジャーナリスト。東京大学第一工学部建築科卒業後、新日本建築家集団（NAU）事務局に参加。1950年『国際建築』編集部員となり、1953年『新建築』へ移籍。退社後、1959年『建築知識』の創刊に携わる。1960年、編集長として『建築』創刊。1962年に鹿島出版に入社後、1965年に編集長として『SD』創刊、1968年『都市住宅』の創刊に関わる。1974年に編集事務所・建築思潮研究所を設立して、1975年『住宅建築』、1996年『造景』を創刊、それぞれ初代編集長をつとめた。1997年、戦後日本の建築ジャーナリズムを牽引した功績から、日本建築学会賞受賞。著書に、『「場所」の復権』（建築資料研究社）、訳書にバーナード・ルドフスキー『人間のための街路』（鹿島出版会）など。

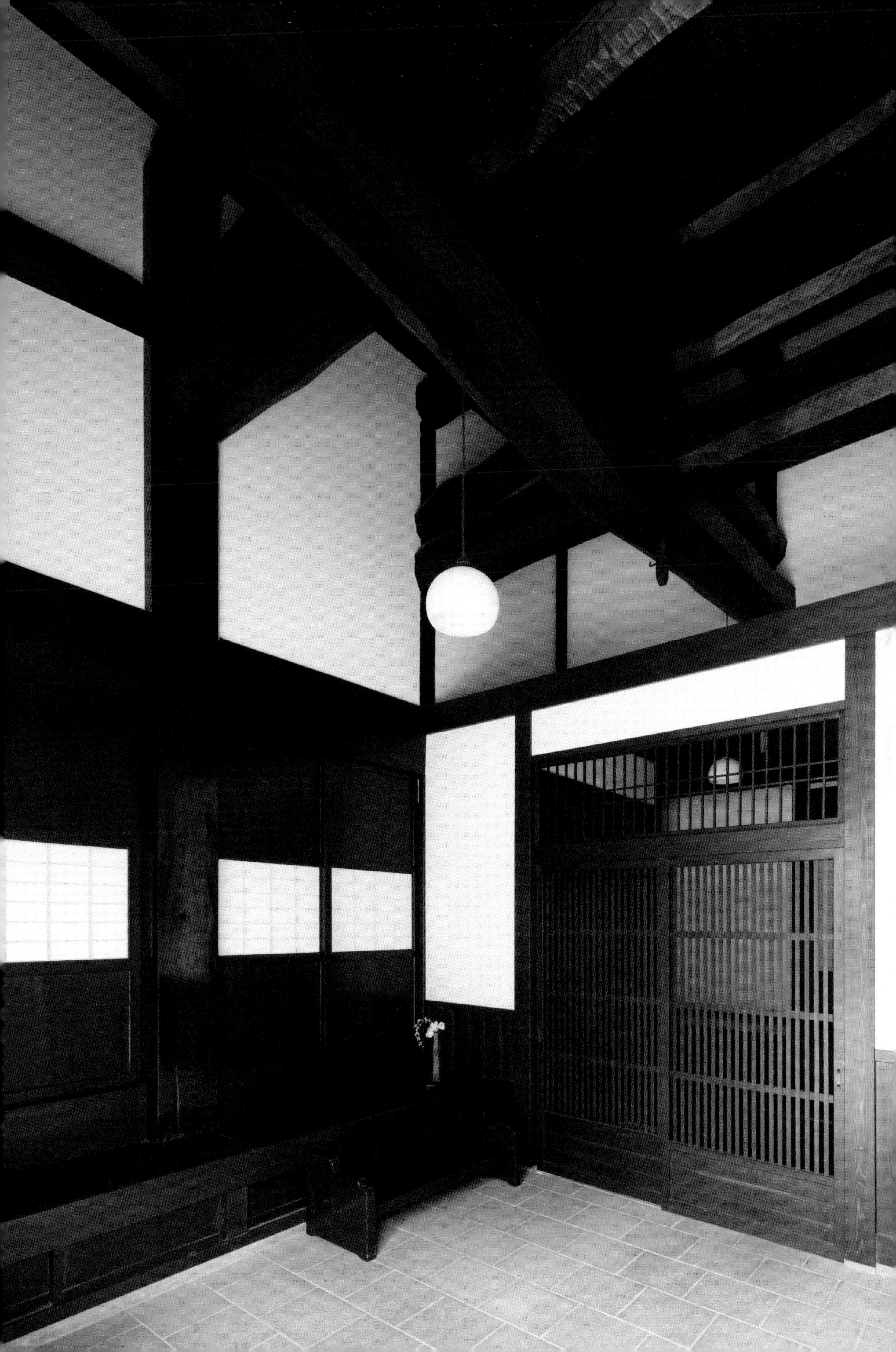

# 予期しない未知の世界へ

降幡廣信

## 民家再生のはじまり

　民家再生は、私に考えや計画があって進めてきたことではない。予期しない未知の世界へ、大きな力で引き込まれ、背中を押され前へ進んできたというのが実感である。

　そこには古い家があり、家主がおられ、ご指導くださった先生方や関係官庁の方、そして共に工事をした仲間がいた。私の仕事に注目して発表した雑誌の力も見逃せない。それらの方々と共に、一つひとつの目の前の仕事を進め、たどり着いたというのが実感である。

　なかでも、特に大きな影響をもたらしたのは、松本市の草間家（前回の『民家の再生』に掲載）だった。【再生】を意識しながらした民家再生の最初の仕事だったからだ。これが『住宅建築』誌に掲載されて、大きな影響をもたらした。

　九州臼杵の小手川さんも、草間家の再生された写真を見て、心打たれて私に手紙をくださった。それが今日まで30年間にわたる臼杵との縁につながっている。

　草間家再生の経緯はこんなことだった。

　1980年（昭和55年）、民家の勉強をしてきた群馬県桐生市出身の星野訓子が入社した。私は新築の設計は学んだが、民家は無知に等しかった。彼女はわが社に新しい力を持ち込み、新しいものをもたらした。

　当時、戦後35年が経過して、手つかずだった住宅の造り替えが盛んになされていた。反面、工事関係者は目の前の新築の仕事に目を奪われて、廃屋とされた古い家を無視し、見捨てていた。前世紀のみじめな生活をそのまま続けている家が近隣にも目立った。手立てのないままがまんしていた人たちだ。そのような人々のために、家の医者として役立とうとしていたときだったから、星野の入社は心強かった。

　そこで、彼女の専門分野の古民家を訪問し、現状を見せていただいてアドバイスして回ることを始めた。安曇野の近隣から始め、松本市内へと進めていった。そんななかで巡り合ったのが草間家である。

　朝出て昼に帰ってする私への報告が、普段とは違っていた。興奮した顔で、「社長、もし良心的な建築家でしたら、草間さんをこのまま見捨てておくことはできないはずです。」と彼女は言った。他人のような厳しい言葉を最初に浴びせられたことで、草間家を訪問しても、尻込みしないですんだのだと思う。

　実際に見て感じたのは、今まで訪れた民家は古くて血が通った温かさのある家だったが、その家はもう血の通わない「冷たくなった家だ」ということだった。それが草間家の第一印象だった。

　古い部分は、当時270年の歴史をもち、新しい部分ですら築170年が経過していた。120坪の室内には、雨漏りを受けるための洗面器や鉢や雑巾が点在していたし、雨漏りを避けて畳を上げた部屋もあった。外から屋根を見ると、雨漏りの修理のために、その都度近所から譲ってもらった不揃いの古瓦で、無秩序に覆われていた。瓦葺の美しさのないすさまじい外観で、正に末期的な廃屋の姿であった。

　こんな場面を見たからには、このまま引き下がるわけにはいかない。早々翌日屋根をシートで覆う手当をしたのだが、老朽化していて登れる屋根ではなかった。

　そんな経過が、家のことを心配しながらも他所の市に住んでいる息子さんに伝わり、息子さんから依頼されて工事をすることになった。命を取り返す【再生】に相応しい仕事だった。

　【再生】という言葉を知ったのは、草間家を設計中のことだった。星野が教えを受けた、当時大阪市立大学教授の持田照夫先生が、遠く離れたところに就職した教え子の日常を心配して様子を見に来られた。私どものした仕事をご覧いただいた後、草間家の図面を見ながら、「降幡さん、あなたは私たちが建築学会で、机の上で研究している民家の【再生】を現実に行っているではありませんか。誰よりも先に。」と言われた。そのとき【再生】という言葉を初めて耳にした。「そうだ、死んだ家を生まれ変わらせればいいんだ」と心のなかで叫んだ。新しい世界が開かれた瞬間だった。

　その後、多くの方々の支えがあって続けてこられた。信州の講演の帰り、再生された民家を訪ねられた関野克（次頁略歴参照）先生は「ことによると、この方法は建築界の新しい扉を開くことになるかも知れない。そのためには道が必要です。道のない扉では、試みに終わってしまうことにもなりかねません。道をつけるよう頑張ってください。」と私に言われた。

　関野先生は東京大学名誉教授で、文化財の保存に貢献された。

## 再生による街づくり・臼杵

　九州大分県の臼杵市は九州の東海岸の古い市で、国宝の石仏で有名である。私が初めて本州を離れて海を渡った場所である。1984年（昭和59年）2月11日だった。その日のことはいまも忘れていない。きっかけは、前年の11月、若い小手川強二・映子夫婦が住宅の相談に、信州の私の家へ来てくださったことから始まる。

　小手川さんは家業の味噌・醤油の会社を引き継ぐために、勤務先の福岡から臼杵へ帰ることになり、その住まいのことでお見えになった。それを受けて私が臼杵に行ったのが翌年の2月11日だった。

　臼杵の印象は、前日降った雪がまだ日陰に残っていて、私の思っていた暖かい九州とは違っていた。2月の北九州が寒いことを知らなかった不勉強を反省した。

「臼杵市観光交流プラザ」再生後外観　　　再生前外観

それから、何回臼杵を訪れたことだろう。回数は忘れたが、関係した建物はすべて思い出すことができる。

臼杵の仕事は、小手川強二さんの家から始まった。続いて小手川商店、校舎の部材を使ったフンドーキン醤油の工場の事務所、他家の住宅を再生したフンドーキン本社社屋、野上弥生子先生・成城の家を海山荘へ移築。その後、海山荘へお茶室を移築。ふぐ料理の「久楽」、後藤家の「かりん亭」。臼杵市の公共の建物では、「サーラ臼杵」「子供図書館」「稲葉家下屋敷整備」「旧大分銀行臼杵支店」を「臼杵観光交流施プラザ」に。以上13ヵ所で、ことごとく再生である。

最初の小手川家以外は、住宅以外の用途である。なかでも、旧大分銀行臼杵支店は初めての鉄筋コンクリートの再生工事である。

このような臼杵の工事のなかには、説明を必要とするところが何ヵ所かある。とくに最初の小手川さんの家は、ここから臼杵とのご縁が始まった大切なところとなった。

1983年（昭和58年）、小手川強二・映子さんからの白い封筒が私の家に届いた。そこには、ご夫妻の立場と臼杵市とのつながり、家業のこと、そして、臼杵に住むための住宅を必要としていて、戻るための心の準備をしていることが書かれていた。結婚式出席のために上京する際、その相談に信州の降幡の家を訪問したいが、いかがだろうかとあった。11月26日、2歳になった長女紫乃ちゃんをおんぶして、列車を何本も乗り継いで、信州・三郷村の私のアトリエを訪ねてくださった。

お二人の希望は、臼杵の郊外の住宅地に、どこかの民家を譲り受け、住宅にして住みたいという話だった。

当初は遠い九州のことだから、アドバイス程度しかできないと思っていたのだが、いろいろと話を聞くうちに、私の考えは変わった。わかい2人の真剣な眼差しと熱意に打たれると同時に、いまだ見ぬ臼杵の町の魅力に惹かれ、一目見たい誘惑に駆られたのだ。そこで、翌年に臼杵を訪ねる約束をした。

小手川家の工事は、以前から小手川家ならびにフンドーキン醤油とつながりがあった、佐々木工務店の佐々木昭正社長と相談しながら進めた。以後の何ヵ所かも、佐々木社長に協力していただいた。彼は木造建築をよく理解していて、遠隔地にいた私の力になってくれた。

文化勲章受章者の野上弥生子先生の成城の家のときはこうだった。先生が亡くなられた後、都市計画のなかで、成城の家は取り壊されることになるということで、特徴的なロトンダ（円形の応接室）部分を弥生子先生の生家である小手川酒造の敷地のどこかへ移築したいと、強二さんのお父上（弥生子先生の甥）から相談を受けた。住宅の魅力的な一部分を見た人はたいてい全体を見たい思いに駆られる。そこで、全体を移築なさることをお勧めした。いま、海に面した美しい場所に、野上弥生子先生の成城の家は、その場に相応しい姿で佇んでいる。

子供図書館は、臼杵出身の三菱総支配人荘田平五郎氏が1919年（大正8年）に臼杵市に寄付した図書館で、臼杵にとって大事な文化遺産だった。昭和30年代に隣に新しい鉄筋3階建の図書館ができ、ここは資料館となっていたのだが、古い物の置場所同然だった。平成に入ると、新図書館が次第に狭くなる。資料館となった脇の旧図書館を取り壊し、図書館増築が提案されるようになった。

そんななか、強二さんのお父上が度々私を現地へ案内して、取り壊すことの是非について質問された。私は終始反対意見を申し上げた。「臼杵市の誇る文化遺産を捨てることは、歴史のない新しい都市になり下がることになります」とお話しし、別の提案をさせていただいた思い出多い図書館だった。

2003年（平成15年）、木造の旧図書館は臼杵子供図書館として生まれ変わり、好評である。それは、荘田平五郎氏が故郷臼杵へ送った記念でもあり、誇り高い図書館になっている。図書館以外の「稲葉下屋敷」「サーラ・デ臼杵」「臼杵市観光交流プラザ」等、市の建物は基本設計のみで、実施設計は地元の設計事務所が行っている。

「大分銀行臼杵支店」は、1972年（昭和47年）の建設当時、銀行の建物としては斬新なもので、臼杵市民の心を集めたことが想像される。しかし、時代の変化で人の好みも変わり、受け止め方も変化していた。

近年、臼杵城周辺の整備とともに、大分銀行臼杵支店が西北へ200m移ることになった。「その跡の建物を捨てるのは惜しい、再生はできないだろうか」と、当時の後藤市長より質問があった。鉄筋コンクリートの建物の再生は初めてだった。しかし「木造はできて鉄筋はできない」では筋が通らない。臼杵は歴史を残し、再生による街づくりを進めてきたなかで、他市にない落ち着きをもった街になっている。ここで鉄筋コンクリートの旧臼杵支店の歴史を残した街づくりを、他市に先駆けてすべきだという意味からも、建物を残すことをお勧めした。

臼杵は、城主大友宗麟がポルトガルとの交易を始めた歴史ある城下町である。その名残を観光交流センターの城側に新たにつくり、ここを正面玄関とした。土蔵の多い街に相応しいよう土蔵との調和を図って、土蔵造と同じ白漆喰の壁である。

---

関野克（せきの・まさる）
1909年2月14日～2001年1月25日。
建築史家、文化功労者。
関野貞の長男として東京に生まれる。東京帝国大学建築学科卒。1945年 東京大学工学博士。『日本住宅建設の源流と都城住宅の成立』。1946年 東京帝国大学（のち東京大学）教授、1965年 東京国立文化財研究所所長、のち博物館明治村館長。法隆寺金堂、五重塔の補修用資材の乾燥に高周波電波を用いるなど、文化財の保存科学に大きく貢献した。1990年 文化功労者。
【著書】『日本住宅小史』相模書房、1942年、『建築のいろいろ』筑摩書房、1951年（中学生全集）、『寺と社』大日本雄弁会講談社（講談社アート・ブックス）、1956年、『文化財と建築史』鹿島研究所出版会、1969年、『明治のたたずまい』博物館明治村、講談社、1980年、『日本の民家』学習研究社、1980年など。

医院
美術館
ギャラリー

佐藤医院
新潟・医院
写真＝山田新治郎

塩尻短歌館
長野・資料館
写真＝秋山実

中町・蔵シック館
長野・集会施設
写真＝林安直

杏の里 板画館 森獏郎美術館
長野・美術館
写真=林安直

工芸ギャラリー ひよし
埼玉・ギャラリー
写真=山田新治郎

備伊巣
三重・ギャラリー
写真=林安直

常乙女
広島・ギャラリー
写真=白谷賢

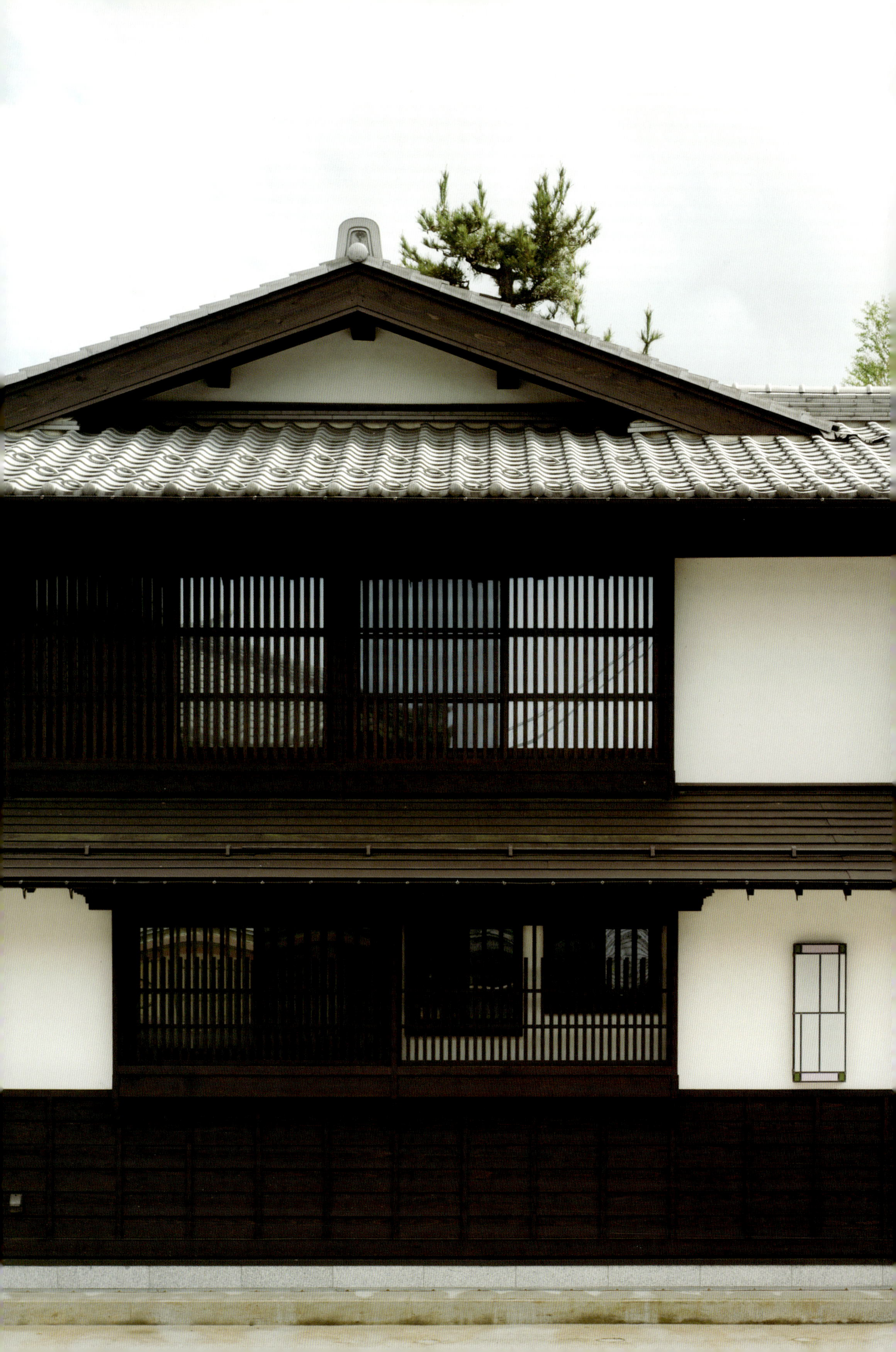

[医院]

## 景観への調和を図った木造の医院
# 佐藤医院
新潟県岩船郡関川村

施工＝山田建設
写真＝山田新治郎

上／正面外観中程に住宅、右端に医院の入口、
屋根はこの地方の特徴である撞木造り（写真＝降幡廣信）
下／受付と待合室
左頁／住居部分外観

配置図

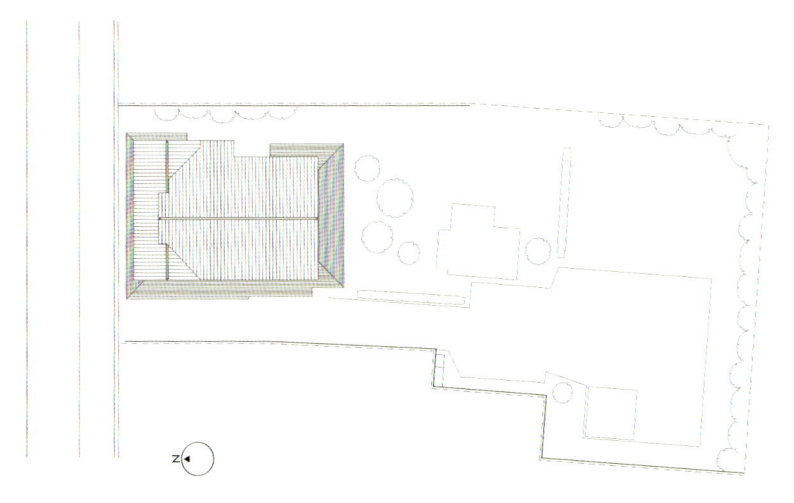

受付

上／診察室
左下／待合室を見る（写真＝降幡建築設計事務所）
右下／処置室
左頁／待合室と受付を見る

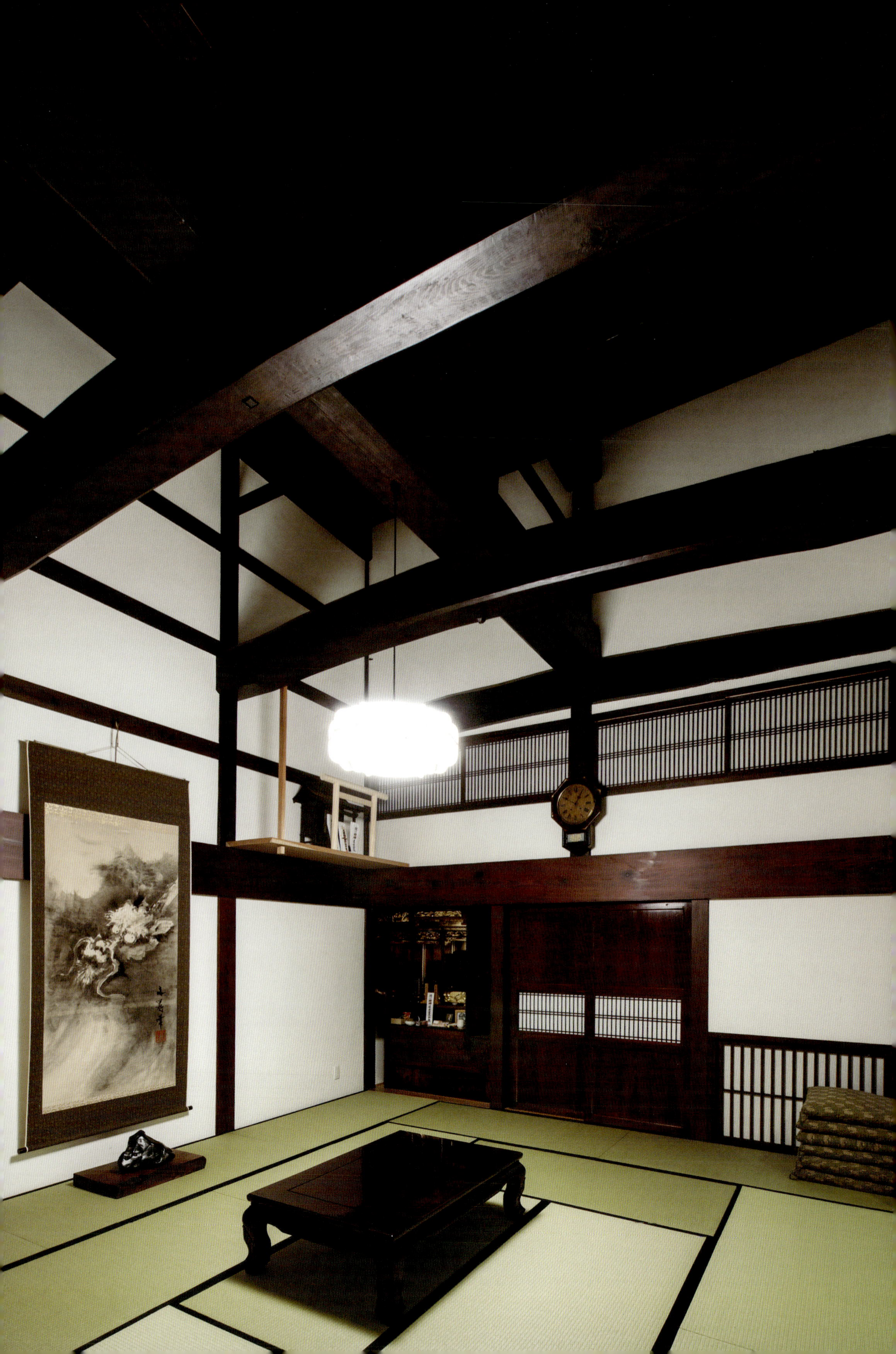

左／応接室より座敷を見る
右／住まいの入口は大戸のくぐり戸から入る
左頁／座敷（客間）を見る

　ここ新潟県関川は、新潟県と山形県を結んだ米沢街道のかつての宿場町。重要文化財の民家等が建ち並び、いまも歴史の重みを教えてくれる。

　佐藤靖医師の佐藤医院もそのなかにある。ここは50年前、先代が医院を開業するにあたって、文化財級の古民家を医院らしく模様替えした。当時流行のタイルが、内にも外にも使われていて、開業した院長はさぞご満悦だったことだろう。

　しかし、時がたち時代が変わり、かつては新しくて良かったはずの外観が、街並みと不調和に見える時代になった。

　佐藤医院のある関川の街並みは、全国的に見ても注目に値する場所である。国や県の文化財が建ち並んだ景観は他には類がないほどだ。佐藤先生は中心となって美しく調和した街並みづくりを呼びかけていた。そのためにはまず、不調和をもたらしている自分のところから始めてその効果を示し、この地域に街づくりへの意識を高めてもらおうと考えられた。

　さらに、この機会に佐藤医院の内外を充実させて、時代感覚をもった医院にすることで、ご相談をいただいた。

　間取りは、正面からみて右側3分の1が医院で、左側3分の2が住宅である。右側を奥に入ったところにあった医院の玄関を正面に移し、住宅の玄関とともに街並みに顔を向けることとした。

　外観には、佐藤医院があることで、関川と米沢街道の印象が良くなるようにとの願いを込めた。関川の街並みとの調和を第一と考え、外壁は白漆喰で、腰壁は下見板とした。

　医院内部も、外部と違和感のないものとして、街並みの雰囲気と調和させ、患者さんが親しみを覚え、安心感のもてるものとした。

　工事は半解体して骨組みのみにして、悪い材料を取り換えた。耐震に配慮して基礎工事も万全を期し、今後の長い歴史にたえうるように、祈りを込めた施工をしてもらった。

　内外ともに、患者さんへの優しさや、親しみやすさが伝わる、「民家の医院」ならではの落ち着きを感じとってもらえるように配慮した。その結果、「自分の家より落ち着く」という声が患者さんからでている。

　街並みとの調和を図った効果が、地元の人々に理解され歓びの声が聞かれる。その後、新たに街並みとの調和を図った家が、何軒か見られるようになった。

　佐藤医院の街並みへの配慮が、街に少なからず影響を残すことになったようだ。

上／本棟造の正面外観
右頁／入口廻り外観

[資料館]

所を得た完成期の本棟造り

# 塩尻短歌館

長野県塩尻市

施工＝野沢建設
写真＝秋山実

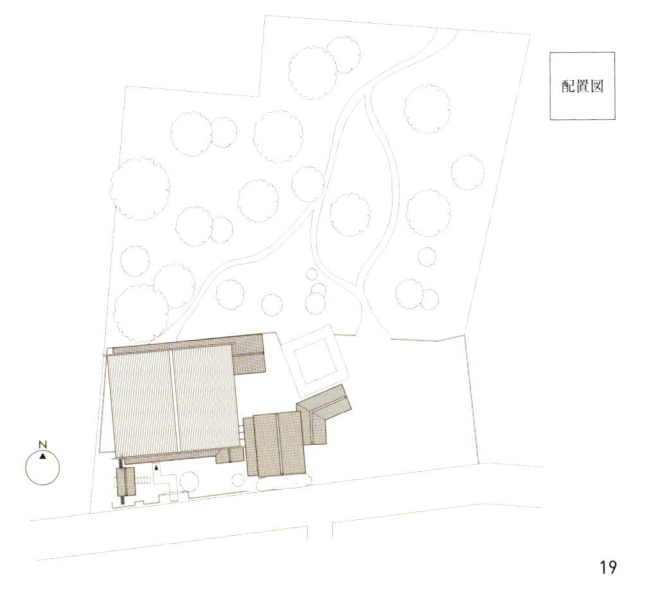

配置図

土間ギャラリーの吹抜けを見る

上／仏間より土蔵に面した石庭を見る　　下／正面の正玄関(式台)を見る

上／土間の式台より上座敷を見る
下／上座敷と床の間
右頁／屋根小屋組

　長野県のほぼ中央に位置する塩尻市。ここに、全国でも稀と思われる短歌館がある。塩尻市を中心としたこの周辺は、多くの優れた歌人を輩出した近代短歌発祥の地であったからだ。

　会館の建設に当たっては、誰もが新築を考えていただろう。しかし、当時の小野光洪市長は、この地方にあって日本の代表的民家である"本棟造り"を再生して短歌館とする考えを持っておられた。市長ご自身も民家を再生して住み、民家再生の効果を知っておられたからだろう。

　そのために用意されていたかのようにあったのが、『本棟造り』の柳沢家である。建設場所は3km程離れた郊外であるが、そ

こには既に多くの歌人の歌碑が、林の中に配置されて、「広丘短歌公園」となっていた。会館はその脇に建設され、公園との相乗効果が計られた。

柳沢家は旧市内にあり、周辺での都市化が進む中、長い歴史の落ち着きを漂わせ、人の目を引く建物となっていた。この家はかつて石灰商を営んでいたと伝えられ、塩尻市としても保存に値する"本棟造り"であった。

当時の千葉大学大河直躬教授は調査報告で、「柳沢家は、明治元年頃の建設と考えられ、保存状態は非常に良好である。本棟造りの完成期の建築であり、外観も内部も意匠的に非常に洗練されている。長野県内に現存する民家の中では、最も上質な建物であり、これに匹敵する例は他に見出しがたい。本建物は、その美的価値から見て、短歌博物館に利用するに最適であり、また、諸外国からの要人等を迎えるための迎賓施設としても、塩尻市にとって誇りにできる建物である。」と記している。

このような価値のある建物であったため、短歌館として再生するに当たっては、やむを得ない一部を除いては、ことごとくそのまま残すこととした。むしろ、できる限り創建当時の状態に復元することに努めた。

脇の収蔵庫と展示場は、RCによる土蔵風の造りにして、民家との調和を図り、屋敷の趣を強調した。

今この館では、近代短歌に関わる資料が展示され、また町起こしの一環として、全国短歌フォラム、地元の人々や子供たちの短歌教室などの会場として活用されている。

短歌館が、この地にゆかりある短歌と、この地方を代表する古民家の"本棟造り"の、精神的な調和をもたらし、この地方ならではの麗しい施設として再生されることになった。

保存するに値する価値ある建物が、塩尻のこの地に残されたことで、この館が近代日本の短歌と共に"本棟造り"の正しい姿を後世に伝え続ける意味は大きい。

[集会施設]

町民の集う場として
酒屋を移築再生

# 中町・蔵シック館

長野県松本市中町

施工＝橋場建設
写真＝林安直

配置図

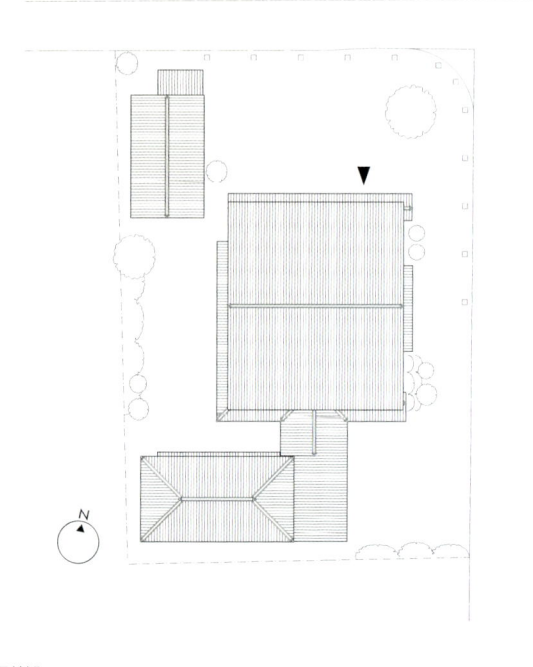

上／正面外観
下／東側外観。大きな漆喰の白壁が美しく、歴史を伝えている
右頁／茶房正面外観

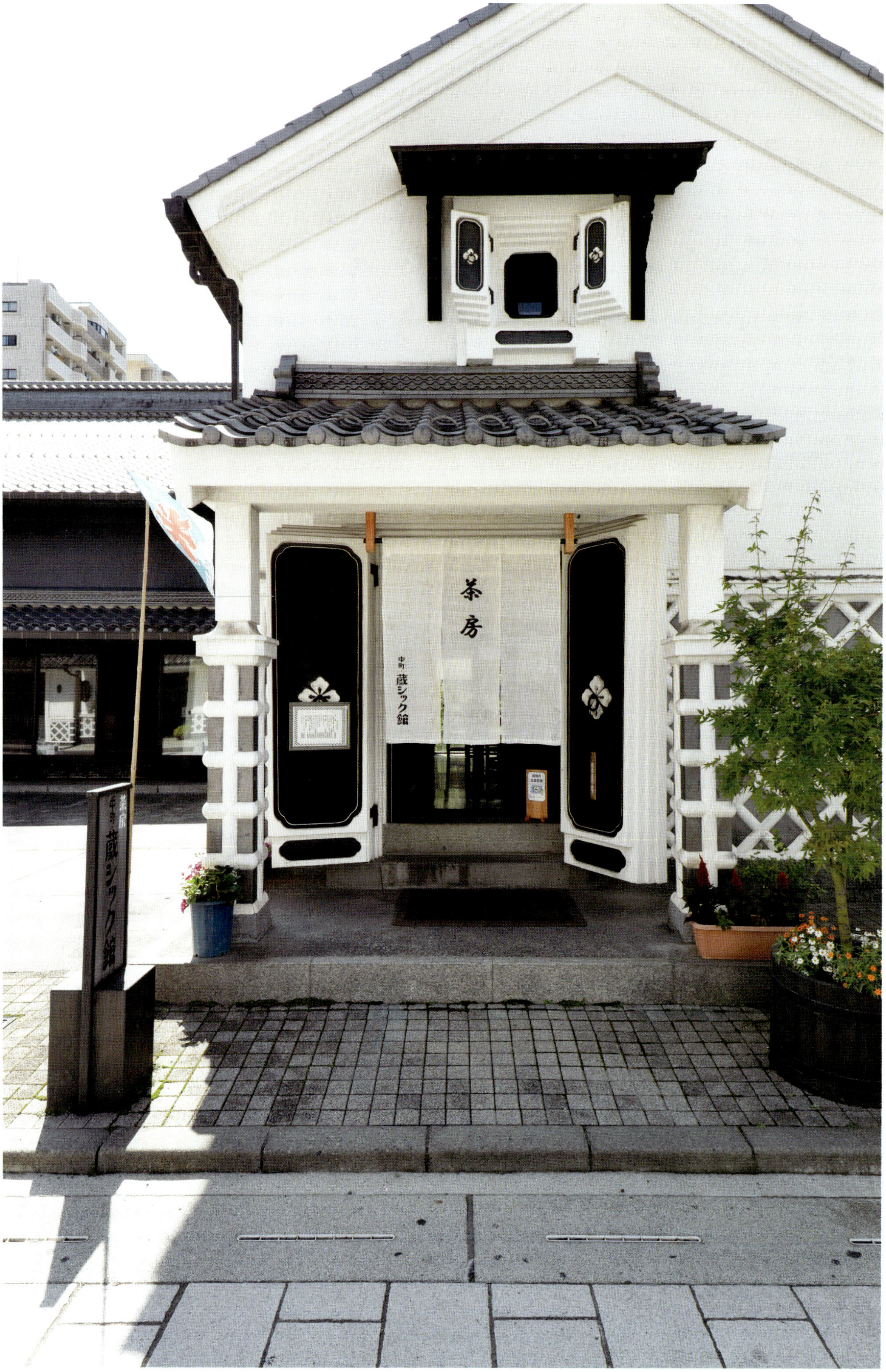
茶房
中町・蔵シック館
茶房
中町
蔵シック館

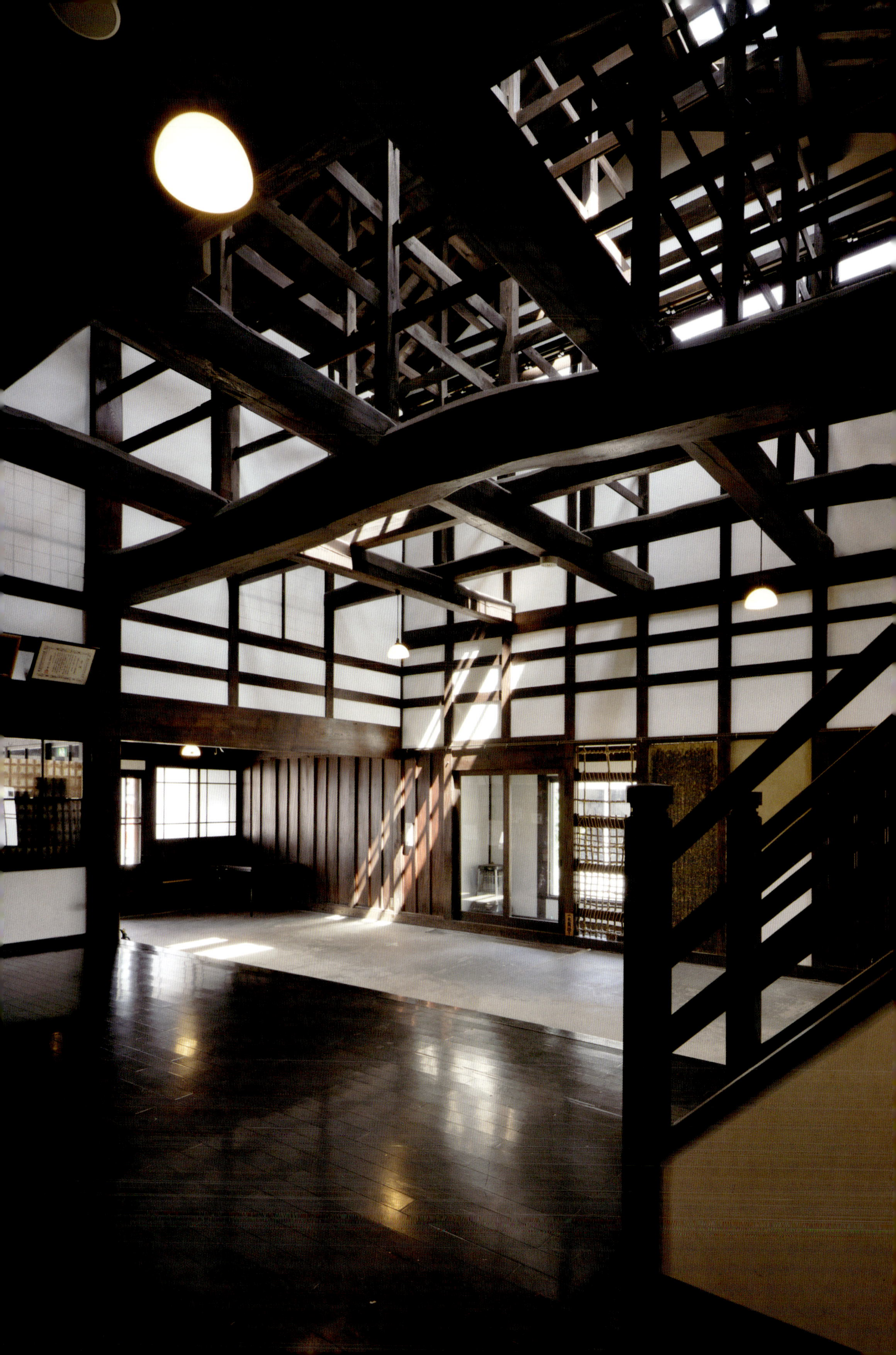

上／2階より小屋組を見る
下／茶房として再生された土蔵の2階客席を見る
左頁／土間上の小屋組を見る

ここは、日頃から「中町・蔵シック館」と呼ばれて親しまれている。常に展示会や講習会等、様々な催しがなされている。その理由は、蔵造りのお店が立ち並び、城下町らしさを漂わせていて、観光客が集まる通りにあるからだろう。

　しかも、通りの中央に位置していて、前庭広場もあり、主屋と脇の土蔵の喫茶店など、内と外に諸々の催しができる内容を備えているからだ。

　昔を振り返れば、中町は城下町の松本にあって、本町、東町と共に「親町三町」の一つに数えられ、大店が軒を連ねていたという。しかし明治21年の大火によって、町屋の大半は焼失してしまう。その教訓を生かして、耐火性を持つ土蔵造りの建物が多く造られた。同時に通りの店舗は繁盛し、街全体に商家や町屋が密集し、人通りの多い中町通を形成していった。

　しかし、この様に人口も多く商売の盛んな中町でありながら、町の中心として町民が集まったり、会議や諸々の催しをする場が無かった。そんな不都合を一日も早く解消することを町の人達は願っていた。

　1994年、そのような願いが叶うことになる。隣の宮村町で、古くから造り酒屋を営んできた「大禮酒造」が廃業し、マンションを経営することになった。

　道路に面した大禮酒造の外観からは落着きが感じられ、堂々としていて人の目を引いていた。城下町の松本を象徴するかのような構えだった。私も尊敬の念を持って見ていた建物だった。その大禮酒造がマンションに建て替えられると聞いて、時代の変化の厳しさをぐっと噛みしめて耐えたことが思い出される。私と同じ思いの人も多くいたことだろう。

　建て替えを知って、私は何度も訪問し、住まいとして残すことをお願いした。一方裏では、不要となるその建物を市が譲り受け、中町のために使うことになって、移築工事の話が進んでいた。

　その移築再生工事の設計監理を、弊社がさせていただくことになった。不思議なご縁としか言いようがない。

　大禮酒造の建物は、主屋・土蔵・離れの3棟だった。主屋と土蔵は明治21年、離れは大正12年に造られた貴重なものだ。

　移築再生の設計に当たっては、なるべく昔の姿を残すことを心掛けた。用途は変わっても、松本の古い商家の姿を町の中に残すことに意味がある。

　会館の中心は酒屋当時の2階建の主屋である。入口を入ると奥深い土間がある。かつては、奥の酒蔵から運ばれたお酒が高く積み重ねられて、行先を待っていた場所だろう。そこに天井は無い。柱の上の屋根を支える木材が高い所に交差していて、昔の商家ならではの不思議な美しさを漂わせている。今ここは、出入りの人が自由に休憩できる場所である。一段上がった床の1隅には事務所がある。隣に接客の場と生活の場が重なりながら連なっていたが、今は催しに合わせて自由に使われている。2階は畳の間が板の間に変わり、休憩所兼展示場である。

主屋と廊下で結ばれた「離れ」は、会議用の椅子式の部屋と畳の部屋が連なっている。2階は椅子式の広間がある。ここは、会議や講習会に使われるが、本館から離れて、奥まった静けさを活かした使われ方がなされている。

　会館正面右脇の2階建土蔵は、大禮酒造に於いても主屋の前に配置されていた。ここは今、通りに面した茶房である。1・2階に喫茶室があり、1階中央部にキッチンがある。1階喫茶室は吹抜けの天井に太い梁が交差したおおらかさが特徴であり、2階は狭い落ち着きが特徴である。

　道路脇にありながら、ともに土蔵造り独特の落ち着きが漂っている。

上／縁側越しに離れを見る
中／「離れ」の2階で講習会が行われていた
下／蔵シック館の建つ通りを見る（写真＝降幡廣信）
左頁／土間に土壁の標本がある

[美術館]

養蚕の記憶を残す
民家を美術館に

# 杏の里 板画館
## ──森獏郎美術館

長野県千曲市森

施工＝滝沢建設
写真＝林安直

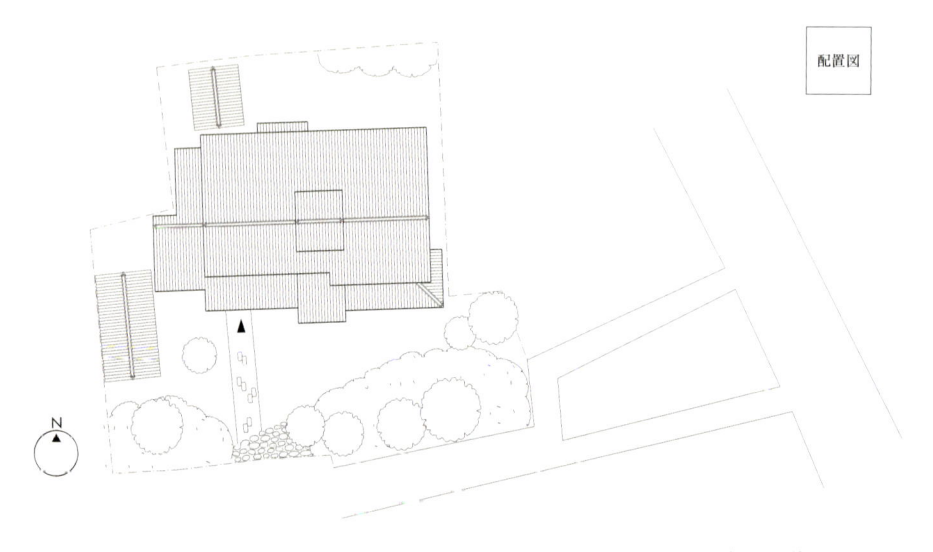

配置図

上／正面外観
右頁／玄関廻り外観

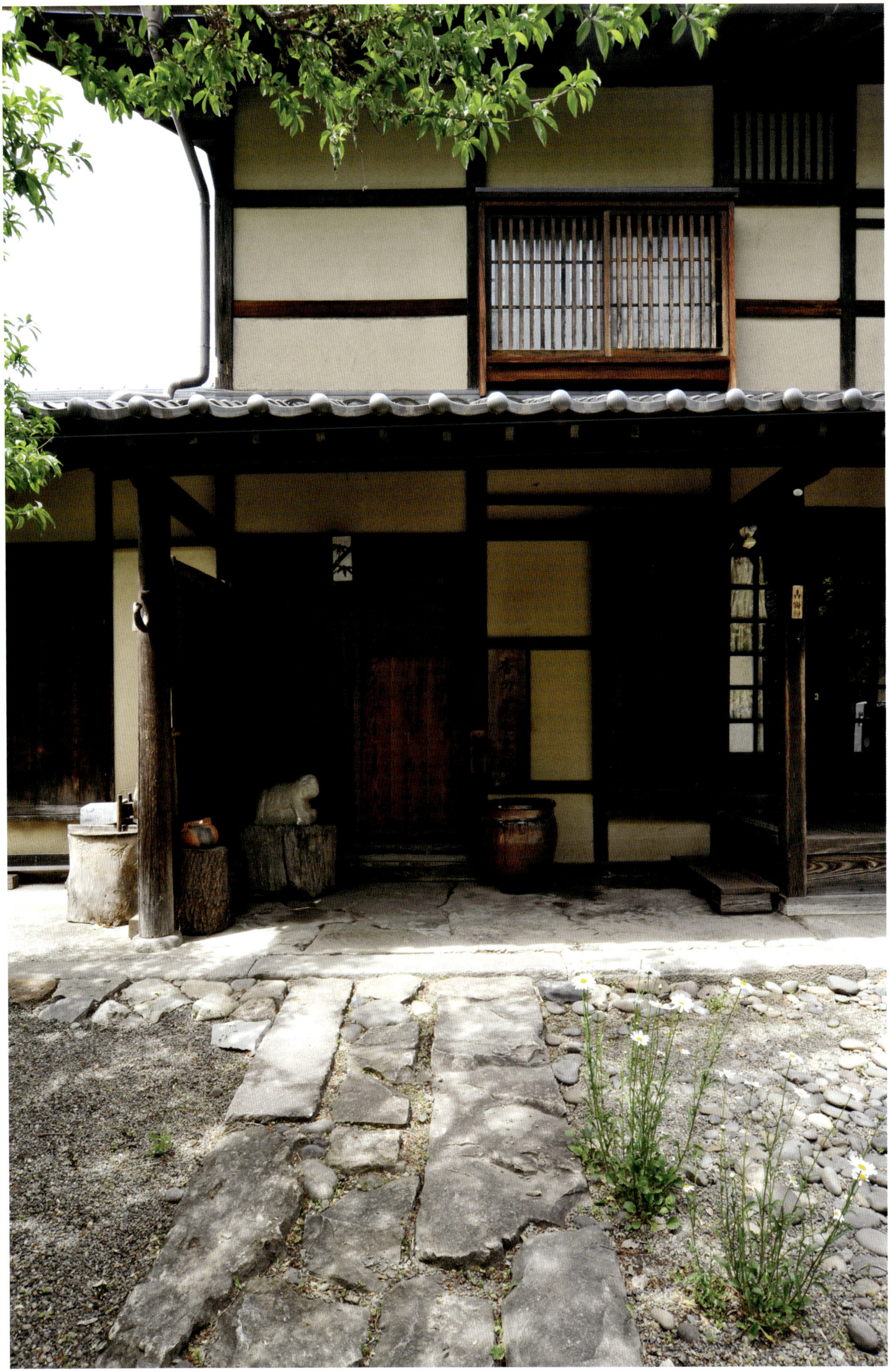

民家の再生Ⅱ［転用事例編］

上／2階の展示場
下／ステージは簡素にして、展示の邪魔にならないようにしている
左頁／ステージと光のための上部の構造材

ここは、春になると杏の白い花で一面彩られることで有名な長野県千曲市森の集落である。ここに通称「千本桜の家」と呼ばれる古い民家があった。その民家を保存していくために建物を再生し、一部を美術館とし、広く市民の皆さんに親しまれる場にしたいという願いが叶えられて、1995年「杏の里板画館」が誕生した。

　館長は板画家の森獏郎さんである。かつてここは、江戸時代から大正時代までは四代続いた漢方医の屋敷だった。

　森さんは、ここを借りて10年間板画の工房として使っていた。当初は台所の床板を突き破って竹の子が顔を出したほどの、空き家同然の古い民家だったという。10年あまりの年がたち、老朽化がさらに進むなかで、家主が建物を解体する意向をもらしたと聞き、森さんは愛着のある建物を買い取る決心をして募金を募った。

　これを基に「杏の里板画館を作る会」が発足し、多くの人びとの賛同を得て、板画館がスタートしたのだった。

上／２階の座敷と自由な天井
左頁上／２階展示室をステージより見る
中／玄関内部
下／窓際の展示を見る

　これは一重に、森獏郎さんの人柄と、作品の魅力に惹かれる人々の支えがあったからに他ならない。
　心温まる雰囲気の板画館には、多くの人々の絵画やガラス、焼物など色とりどりの作品が所狭しと展示されている。森さんがいただいたものばかりだというこれらの作品を通じ思うことは、獏郎さんを支えてくれた人たちの愛の証明である。その想いは「板画館」誕生以前の、獏郎さんの住まいだったころから満ち満ちていたのだろう。そんなことを想像させてくれる賑やかさであり、歴史の重みが雰囲気として漂っている。
　工事は、1994年８月から始まり、翌年４月完成式を行った。
　板画館になる前のこの民家は、この地方にわずかに残る特徴的なもので、他所にはみかけないものだ。２階の屋根の中央に６畳ほどの部屋が突き出ている。養蚕のための換気を調節する場所だったのだろう。
　このような民家は、昔はこの地方には一般的だったと思う。しかし、養蚕農家が少なくなり、造り替えられてしまったのだろうか。現在は稀になっているので、「板画館」は民家の歴史を伝える貴重な存在になっている。
　２階の板張りの部屋は、蚕室だったのだろう。蚕室の一部には1.0mほどの高床になった６畳のステージがある。同じ高さで、その奥に床の間付の12畳の間が２間続いている。これらの部屋は接客のためにも、また養蚕のためにも必要だったのだろう。
　養蚕の忙しい時期には、客間の畳も取り除いて、蚕室として使われたことが想像される。いまは２階は、絵画や工芸品の展示場である。ここは天井が無くて、屋根の換気用の部分から複雑な光が差し込んで魅力を増している。
　とくに、柱や梁やその他すべてに、同じ寸法の材木が二つとない不思議な建物である。自然木の形状をなるべく残しながら、家がつくられているのであり、古い建物の証である。

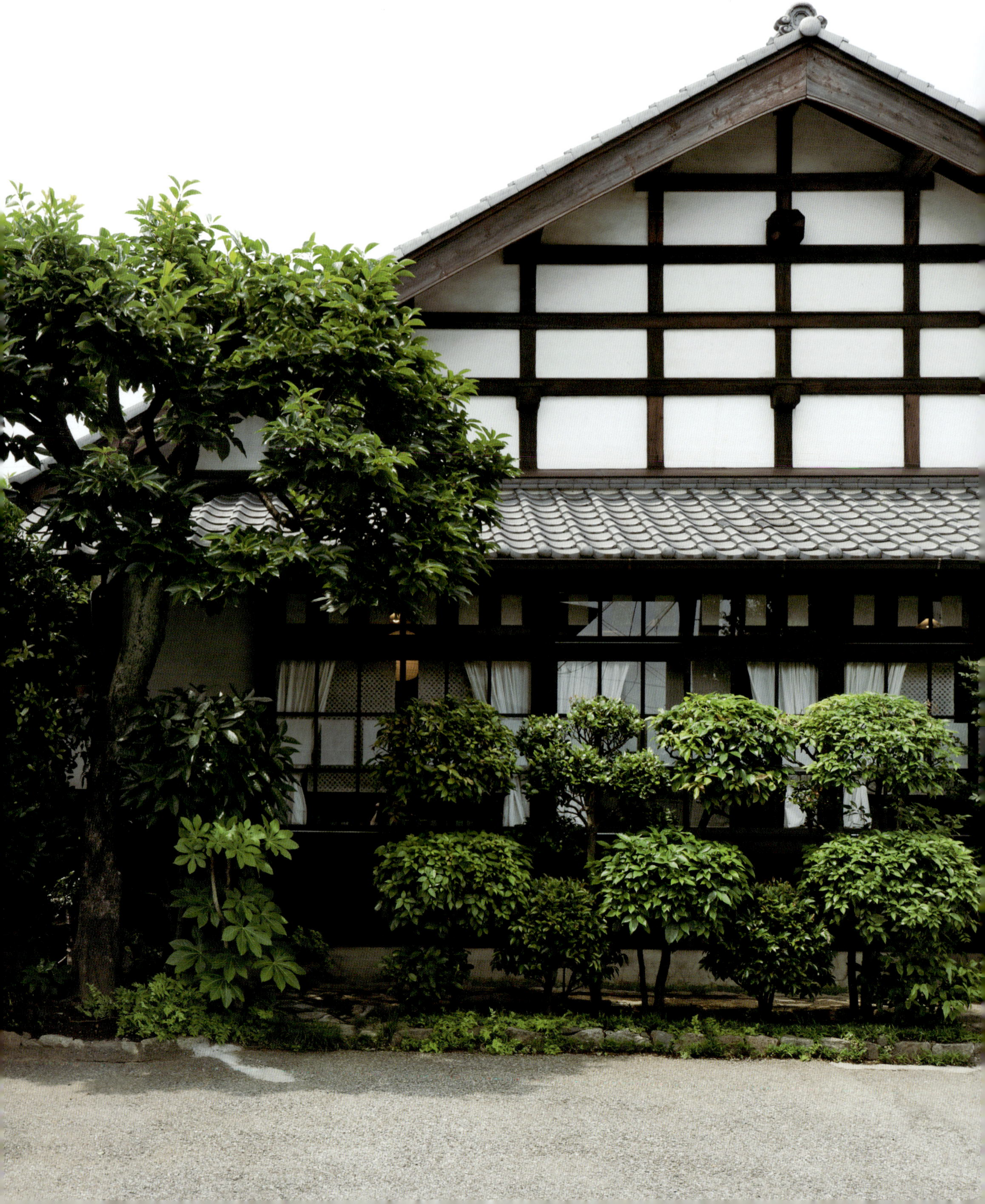

[ギャラリー]

# 新しい住まい手へ
# 篤き想いを託した移築再生
# 工芸ギャラリー ひよし

埼玉県さいたま市岩槻町

施工＝小林工務店
写真＝山田新治郎

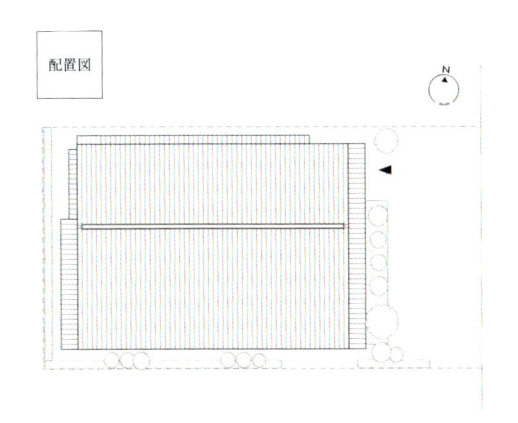

配置図

上／正面入口
下／たくましい梁のある店舗内部
左頁／正面外観

上／店舗と連なる和室を見る
右頁／店舗の入口方向を見る。木組による屋根の空間が美しい

　ここは、さいたま市岩槻区に店を構える工芸ギャラリー「ひよし」である。店舗がつくられたのは1989年である。京都の古い民家が、さいたま市に移って店になったことに不思議な縁を感じている。しかも振り返れば、年を追うごとにその美しさが増しているように思える。時間の経過とともに。
　その民家に住み、工芸品の店をなさっている小林武志さん一家が、その後も私の心に美しい思い出を残してくださっているからだろう。
　まず、その民家について語ろう。
　いまから27〜28年ほど前になるだろうが、京都の建具屋さんのお店で聞いた話だった。京都市の近隣にダムができるのだが、そこに親戚があって、ダムに沈んでしまうので家を手放すと言っているという。当時私には関係ない話だと思ったが、話が耳から離れず、だんだん気になるようになっていた。当時各地の民家と関わりをもったが、まだ仕事をしていなかった京都にはよそにない洗練された上品さが感じられたからだろう。
　後日、改めて建具屋さんからそこを紹介していただき、簡単な手描きの地図を頼りに出かけた。最寄りの駅で降り、タクシーで向かった。どんな家か、まず外観を見て判断したいと思ったからだ。運転手さんは地図を見て、すぐにわかってくれた。しばらく車を走らせると、その家は集落の手前に独立していて、「あれです！　運転手さん」と叫んでしまった。
　古い瓦葺きの切妻屋根の家で、敷地の堺に作業場などの小規模なものが建っている。永く住み慣れた平和な佇まいである。
　家の前で車を止めていただき、恐縮した気持ちで玄関に入って挨拶をした。建具屋さんのご紹介で見せていただく目的をお話しすると、「待っていました」と言う。15分ほどだろうか、タクシーに待っていてもらった。その間に家の内部をさっと見せていただき、簡単に間取りを記録しながら内容も頭のなかに記憶した。力強さと繊細さを併せ持った家だった。忘れられ

ない民家だった。その後、家主の都合に合わせて家を解体し、信州へ運んで大切に保管していた。

一方、小林さんは、埼玉の岩槻に住んでおられて、千葉県で喫茶店を営んでいた。いつか観光地に住みながら、喫茶店と工芸品の販売を兼ねた夢のある店を出したいと、場所を探していた。那須高原も候補に上がっていたようだ。

そのときの設計者も探していたようだが、ふとしたことで心動かされて、私のアトリエまで奥さんと二人で来てくださった。

そのお話の内容は、前段で述べたとおりだ。そのとき、いま住んでおられる岩槻の様子をうかがったうえで、「わざわざ他所へ移らなくても、岩槻でよろしいのではありませんか。いまのところも、民芸のお店には向いていると思いますよ。」と申し上げて、さまざまな場面を想定してお話をうかがった結果、京都の民家がちょうど似合っているように思えた。そのことを申し上げて、京都・日吉にあった当時の家の写真をご覧いただくと、これだったら岩槻に似合った店舗になりそうだと思われたのか、小林さんの顔に笑みが浮かんだ。

そのときの小林さんの表情が25年経過したいまも思い浮かぶ。それほどお顔の変化が印象的だった。

設計に入る前に岩槻にうかがって、この場所と京都の日吉とには、共通したのどかな平和があると思った。日吉の民家もきっと喜んでくれることだろう。同じような環境で新しい歩みを始めるのだからと思い、一安心だった。

それから25年経って、岩槻のお宅とお店へうかがった。京都という日本の古都の一角にあった住宅だったからこそ、いまもあらゆるところに美しさを加え、気品が漂っている。家の育ちの良さは、風土の違った場所へ移されてもそのままだ。何より、良い店になったことを日吉の民家が喜んでいることが嬉しい。

ギャラリーに置いてある商品にも、店の上品さが染み込んでいる。

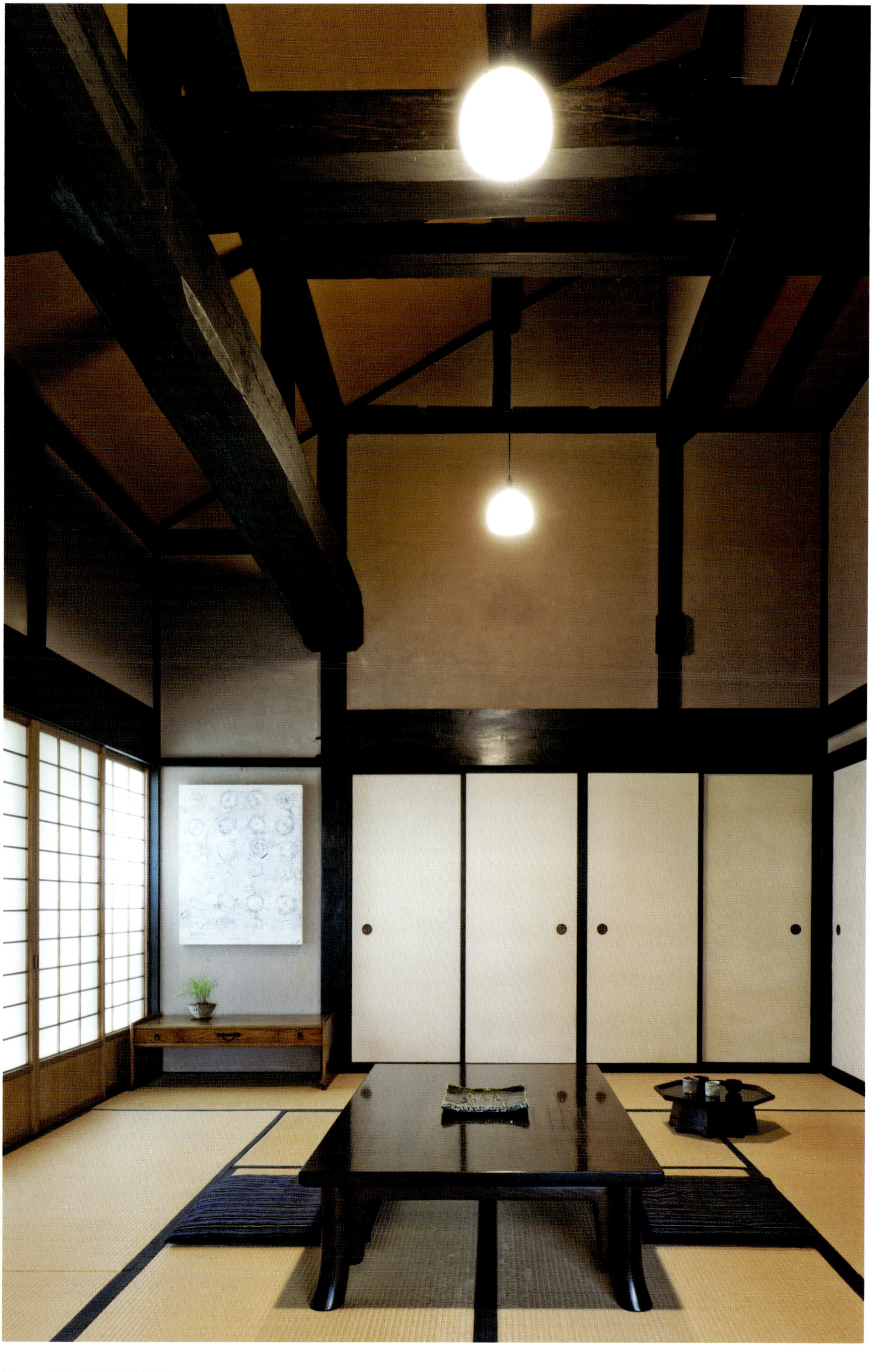

左上／店舗内部
右上／店舗と繋がる座敷から奥に続く座敷を見る
下／奥の座敷を見る
左頁／上部に美しい木組をもった和室

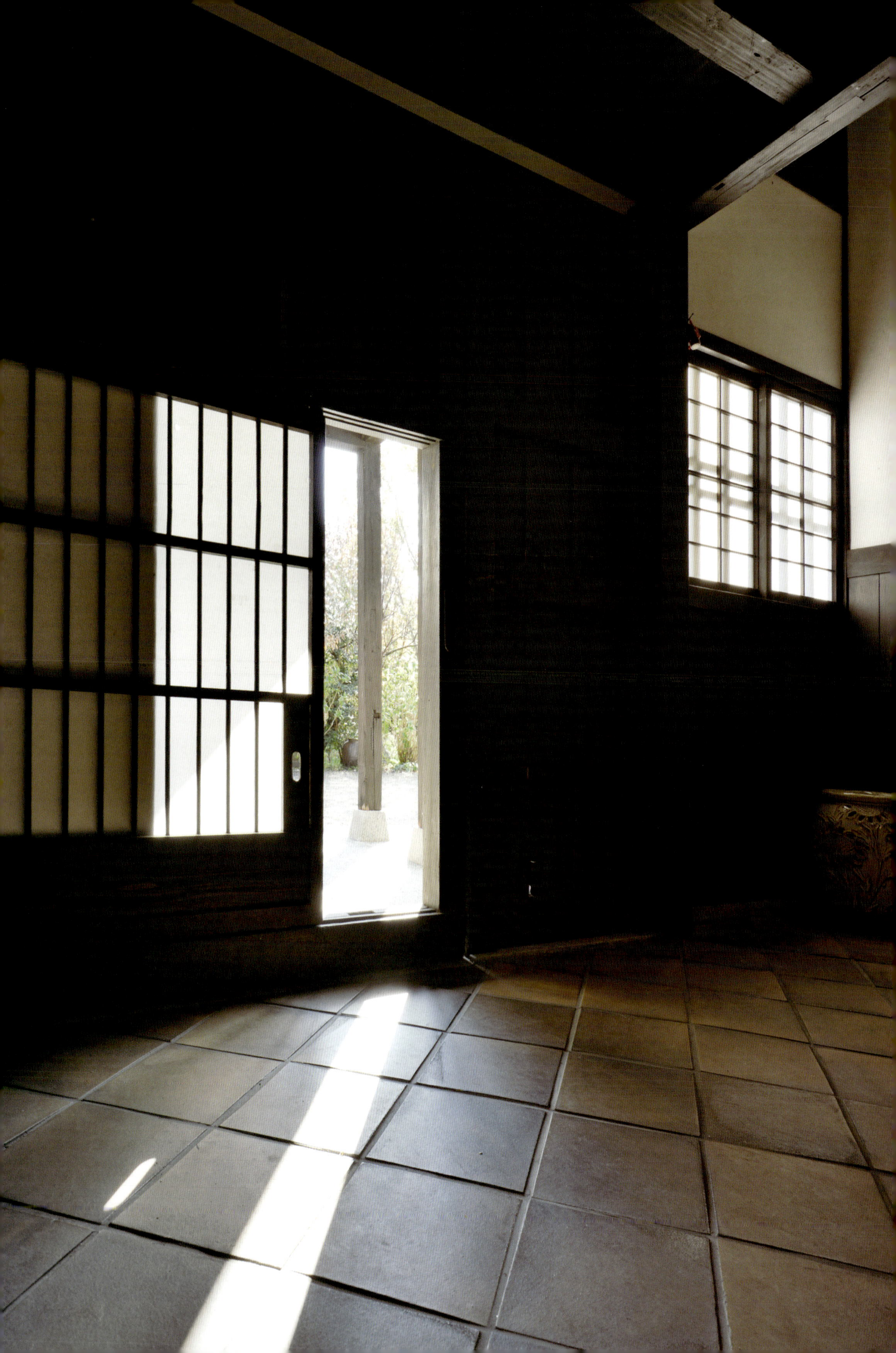

[ギャラリー]

豪雪地域に建つ
中門造りの民家を移築再生

# 備伊巣

三重県津市一志町

施工＝三協建設
写真＝林安直

配置図

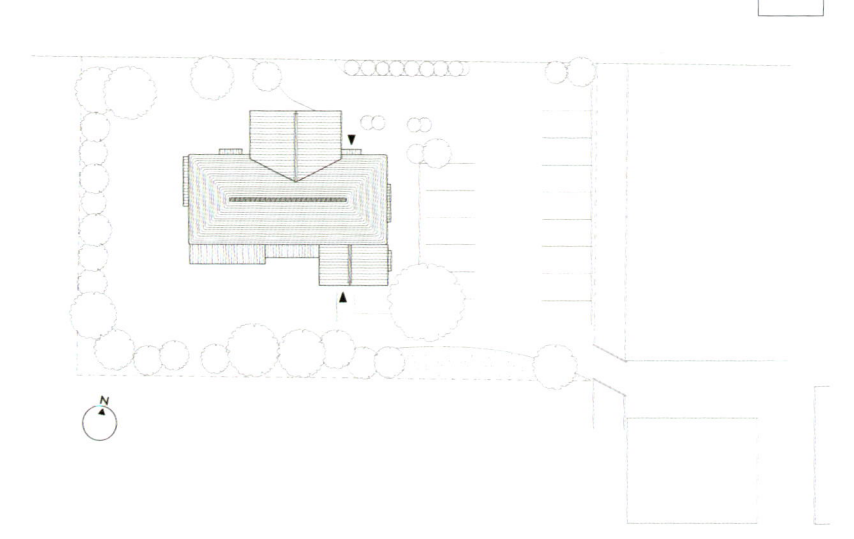

左上／東面外観
左下／母屋から突き出た中門。その２階は積雪の多いときの出入口になる
右／玄関内部
左頁／玄関より外を見る

民家の再生II［転用事例編］

上／催し場となる玄関脇ホール
左下／和室正面。床の間の脇に上段の書院がある
右下／書院入口より内部を見る
左頁上／玄関土間とホールが脇の催し場ホールへと連なる
下／書院内部

上／催し場の梁組を見上げる
右頁上／二間続きの和室からホールを見る。催しには連続して使うことが多い
右頁下／南より庭越しの外観

コンサート風景（写真＝降幡廣信）

　三重県一志町の小渕先生から事務所にお電話を頂いたのは、昭和も終わりに近い1988年6月だった。用件は、医師の奥さんと共に病院を造って、10周年の記念事業としてギャラリーを造り、職員や来客の親睦を深め教養を高める場にしたいということの相談だった。そのギャラリーには落ち着きがあって、親しみが漂うことを考え、古民家のギャラリーを思いつかれたようだ。

　小渕先生の病院は、一志町の一隅にまだ新しい姿で目立って見えた。その周辺は田園が広がり、穏やかな平野の彼方に低くかすんだ山並みが連なっていた。その第一印象は今も思い出される。私の住んでいる信州安曇野にない風景だったからだ。

　この構想には、病院の裏隣に広々とした敷地が用意されていた。その構想を伺った時、新潟県上越市の山間部のものが相応しいと思った。以前から私の意中にあった一軒で、小渕先生にもご覧頂いたところ、民家との深い縁を感じたようだった。この民家のあった地方は豪雪地帯であるために、雪への特別な配慮がなされた「中門造り」と呼ばれる民家である。積もった雪で道路面が高くなるために、その出入口を中門の2階の正面に設けた特徴的民家で、雪の多い新潟県、福島県に多く見られるものである。

　設計にあたっては、私のところから独立し、奈良市で設計事務所を開いている藤岡龍介君の協力で進めることとした。三重県とは隣接して仕事がし易い場所だったからである。

　その後、小渕先生夫妻と各所を見て回りながら構想を練り固めた。現地での着工の地鎮祭が執り行われたのは、設計を進めて3年目の1990年11月だった。

　翌年2月木組みを開始し上棟が無事終わった。骨組が出来上がって、現地の建物の完成の姿も想像できたのだろう。今まであたためていたギャラリーの名称を「備伊巣」にしたとおっしゃった。「備」は奥さんの出身地備前の国(岡山)の「備」と、小渕先生の出身地、伊勢の国の「伊」に、巣のような深い関係の建物という意味を加えた、と伺っている。

　工事の施工は、先生の友人で、地元の三協建設の藤岡武雄社長が請負った。木造工事に慣れた職人が小渕先生と社長の意を汲んで、気持ち良く仕事をしてくれた。そのことが古民家再生という難しい仕事だったが、ギャラリー「備伊巣」に相応しい気持

ちの良いものに仕上げてくれた。
　その陰で、設計に、または監理に遠くにいる私に代わって、誠実に仕事をしてくれた藤岡君に負うところも大きかった。
　1992年5月30日、小渕病院10周年記念行事「備伊巣」竣工祝賀会は、130名の招待者と共に、賑やかに執り行われた。
　その後の「備伊巣」は、病院の関係者はもとより、それ以外の催しにも有効に使われている。しかも利用者の皆様方に良い印象を残し、喜ばれていることは、小渕先生夫妻の気持ちがそこに漂っているからだ。設計者としても嬉しい限りである。
　私も、2012年の「備伊巣」竣工20周年記念の会に、そして2013年は三重県建築士の会に出させて頂いた。そこには先生夫婦の気持ちが漂っていて親近感と気持ちの良さが実感できて、感慨一入であった。
　「備伊巣」に幸多かれ。

民家の再生Ⅱ［転用事例編］

[ギャラリー]

# 華やかな姿に再生し、街に賑わいを添える
## 常乙女（とこおとめ）

広島県廿日市宮島町

施工＝堀田建設
写真＝白谷賢

配置図

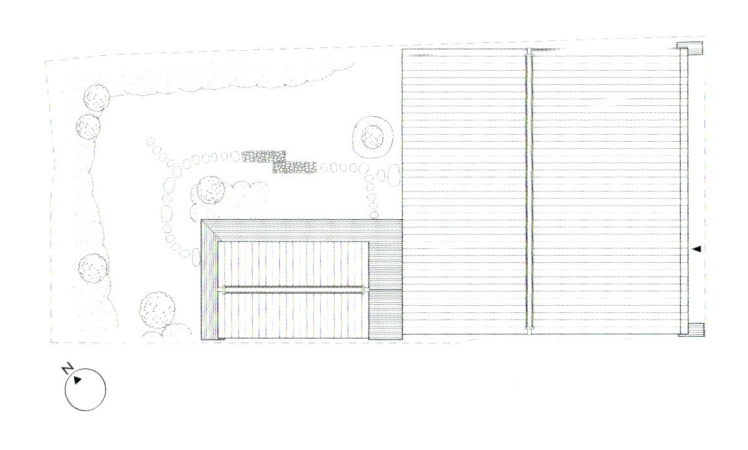

下／通りから見る外観。建物の両脇に休憩スペースとしてベンチを設けている
左頁／土間に接する座敷のオウエと呼ぶ精神的中心の場

上／オウエの上部
下／2階からオウエの神棚と客間を見る
右頁／地元の人の作品が所狭しと展示されている

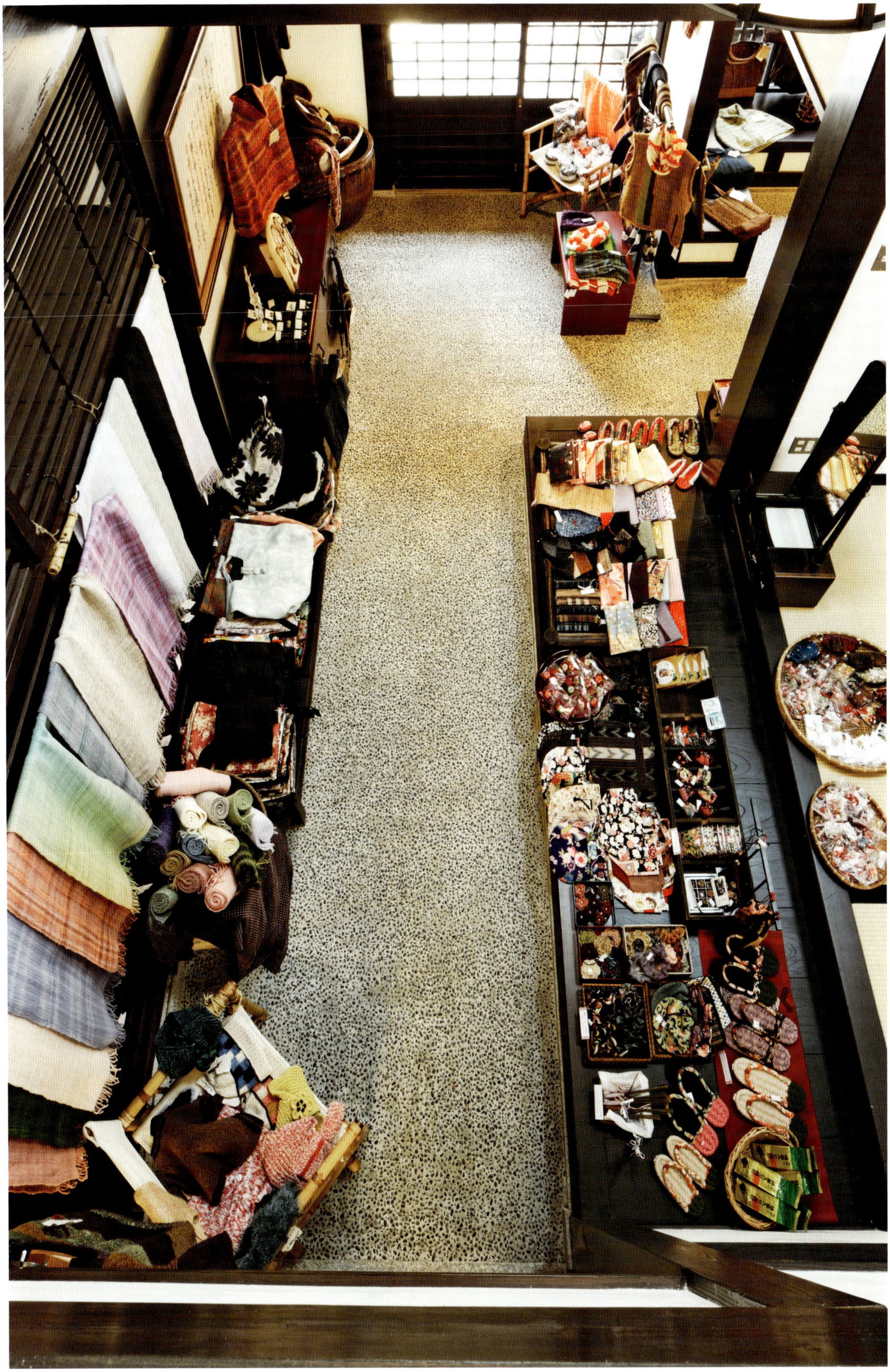

上／２階ホール。左は和室入口。
右壁の障子はオウエ上部の朱色の華頭窓に
右上／２階ホール
右／裏庭から見る外観
右頁左上／再生後の外観
下／再生前の外観
右／１階展示スペースから通りを見る。
右手に畳のオウエが続いている
（右頁写真３点＝降旗廣信）

2006年5月、初めて宮嶋の旧瀬越家を訪問した。いまの家主の平田医師のご案内だった。ここはかつて、厳島神社の門前町で、参拝客のための旅館や物販、遊興のための店が繁盛した町だった。いまは古い町家が目立つばかりで、昔の喧騒の面影のないまま、「町屋通り」と呼ばれている。

　街中にありながら、人の住んでいる気配のないこの建物は江戸時代旧家で、1階中央のサッシの入っているところで家主の瀬越氏が八百屋を営んでいた。しかし、その後の営みはわかっていない。訪れたとき、家の中は埃にまみれ、建具は外れ、要らない調度品が乱雑に散らばり、哀れそのものだった。2階の古い部分には、旅館の客室だったと思われる当時の、華やかさの跡が見られた。ずいぶん変わったものだ。この家の前を避けて、通りの反対側を歩く人を何人も見かけた。この家から不気味な気配が漂っていたからだ。

　この家は、宮島の対岸の阿品台で奥さんとともに医院をなさっている平田先生が買い取った。誰からも見捨てられたみじめな空き家が街をどんなに暗くしているかしれないことを、宮島を訪れるたびに心を痛め、意を決して買い取り一新して、宮島のために、また、宮島を訪れる知人のために役立てたいと思われた。そして、再生の相談を私にしてくださった。

　再生前、建物が道路の境界まで迫って建ち、正面の屋根は道路の上にはみ出していた。建物が街の印象を悪くしていた一員でもあった。

　この歴史ある門前町の通りでは、昔の街並みを保存するため、建物の配置をできるだけ変えない協定がある。そのため、昔の家の前面の両脇に、小さい休息の場を配置して協定をまもり、母屋は道路からセットバックさせてもらった。これで、母屋と道路の間に余裕ができ、通行人が立ち止まれるうえ、商品の搬入のための短時間の駐車も可能になった。

　観光客のなかには、歩き疲れて壁に体をもたせかけている高齢者もいる。そんな人に、両脇にあるベンチは喜ばれるだろう。

　いま、ここの1階の店は、洗練された地元製品の販売、そしてギャラリーとして使われている。通りがかりの観光客も足を止めて店をのぞき、時には立ち寄ってくれる。

　1階奥から2階にかけては、家主の住居で、宮島を訪れる来客の接待にも用いられている。入口は正面の左端にあり、それが奥へ伸びて玄関へとつながる。

　1階正面はここの町屋にならって、ミセ・オウエ・ザシキと続く形態を残している。店から奥へ通じる土間から左上へ直接上がれる畳敷きの部屋のオウエには、正面に神様を祭る神棚が設けられている。昔からここの上には2階は設けず、天井もない。家の精神的中心の場であった。いまここは、店に来た人々にも自由に寄ってもらい、心を通じて地域とのつながりを深める場としている。

　「常乙女」とは、万葉集に詠まれた歌に由来する。この建物が永遠の若さと美しさ、健やかさをもち続け、「溌剌と生きる女性を指示したい」という、平田夫妻の想いがここに込められている。

花屋
催事場
食事処

四季彩
岐阜・花屋
写真＝林安直

木野邑
大阪・催事場
写真＝小谷光

桜の庄兵衛
大阪・催事場
写真＝松村芳治

**茶房 宮﨑邸**
千葉・食事処
写真=山田新治郎

**車家**
東京・蕎麦屋
写真=林安直

**鈴廣蒲鉾本店**
神奈川・蒲鉾販売店／レストラン
写真=秋山実

**麓庵 かつ玄**
長野・とんかつ屋
写真=林安直

**我馬**
広島・ラーメン店
写真=白谷賢

[花屋]

店主の好きな古民家を
移築再生

# 四季彩

岐阜県瑞浪市一色町

施工＝保田建設
写真＝林安直

上／店舗内部
左／店の外にも花々が並ぶ店舗外観

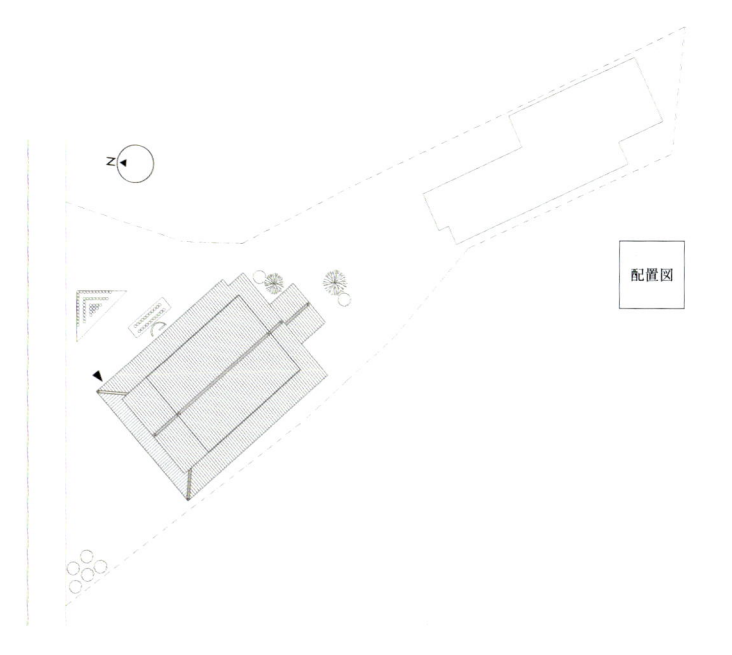

配置図

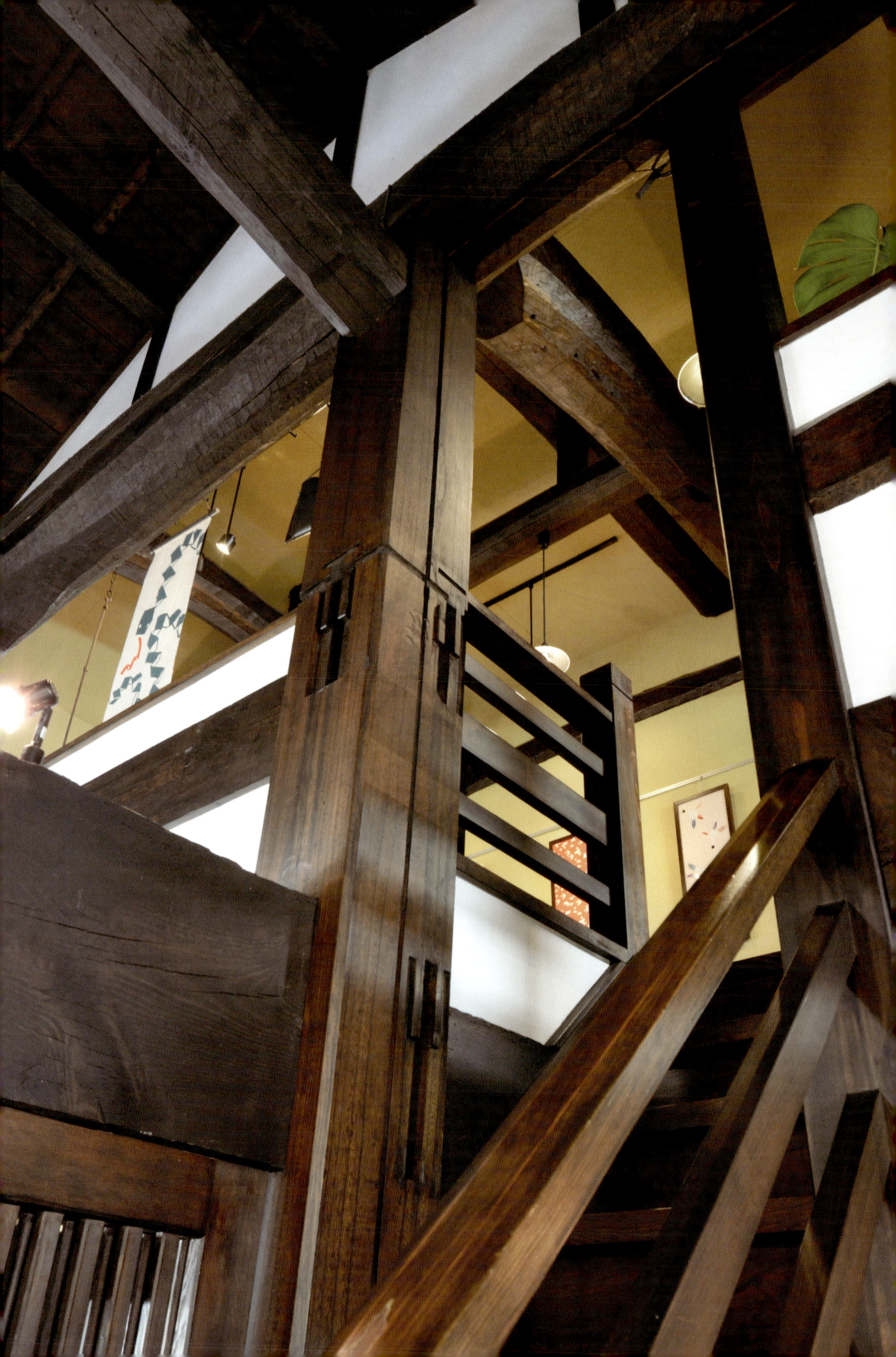

上／店と階段室
下／店の入口より店舗を見る。大黒柱の前はフロント
左頁／たくましい大黒柱と階段による構成

岐阜県瑞浪市。中央西線瑞浪駅から街中の道を車で4〜5分、郊外を感じさせる大きな交差点の一角に花屋の「四季彩」がある。

　この場所に建てられてから、もう17年になる。おうかがいするたびに思うことは、花に囲まれて家が嬉しそうだということだ。その思いは家の周囲にも漂っていて、家が見えた途端に伝わってくる。

　しかも新しくなったときよりも、時が経ってだんだんと環境と馴染み、落ち着きがでてからの方が喜びが際立って見える。どういうことだろうか。

　私が初めて宮地さんご夫婦にお目にかかったのは、1995年だった。ご夫婦はまだ30代前半であったが、奥さんのお父さんの古いガソリンスタンドに手を加え、小さいながらも素敵な花屋を営み、成功させていた。おかげで手狭になった店の建て替えを希望してたのだ。その時は、日本の伝統的な雰囲気の建物にしたいと考えられておら

上／日本の民家の構造のたくましさが、
花の優しさ、美しさを際立たせる
左頁上／店の２階では、紙や布の小物を販売している
下／２階より大黒柱越しに１階店舗を見下ろす

　れた。そのうえ、「今度は好きな古民家でできないだろうか。」と言われた。私も「それにふさわしい、古い民家に出会いましたらお知らせします。」と言って別れたのだった。
　しばらくして、そんな夢が一気に実現することとなった。愛知県の豊橋市で、かつて製糸業を営んでいた方が、明治38年（1905年）に建てられた家を手放されるという。理想とする民家を譲っていただけることになったのだ。
　夫妻との設計の打ち合わせは楽しかった。日本の伝統美を深く理解しておられるお二人とともに、理想としている新しい店舗を語り合うことができたからだ。
　雪の重量が屋根にかかる地方と違って温暖で雪の少ない地方の民家でありながら、意外な程たくましい木材が豊富に用いられていた。
　店はたくまいしい木材による健康的な民家を素直に再生することで、花にとって居心地の良い場所になったようだ。否、個々の花たたちが「見てください！　これが私たちのおうちです。」と誇るように春・夏・秋・冬、喜びをそのままに伝えてくれる。お店の名前そのままに。
　店の奥と２階は、ご夫婦と２人のお子さんの生活の場として雰囲気を変えて再生した。それにより、仕事と私生活とが区別でき、めりはりがついて身も心も癒される場になると考えたからだ。
　壊される運命にあった民家が、こうしてたくさんの花に好かれて、宮地さんご夫婦に愛され、慈しまれている姿を永きにわたって見てきた。その都度、古民家のもつ生命力に感激せずにはいられなかった。
　宮地さんご一家の幸せと民家の幸せが一致している現実を目のあたりにするとき、私にとっても自分のことのように幸せを実感する。それと同時に、日本の民家への誇りが深まり、勇気が湧く。

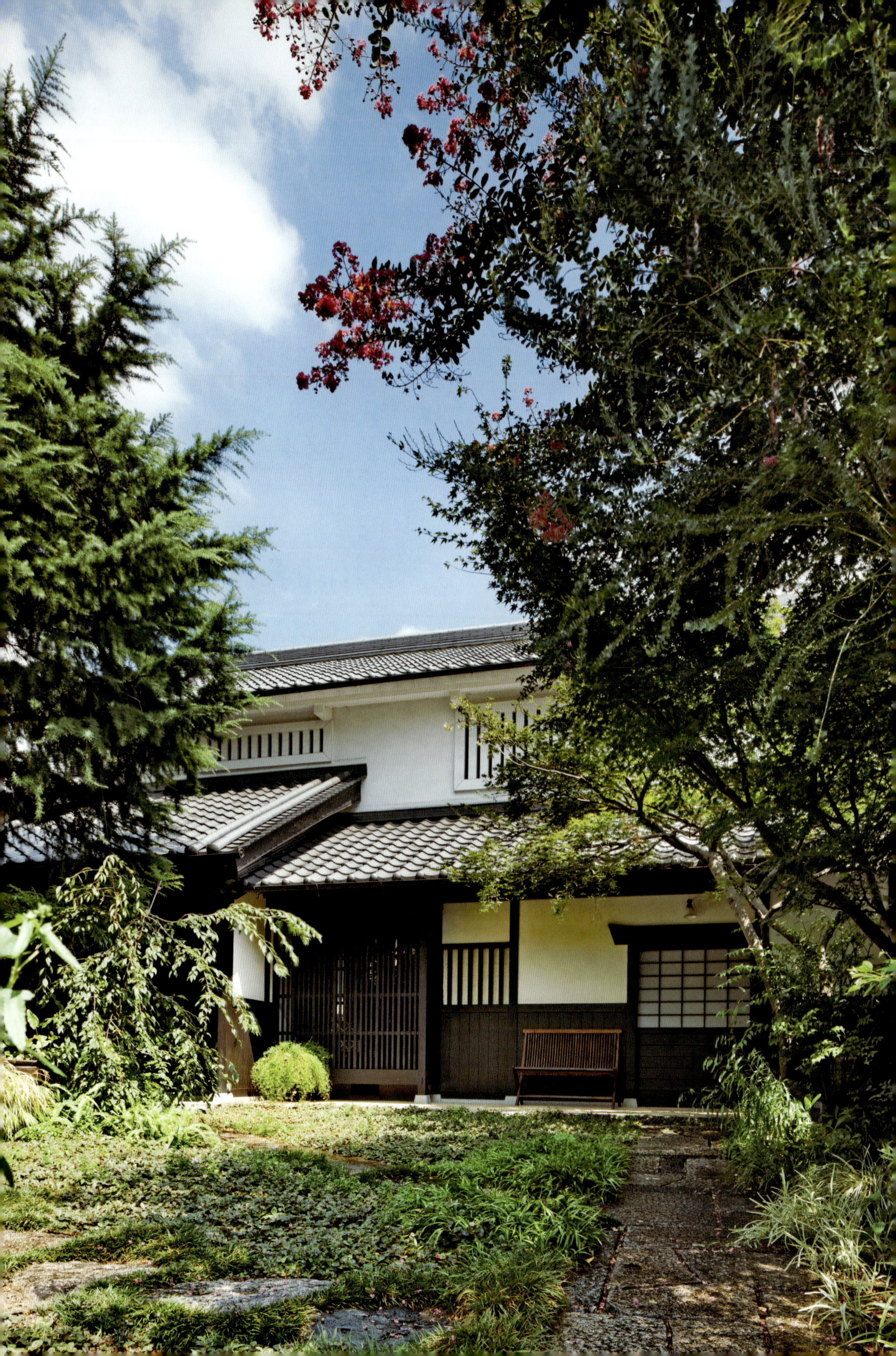

上／入口に置かれた重量感のある木の看板
右／10段余りの石段の上に長屋門が構える＊
左頁／長屋門を入ると母屋の前庭が広がる＊＊

［催事場］

古民家を再生して、
手づくりの結婚式ができる場へ

# 木野邑

大阪市平野区桃谷

施工＝キンキ企画
写真＝小谷光・松村芳治＊・白谷賢＊＊

配置図

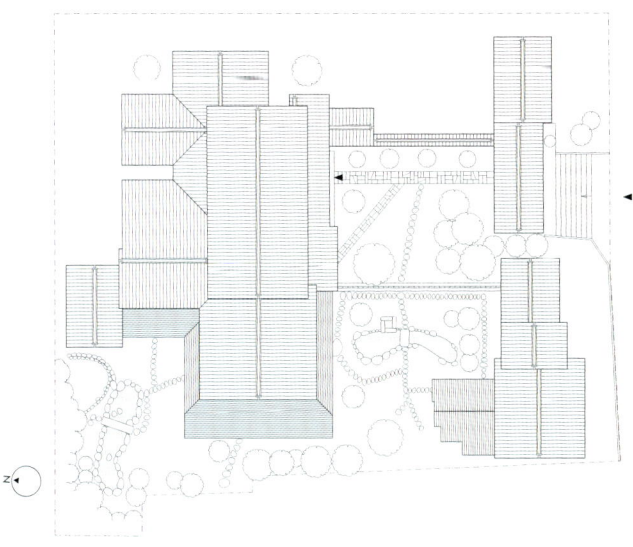

上／準備を終えて、演奏を待つ
左下／母屋へのアプローチ*
右下／母屋正玄関
右頁上／踊りを見入る人たち*
下／演奏会での一幕

民家の再生Ⅱ［転用事例編］

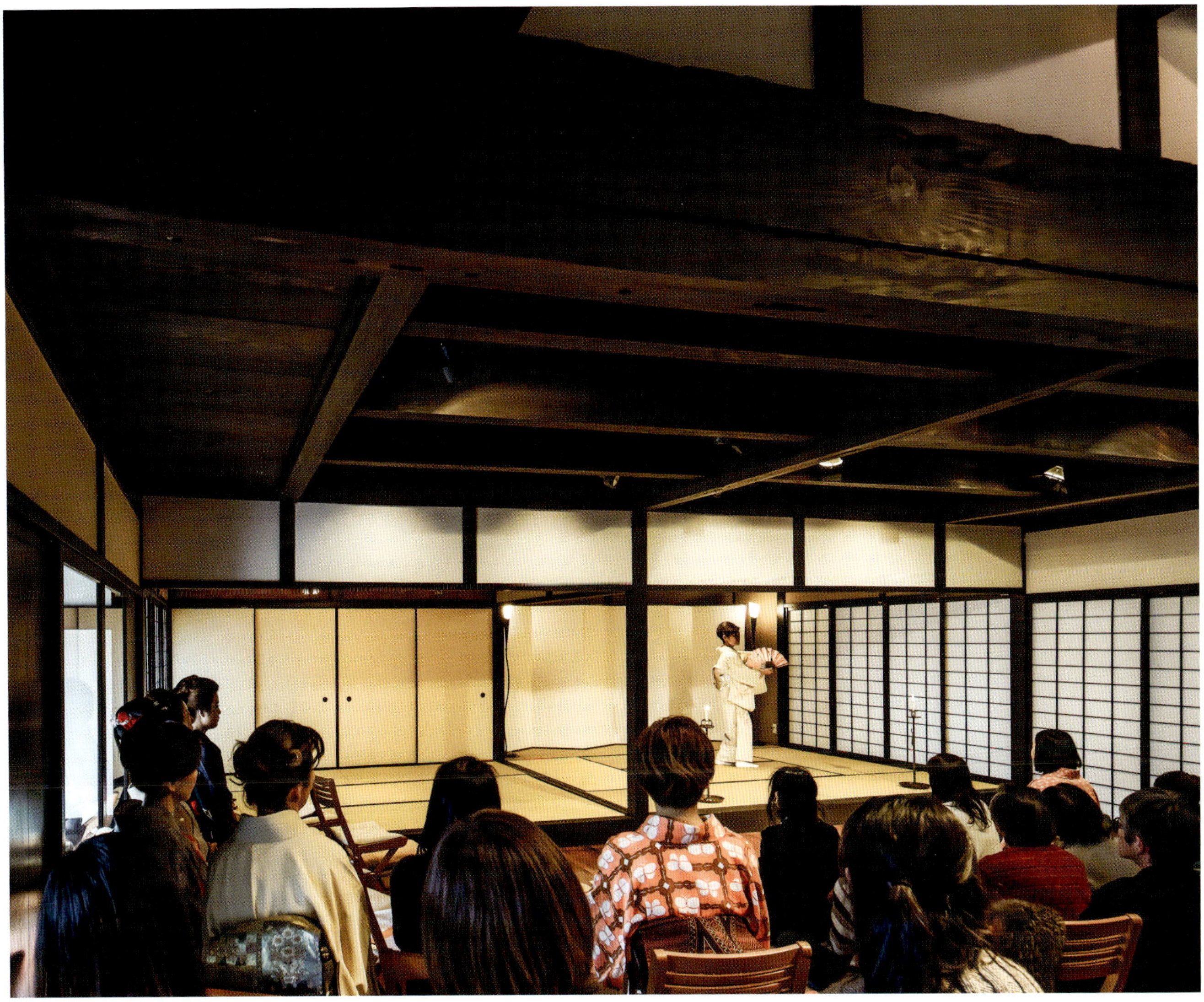

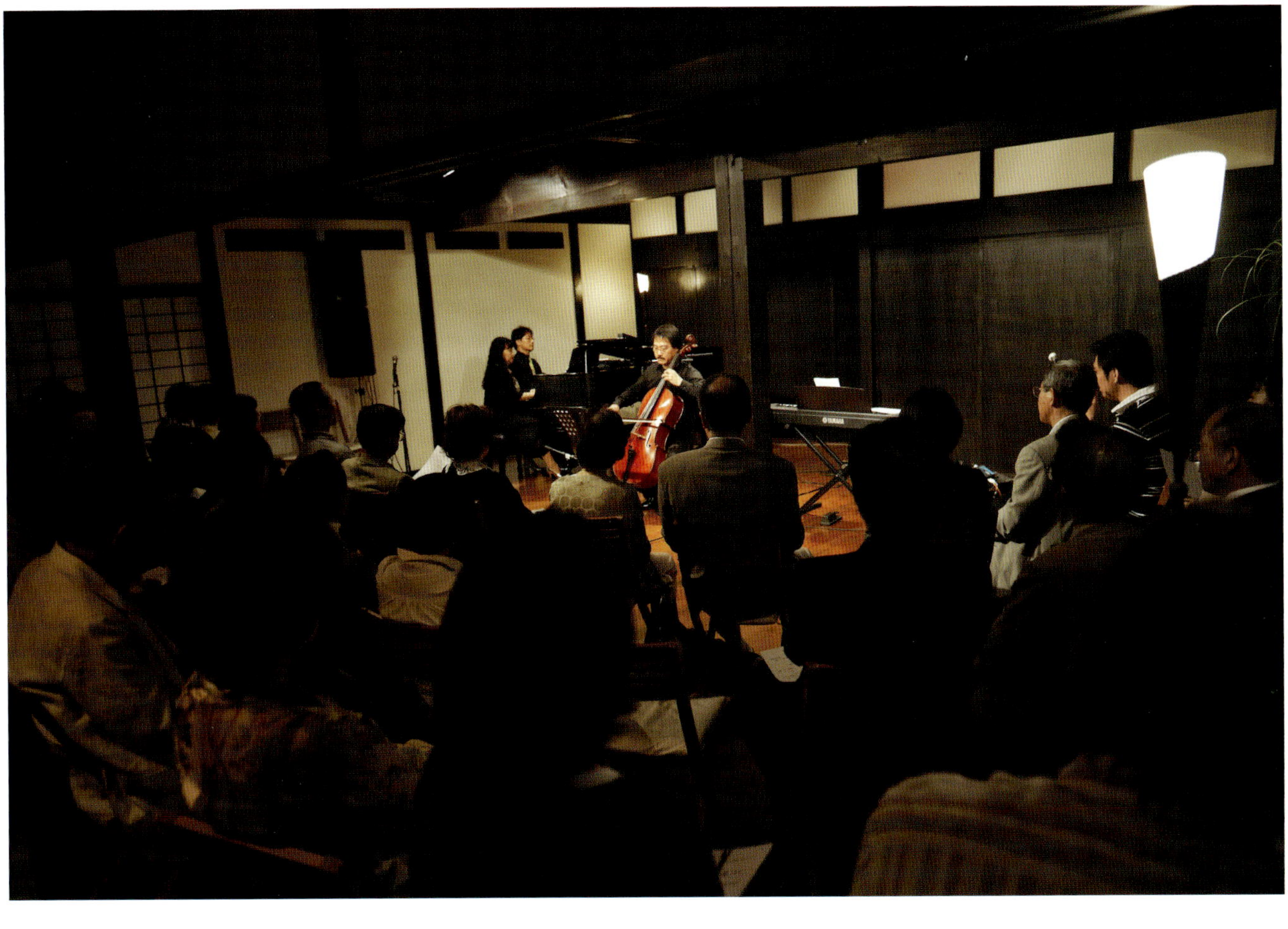

上／整った和室が催場として使われる＊＊
左下／庭からの光が和室の畳に差し込む＊＊
右下／日常生活の場と催し場を隔てた土間通路＊＊
右頁／催場の庭園

66　民家の再生Ⅱ［転用事例編］

民家再生から生まれた「木野邑」は、古民家が再生されて生まれた催しに使われる建物である。

　昔の民家は、今日の一般民家の生活の場としては広すぎることが多い。昔は結婚式から葬儀にいたるすべての行事が自宅で行われていた。そのため、大勢の来客のために、襖で仕切られた日本独特の畳の部屋が何室も連なっていて、日常生活にも時々の催しにも共用されていた。同じ場所が諸々の場面に用いることができたのは、畳敷きの床（ゆか）だったからである。

　冠婚葬祭を外部の専門会場でする昨今では、住宅は日常生活を中心に考えられていて、不必要な部屋はつくらない。

　飯田家は、使われない余分な部屋を使って催しの場とした例であるが、生活の場と催しの場の両者は、共通に用いる土間の通路で隔てている。

　飯田家の最寄りの桃谷駅とは不思議な縁があった。かつて環状線に乗りながら、「桃谷」という駅名に美しいものが想像され、降りてみたいと思ったことが何度かある。その願いが通じたのであろうか。

　初めておうかがいしたのは、1991年3月のことだった。桃谷駅まで奥さんに迎えに来ていただき、ご一緒に飯田家へ向かった。商店街を通り、民家の脇の道をしばらく歩くとふと開けたところに出た。幅の広い10段余りの石段の上にそそり立つ長屋門が目の前に現れたとき、私は時代劇の主人公にでもなったかのような気分にさせられた。それが飯田家の第一印象だった。

　ご主人は、代々続いた要職についておられたため、家のことはすべて奥さんに任せておられた。その信頼に応え、奥さんは自由な発想のもと、家のために尽くされていた。家の再生にかんしても、私との対応はすべて奥さんの保子さんだった。

　ご希望の内容を要約すると、次のようになる。
①家全体にガタがきている。
②暗くて不便なところが多い。
③まったく使われていない無駄な部屋をどうすべきか考えたい。

　将来を考えたとき、住宅としては不必要な部分が多い。そこを壊さずに活用し、諸々の催し場とし、今日行われているプロの結婚式ではなく、当事者による家庭的な手造りの結婚式もされることを提案した。

　思いがけない提案に戸惑われながらも、「何かしたいと思っていたんです。住まいには広すぎますから。」と奥さんは納得された。

　その後しばらく間が空いたが、何回か打ち合わせをさせていただき、1995年設計にとりかかることになった。

　飯田邸に残されていた古民家独特の落ち着き、奥ゆかしさ、そして風格は、今日の日本が失った貴重な内容を秘めていた。このような今日得難いものを多くの方々に触れていただくことができたとしたら、「木野邑」は大事な役割を果たすことになる。

　母屋は正面玄関から右の部分1階・2階とも住宅に、その他の1階は催しのためのホールと附属に用いられる小部屋である。ホールも広い板の間と、畳の4室で構成されていて、いろいろな組み合わせで使われる。

　広い庭も、板の間と奥の畳の間のために二分されていて、それぞれの部屋との調和が図られている。

　完成は1997年になった。なお「木野邑」の屋号は、現在"桃谷2丁目"になっているこのあたりが、かつて"木野村"と呼ばれていたことに由来する。飯田家は庄屋の家柄であり、その歴史ある場所の名を残す使命のうえで「木野邑」は再生された。

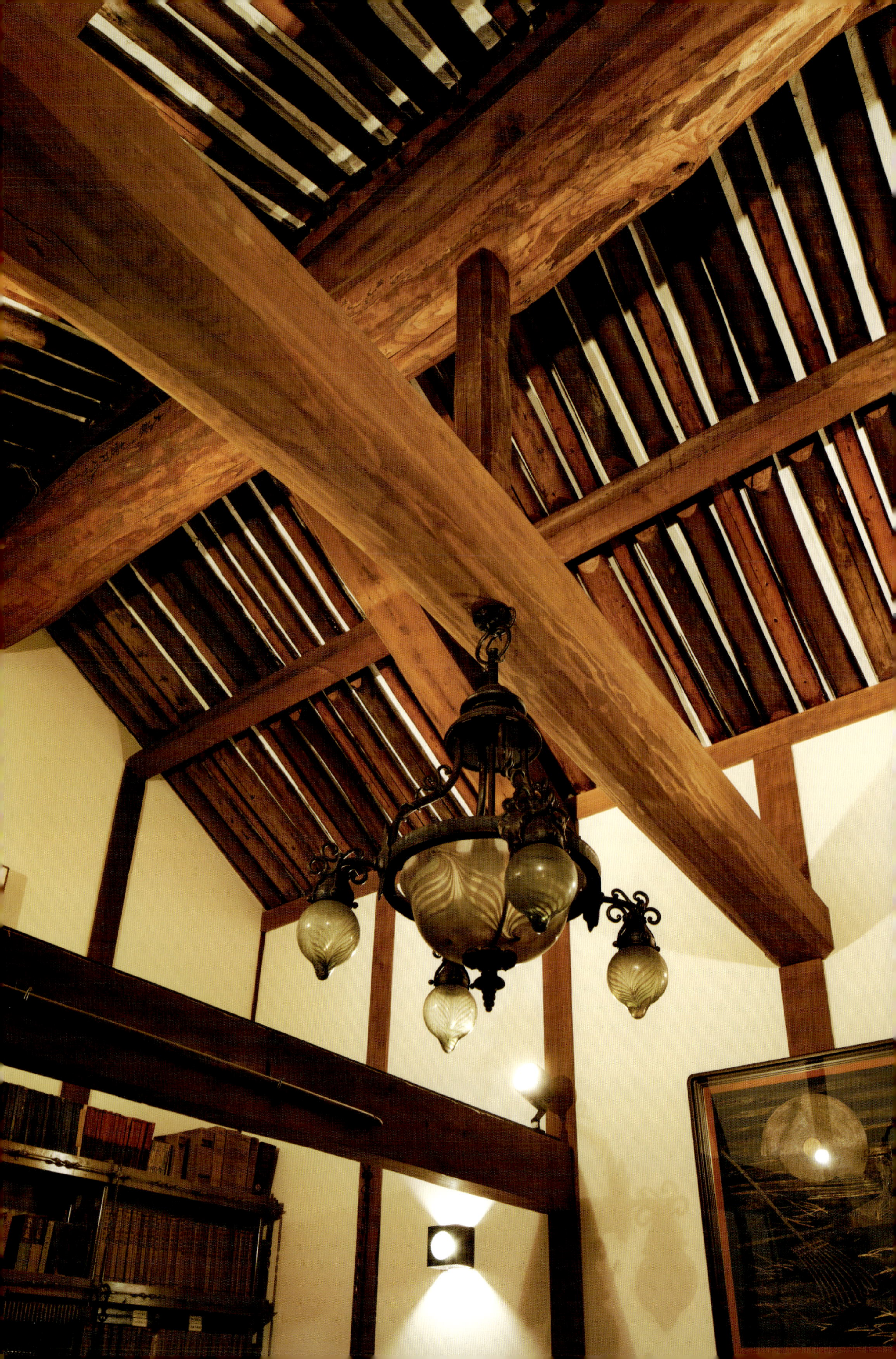

上／談話室より土蔵を見る＊＊
左頁／閉鎖的な土蔵の内部は不思議な落ち着きが漂っていて大事な会議に適している。土蔵は桃山時代に創られたといわれ自然のままの丸太が多く使われている＊＊

上／庭に面した正玄関の式台
左／催事のある日には門の前に人が並ぶ（写真＝降幡廣信）
右頁／長屋門より玄関を見る

民家の再生Ⅱ ［転用事例編］

[催事場]

長い歴史をもつ庄屋の住まいを
地域に開放する催場に

# 桜の庄兵衛

大阪市豊中市桜塚

施工=ミタカ
写真=松村芳治

配置図

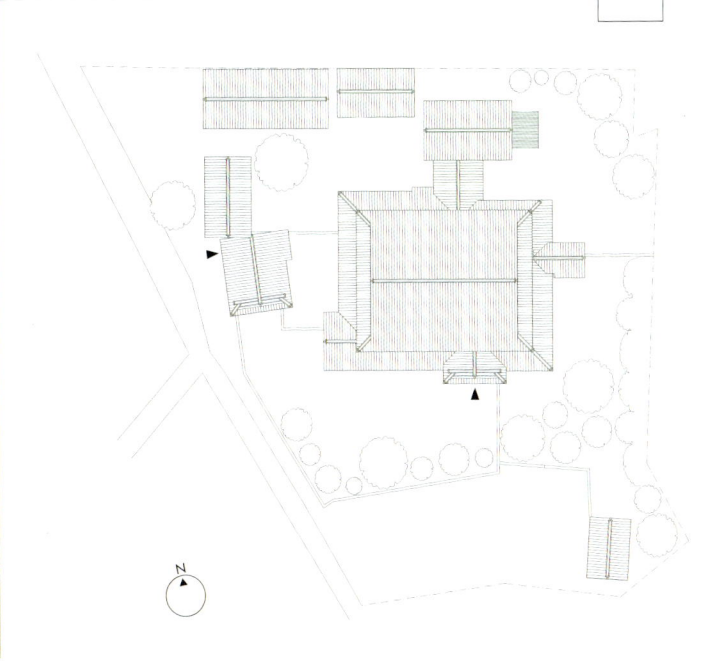

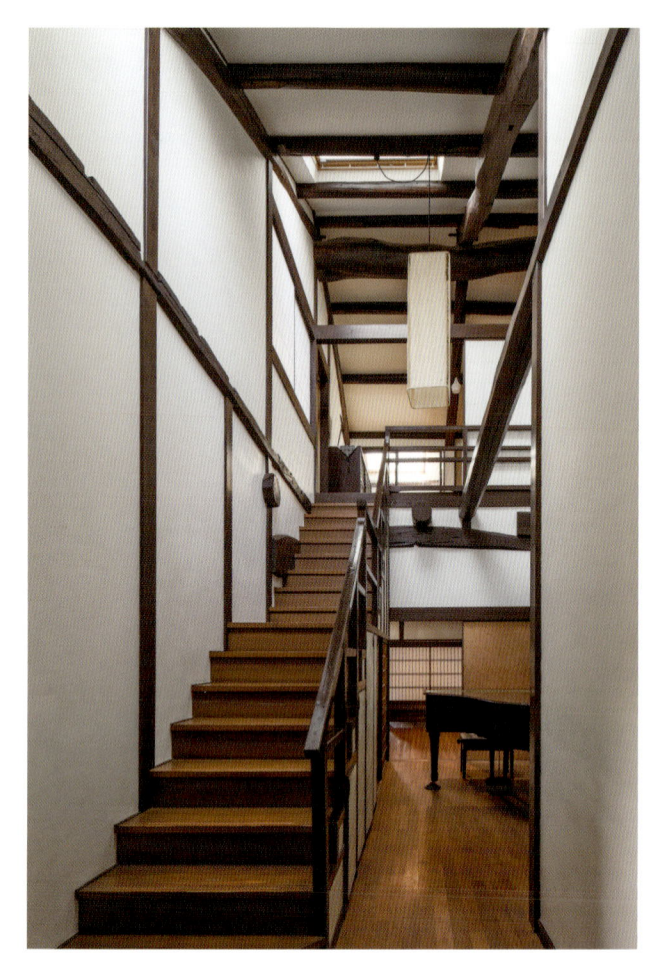

上／2階への階段
下／玄関内部。格子戸越しに内玄関を見る
右／階段室の構成

72　民家の再生Ⅱ［転用事例編］

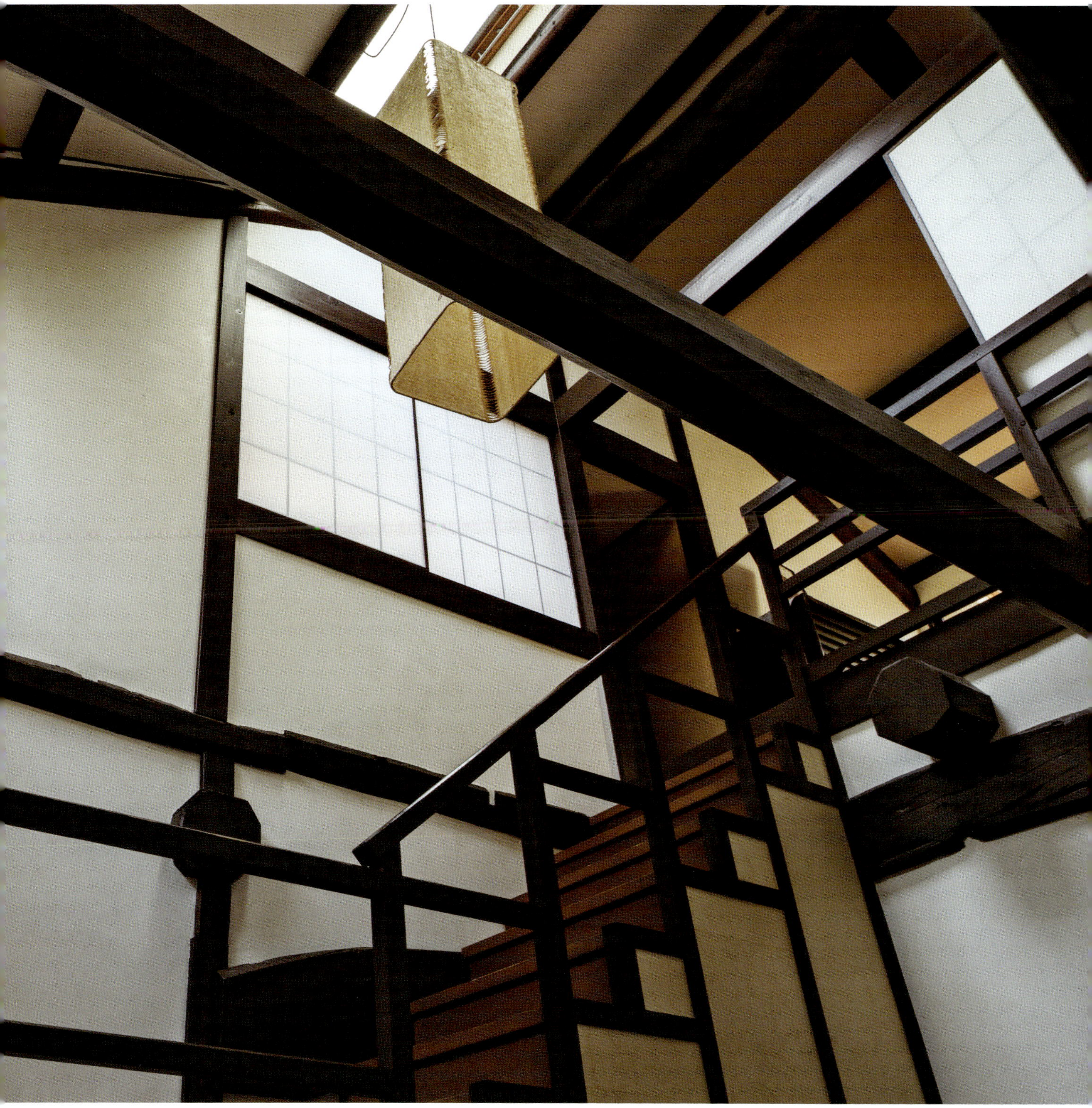

左上／格天井の仏間にも椅子が配置されて
左下／上座敷にも椅子が配置されて
下／準備がなされた会場
右／落語が始まると、部屋の雰囲気は一変する

75

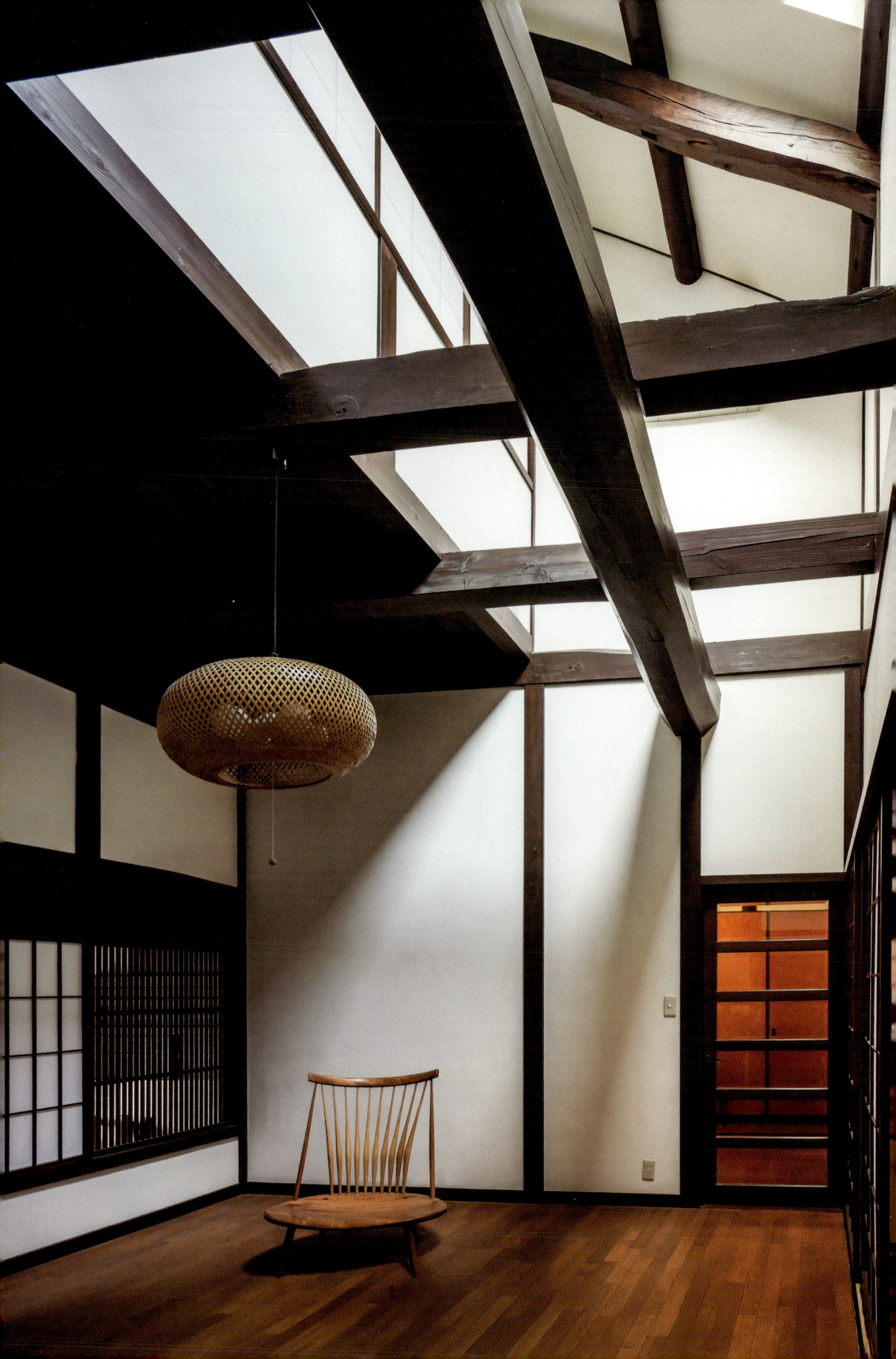

上／右に長屋門があって、左に玄関入口がある。正面の小門から庭に入り、正玄関（式台）に至る
左頁／上品さを漂わせながら、永い歴史を伝える木材

　長い歴史をもった奥野家では、代々庄兵衛を名乗っておられた。古文書などには、場所と名前を組み合わせて「桜塚庄兵衛」と記されたものが多くあるという。ギャラリー名の「桜の庄兵衛ギャラリー」はそこからきている。

　2013年3月、何年かぶりに奥野家を訪問した。「桜の庄兵衛ギャラリー」における落語の会の案内をいただき、その場面を撮影させていただくためだった。

　出演の落語家の人気のおかげもあり、午後1時半からの昼の部に1時間半ほど前から人が集まり始めて、30分前には長屋門の受付前には人々が立ち並んで順番を待っていた。その場面を外から眺めながら、初めておうかがいしたときのことが思い出された。もう20年も前になる。

　最初に、雑誌に掲載された私の古民家再生の記事を読まれた奥さんから、古い家の経緯や状況などが書かれた手紙を受け取った。内容がわかったので、おおよその道順をお聞きしてうかがうことにした。

　宝塚線の岡町駅で下車。さまざまに変化する街を抜けて、視界が開けた。そこは別世界で、奥野さんのおおきな家であることがすぐにわかった。近隣にも歴史ある家が建ち並んでいた。若い奥野さん夫婦とお母さんは、母屋の北隣の2階建に住んでおられて、母屋は空き家になっていた。

　当日は小雨が降っていて、室内にも暗さが漂っていたこともあってか、大きな敷地の古い母屋を特別に心配なさっていて、「こんなボロ家でも大丈夫ですか。」と恐る恐る尋ねられたのに対して、「元が良いのですから良い家になりますよ。どうぞご安心ください。」と私は答えた。その言葉に「どんなに元気づけられたかしれません。」と後日おっしゃられた。

　まだ若いご夫婦だったから、たくさんの古い土蔵や大きな家に押しつぶされそうな恐れを感じていたのだろう。

　工事が始まって、骨組みだけになった哀れな家の姿を見て寂しくなったときも、あのときの言葉を思い出して、「大丈夫、大丈夫。」と心を落ち着かせたという。

　工事は1996年10月から始まり、1年半ほどかかって完成した。若いご夫婦は1998年5月、再生された家に戻られた。それから15年が経って伺ったこの度の落語会だった。後日奥さんの奥野孝子さんから頂いたお礼の手紙に、15年間の感想を書いてくださった。その一部を紹介させていただく。

　「昔、庄屋として大勢の方がこの家に出入りしたように、地域に開放して家族と一緒に楽しむことを続けたいと願っています。出演してくださる音楽家の方たちは、口を揃えて音の響きの良さや、柔らかさを喜ばれます。また、何年かおいて2度目に来られたときには、前よりも音がよくなっているとおしゃっいます。柱や壁がいい音を聴いて成長しているのでしょうか。15年前には、こんなに長くイベントを続けることは想像もしませんでしたが、いまではそのことが家も生かし、私たちも生かされている、とても大切なことと思えます。落語会は、桜の庄兵衛企画の68回目のイベントでした。ほんとうに一番初めの言葉通り"いい家"をつくってくださってありがとうございました。

　朽ちていくのを横目で見るしかない、暗澹とした辛かった日々を思うと、予想もできない展開になりました。どうぞ、今後いつまでも見守っていてください。」

　私以上に、奥野家のご先祖様はこのことを喜ばれていることだろう。「ご先祖様、どうぞ奥野家を見守っていてください。」と祈らずにはいられない。

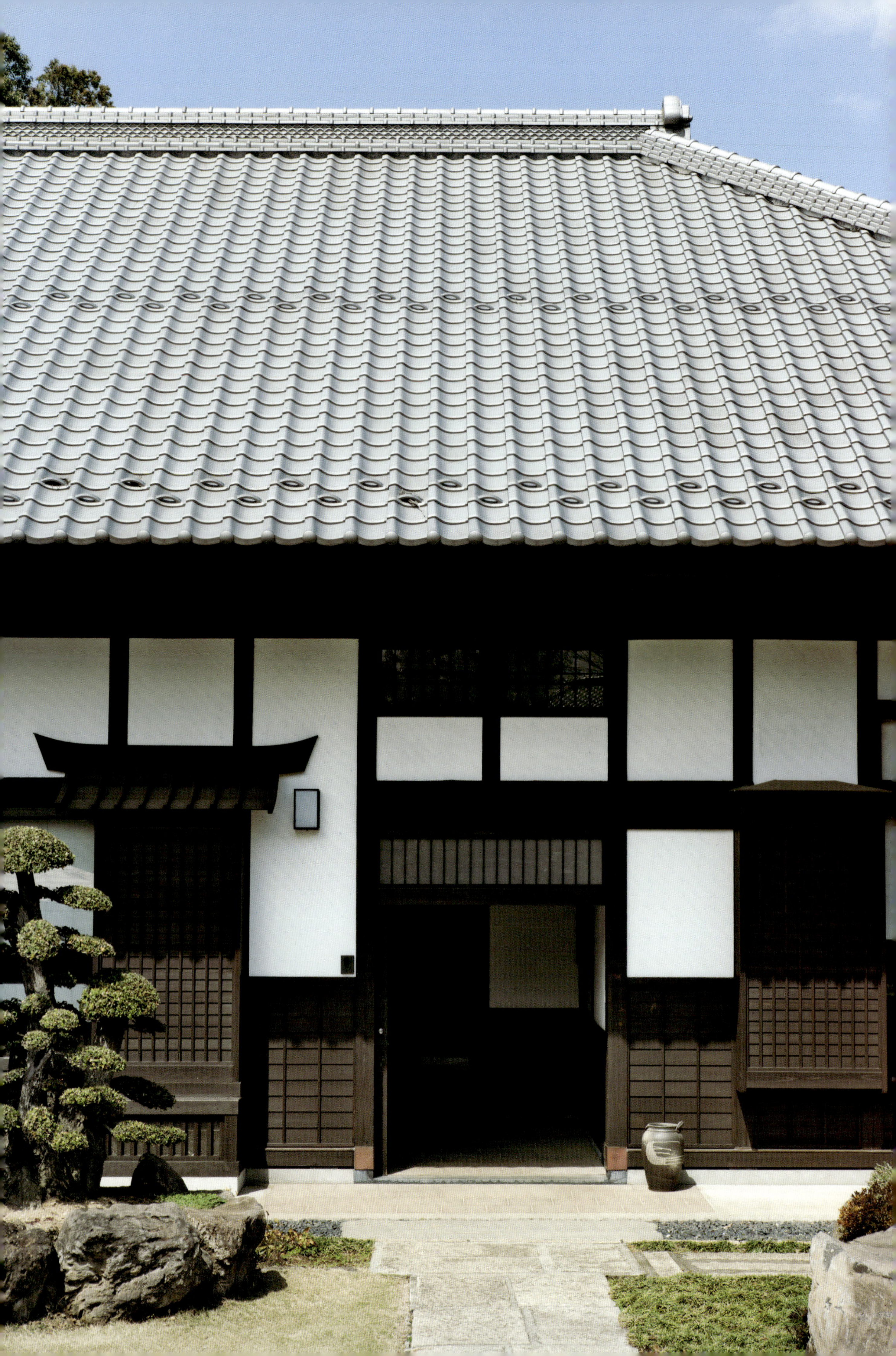

配置図

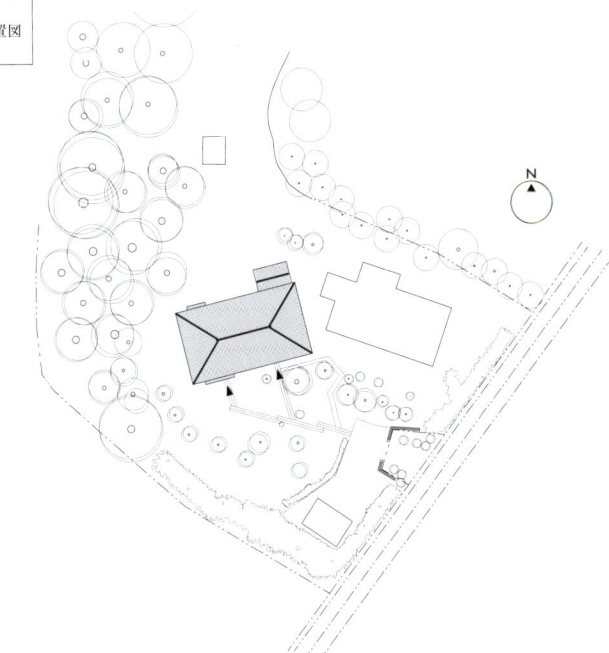

[食事処]

ゆったりと家庭料理を楽しむ
# 茶房 宮﨑邸

千葉県印西市船尾

施工＝田喜工務店
写真＝山田新治郎

上／正面前庭
下／正面外観
左頁／玄関廻り外観

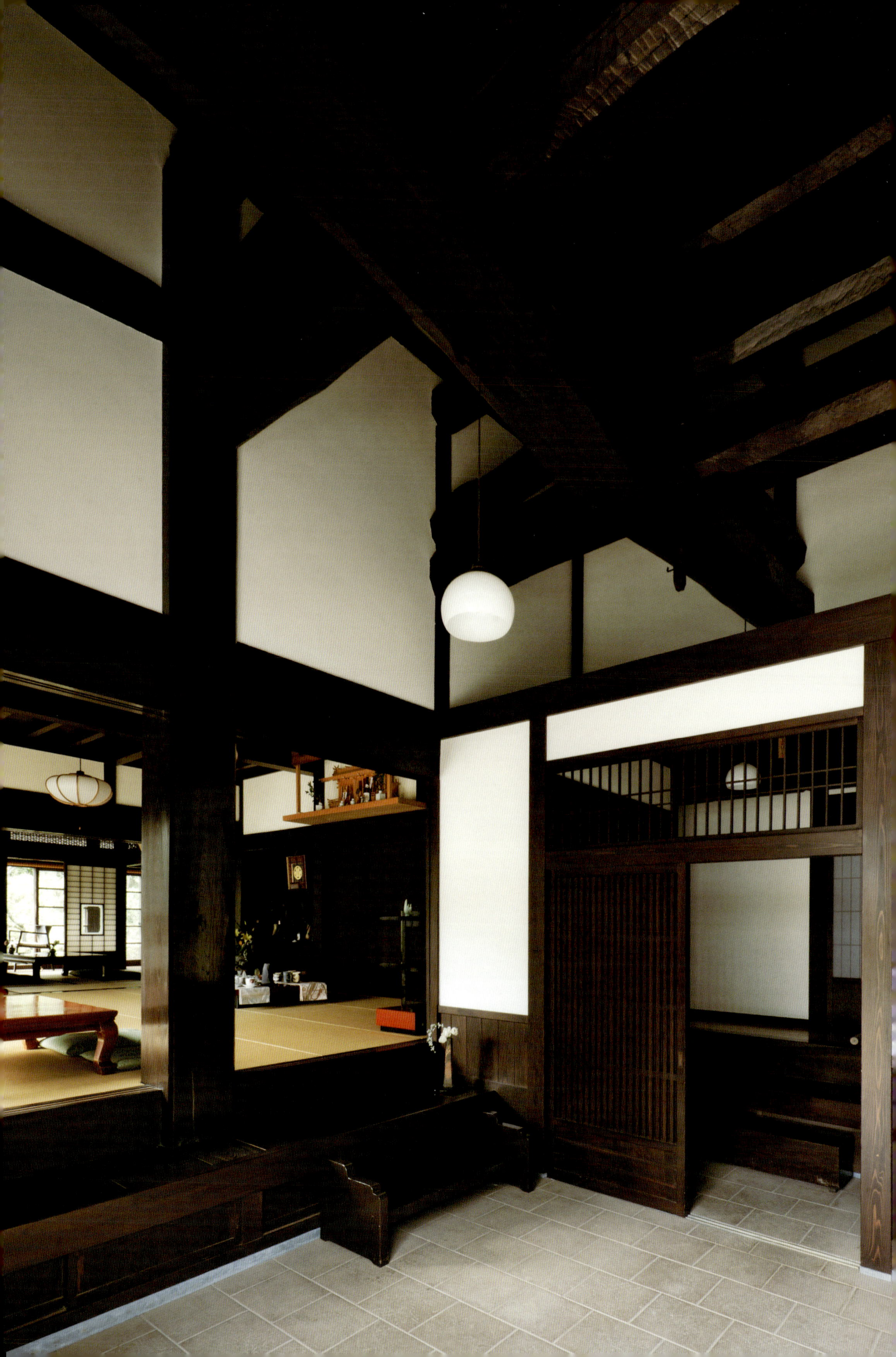

上／玄関土間より玄関入口を振り返る　　左頁／正面玄関土間の左手は畳の客席。境に大黒柱がそそり立つ。玄関の奥に家族用の内玄関が続いている

上／床の間前の部屋。欄間や障子の細工が見事だ
下／二間続きの客席を見る。正面に床の間
右頁上／玄関脇の広間。土間境に大黒柱
下／玄関脇の広間より南庭を見る

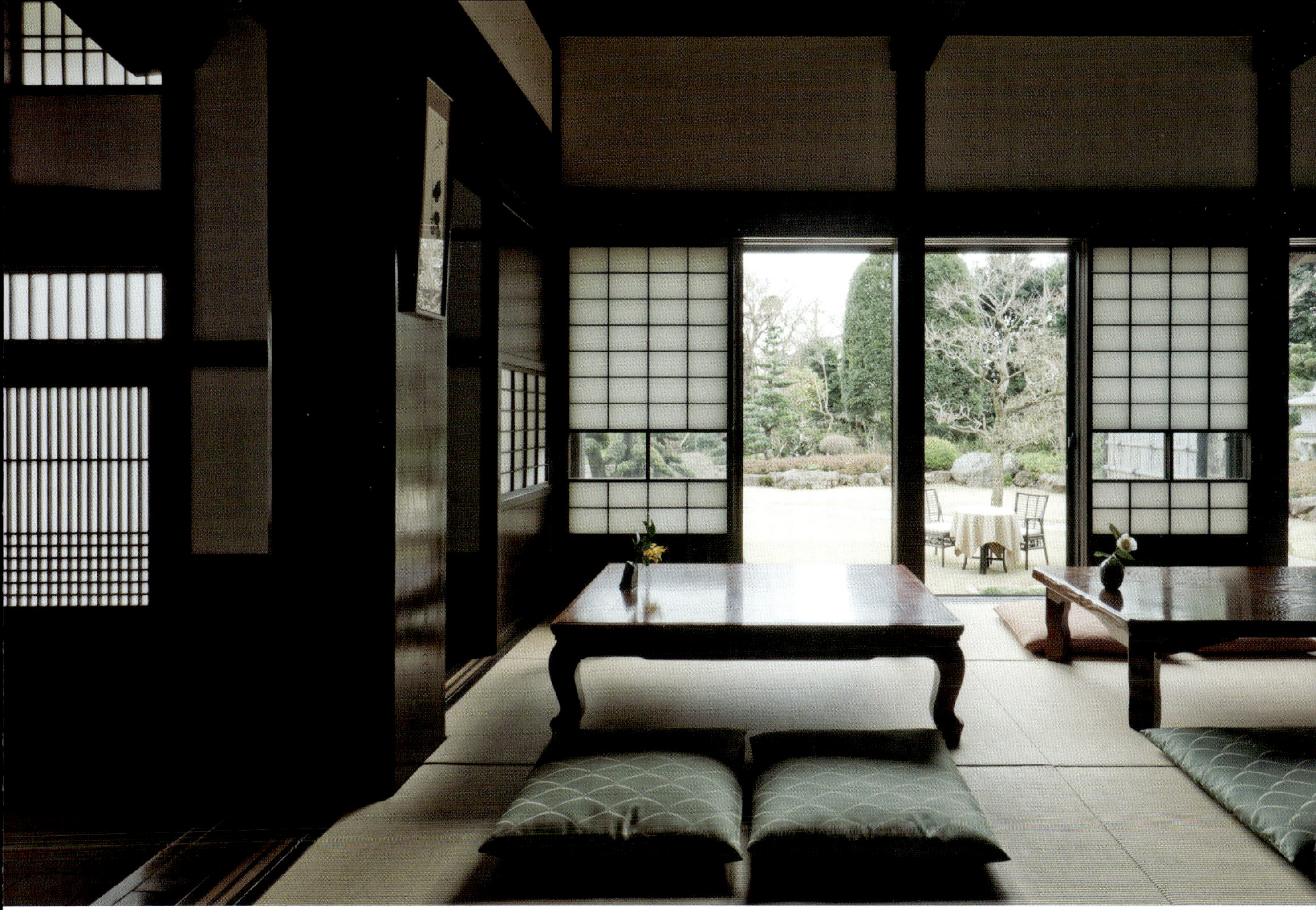

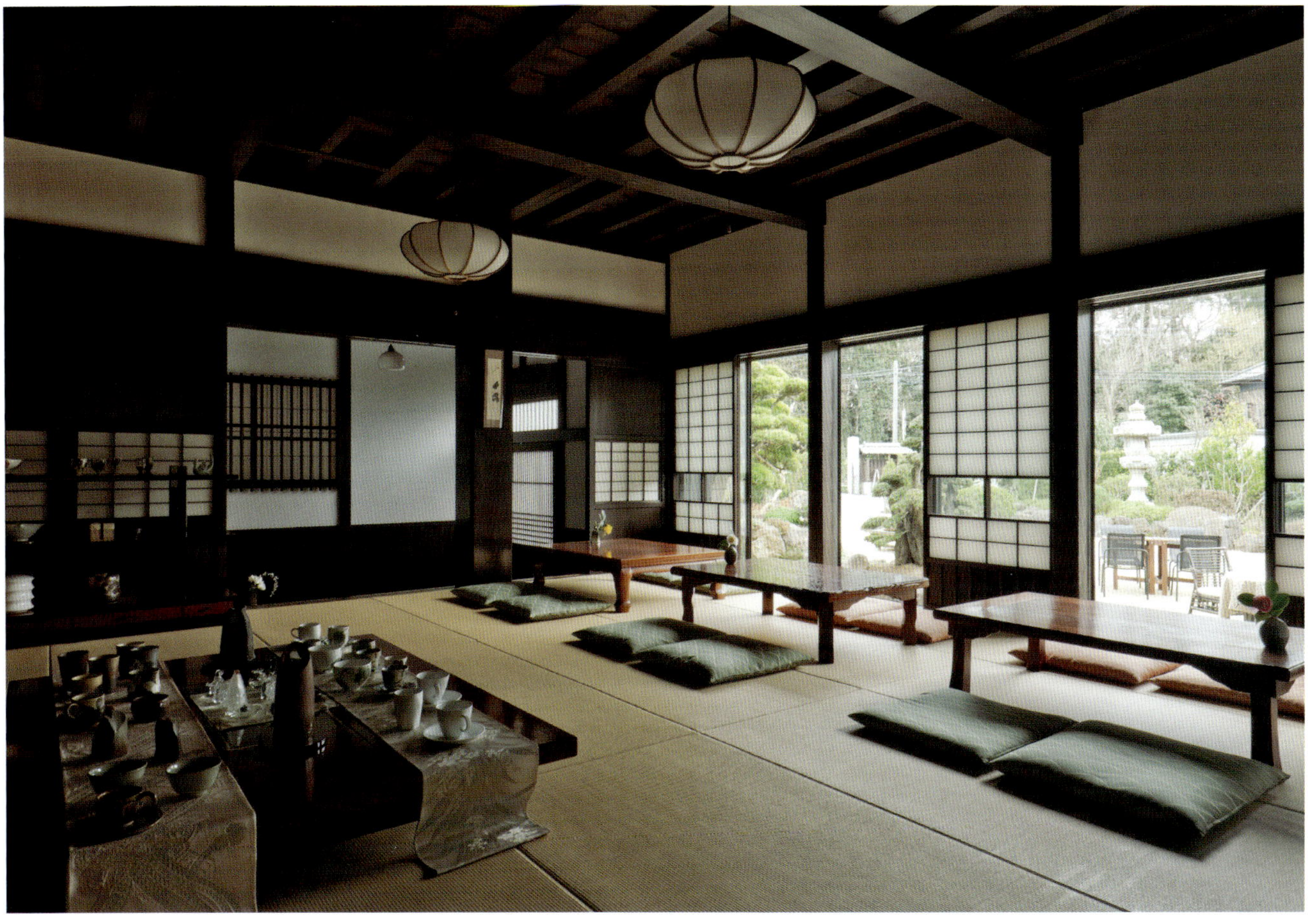

84　民家の再生Ⅱ［転用事例編］

2013年3月26日、18年ぶりの千葉県印西市・宮﨑家の訪問は忘れられない一日となった。18年前の初訪問の時の格別の思い出が、今回と直接つながっていたからだ。

　18年前は築200年の古民家が取り壊されると聞き、どこかへ移築し再生できないかと思って、東京事務所の所員と共におうかがいした。

　訪れると、大規模農家に相応しい、大きな敷地に建つ茅葺きの民家の脇の空き地には、すでに造り替えのための木材が積み上げられて準備が進められていた。

　家の外で簡単な挨拶を交わし、裏口から薄暗い土間に入れていただいた。目の前にそそり立つ太い柱と煤けた壁、柱の上に交差したたくましい構造材に圧倒された。室内に目を向けると、心温かい日常生活の歴史が木に染み込んで淡い艶を放っている。古民家なればこその、かけがえのない美であろう。

　私はとっさに、「壊してはいけません。住み続けてください。宮﨑さん!!」と叫んだ。

　部屋に上げていただいて、改めて挨拶をすませた。お茶をいただきながら、お話をおうかがいしたのだが、歴史ある家の家族の話からは、聞く者にしみじみとした感情が伝わる。娘さんは家を継がれる立場におられたから、同席して意見をのべられた。昨年ご養子の夫を亡くされて、4人のお子さんを育てられるという。家族にとって家の中心であるべきご養子さん急逝の暗さを拭い去りたい想いから、家の造り替えを急がれていたのかもしれない。

　その席で、一通りの家族の歴史と現状をうかがったが、そのなかで何回も席をたって室内を見まわし、柱などの木材を手のひらでなでてはまた、席に着いた。宮﨑さんご一家の気持ちを察しながらも、どうしても取り壊しに賛成することはできなかった。最終的に、「もう一度お考えになって、結果をお知らせください。」と言って席を立った。

　帰りは娘さんが最寄りの千葉ニュータウン駅まで送ってくださった。10分あまりの車中でも残す必要性を訴え続けたが、それでも心残りがあったため、駅前に着いてもなおお話をし、重ねて「結果をお知らせください。」と言ってお別れした。

　それから10年あまりして、私の東京事務所に相談があって、再生の設計に入った。設計も工事も順調に進み、2008年に再生工事が完了した。多くの要望に応え、「茶房 宮﨑邸」が誕生した。そのことを聞いて、18年ぶりに写真家とともにおうかがいしたのが今回の訪問である。

　千葉ニュータウン駅から車で向かい、到着して外観を見たとき、見覚えのある家の姿に懐かしい思いが一挙にこみ上げた。家の前では、あのときの娘さんと再婚されたご主人が感激の笑顔で私を出迎えてくれた。そのとき、18年の空白が消えて、当時の記憶がすぐに蘇った。

　二人で目を潤ませて、「ご無沙汰していましたね。」と言って手を握り合った。さらに、「よく再生なさいましたね。」と、あのときの私の言葉を信じてくださったことへの感謝と労いの言葉が私の口からでていた。

　再生された民家の前面に広がる庭は美しく整備されていて、室内には穏やかな雰囲気までもが漂っている。訪れる人に内部の魅力を暗示しているかのようだった。室内に上げていただいて、今日にいたるまでの経緯をお聞きした。工事は我々の設計を理解している工務店だったから、心安らぐ内容になっていた。

　現在、茶房の他にプロの工芸作家の個展、落語、舞踏、音楽等、伝統文化の発信基地として、多くの人々が集う場所となっている。茶房・イベントを含め、ここに集う人は想像以上の数にのぼるという。この地域と調和し、ここに相応しい民家だからだろう。

　再生された民家と手を握り締めながら喜びを交わしたような一日だった。

　「茶房 宮﨑邸」に幸多かれ！

上／広間より玄関方向を見る
左頁／玄関脇の板の間席。たくましい木材が天井を支えている

[蕎麦屋]

出会いから8年を経て
手打蕎麦の店として移築再生

# 車家

東京都八王子市越野

施工＝山共建設
写真＝林安直・秋山実＊

配置図

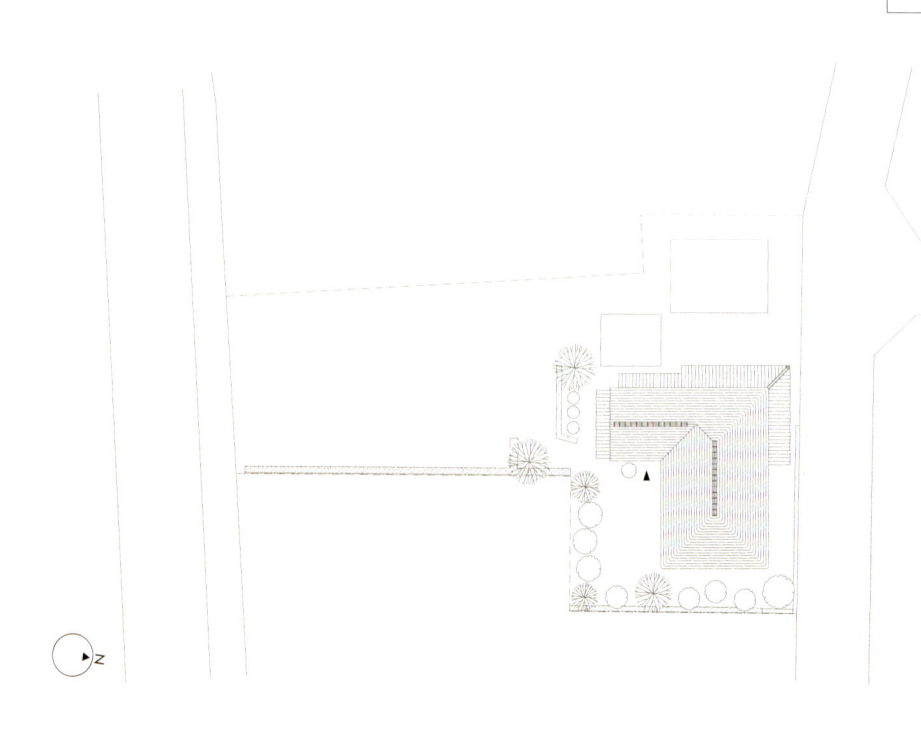

上／玄関廻り外観＊
下／正月気分の玄関へ向かって
左頁／正面外観＊

上／玄関脇の小部屋を見る
下／待合を見る*
右頁上／広間から座敷を見る*
下／民家の構造のたくましさ

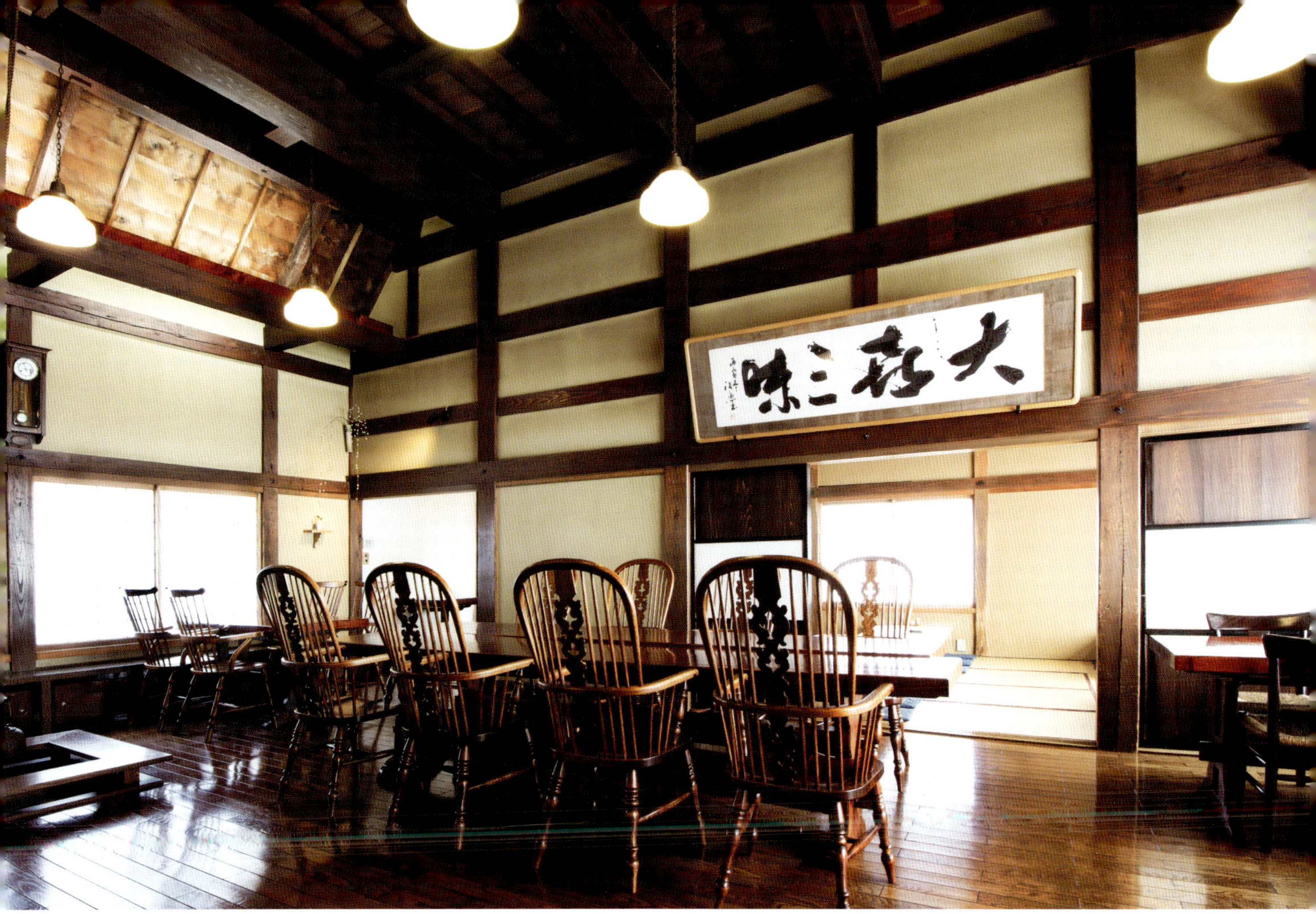
大哉三昧

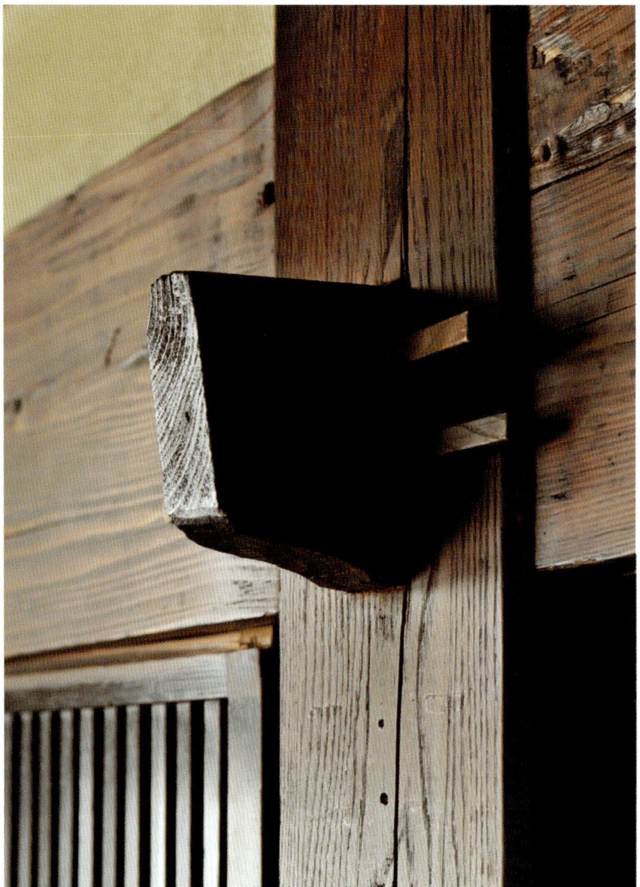

上／土間より広間の入口を見る
下／広間の脇の洋風の部屋
右頁／広間の囲炉裏を見る

2013年、何年かぶりで撮影のために「車家」を訪問した。正月気分がまだ残る1月8日だった。「車家」に使われている民家は、雪国育ちだから、寒い時期を撮影に選んだ。この民家から福島県只見の冬が偲ばれるとも思ったからだ。

　福島県只見から環境のまったく違ったここ八王子の近隣に移築・再生されながら、この場所と違和感なく、調和した元気そうな姿が目に入った。そこに小川さんの民家への愛情深い配慮が見えて目頭が熱くなった。ときどき思い出し、「元気かな。」「かわいがってもらっているかな。」「幸せかな。」と、気になっていたからだ。

　ここで、民家と「車家」の小川さんとのつながりを振り返ってみる。

　小川さんは、そば屋を始めた頃からずっと、いつか古民家を使った店で営業したいという夢をもっていた。そんななかで、そば屋仲間から古民家を譲ってもいいという人を紹介してもらった。福島県只見の田子倉ダムの下で代々暮らしてきた、目黒さんの古民家である。周辺では立派な建物だと評判だったらしい。そのため、いくつも問い合わせがあったという。しかも小川さんの計画はしばらく先になりそうで、実現が疑われかねない場面もあった。それでも小川さんの人柄に触れた家主の目黒さんは、そのお店のためだったら他所を断っても、小川さんにお譲りしたいと思われた。結果的に、目黒さんは小川さんの「車家」のために、8年間も民家の引き渡しを待ってくださった。

　お二人が深いご縁で結ばれていたからこそ、このような信頼が保たれたのだろう。そのようにしか思えない。そこには、お二人の民家に対する深い愛情があったからに違いない。目黒さんは、愛する民家の幸せを考えた結果、民家のために小川さんの都合に合わせたのである。これが「車家」の民家の由来である。

　「車家」の工事は、1985年〜1986年にかけて行われた。

　屋根は茅から銅板に変わったが、「車家」の茅葺き民家から受ける印象に違和感がないのは、茅職人の技による、茅葺きの表情そのままの銅板葺きだからだ。さらに商売の手打ちそば、すなわち、手づくりに徹した「そば」と、手づくりによる人の心の通い合った日本の民家が精神面で一致しているからだろう。

　それとともに、その裏側から伝わってくるのは、民家に対する小川さんの愛情である。遠い只見から、はるばる八王子の近隣まで来てくれた民家が可愛くてたまらないのだろう。そのことが民家の佇まいから偲ばれる。

　一方、民家を譲った目黒さんは、自分の民家を心から愛していたがゆえ、自分の都合を捨て、小川さんの都合に合わせて8年間も待ってくださった。そのお気持ち・思いやりを、小川さんは心が痛いほどわかっておられるのだろう。

　目黒さんへの感謝の気持ちは、正面の植栽にみることができる。この民家が、しだれ桜などの樹木から只見の風景を懐かしく思い出して喜んでくれているようだ。そして、その嬉しそうで美しい外観を、きっと目黒さんが喜ばれるだろうという小川さんの想いが感じられる。

　「車家」は、手打ちそばと手づくりの民家の両者にある「心」の調和と、民家を譲った目黒さんと譲り受けた小川さんお二人の、麗しい心の調和のうえに存在する手打ちそばの店である（214頁「おわりに」参照）。

[物販店・レストラン]

秋田で育まれた古民家を移築再生

# 鈴廣蒲鉾本店

神奈川県小田原市風祭

施工＝中央工芸建築
写真＝秋山 実

配置図

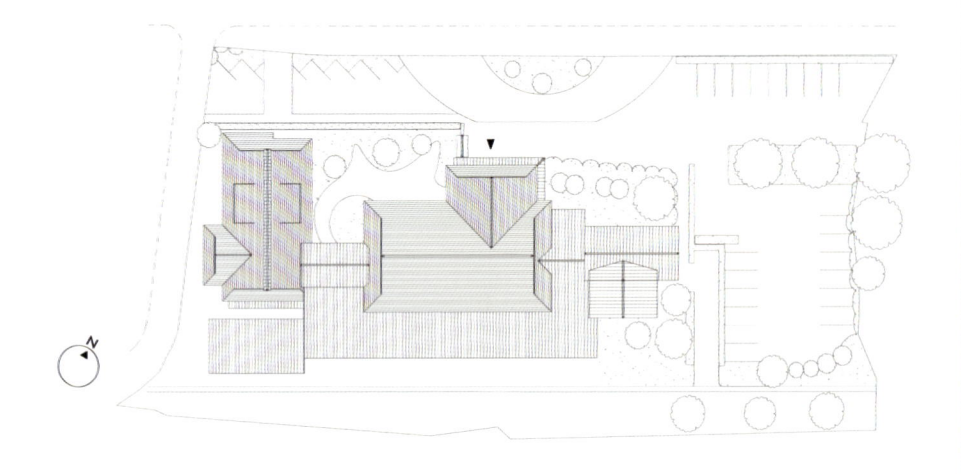

上／道路側全景。中央が「千世倭樓」と土蔵。右の「大清水」は富山県の古民家で移築されてあったもの
右／「千世倭樓」中庭。右は「大清水」

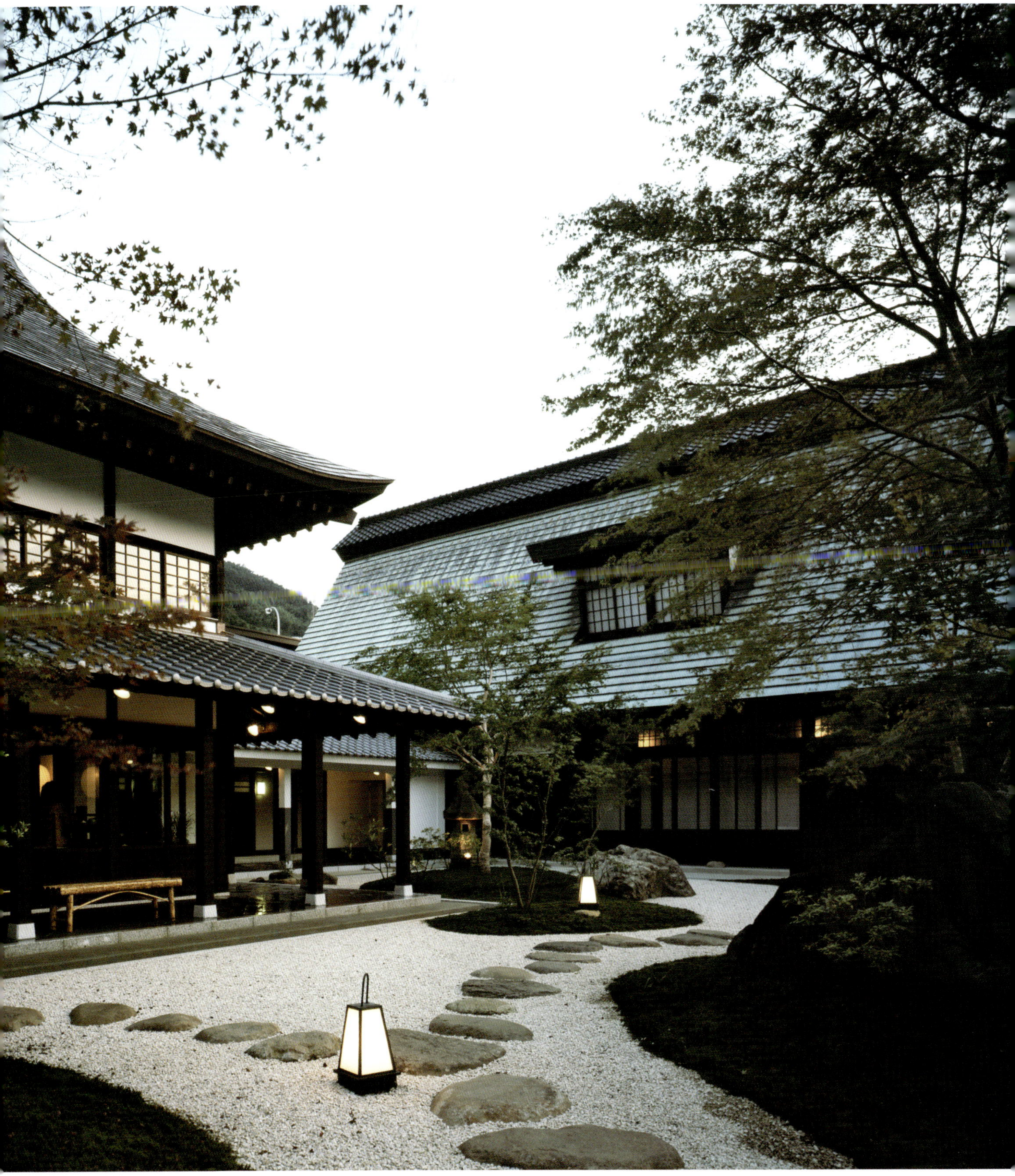

民家の再生Ⅱ ［転用事例編］

上／正面売店
下／「千世倭樓」内部、レストラン客席を見る
左頁／「千世倭樓」内部ホール。樹齢300年、直径70センチの秋田杉等の木材を多く使用（完成直後の写真）

上／「千世倭樓」の入口廻り外観
下／2階の客室は書院造りの厳格さがこもっている
右頁／「千世倭樓」木材の構成

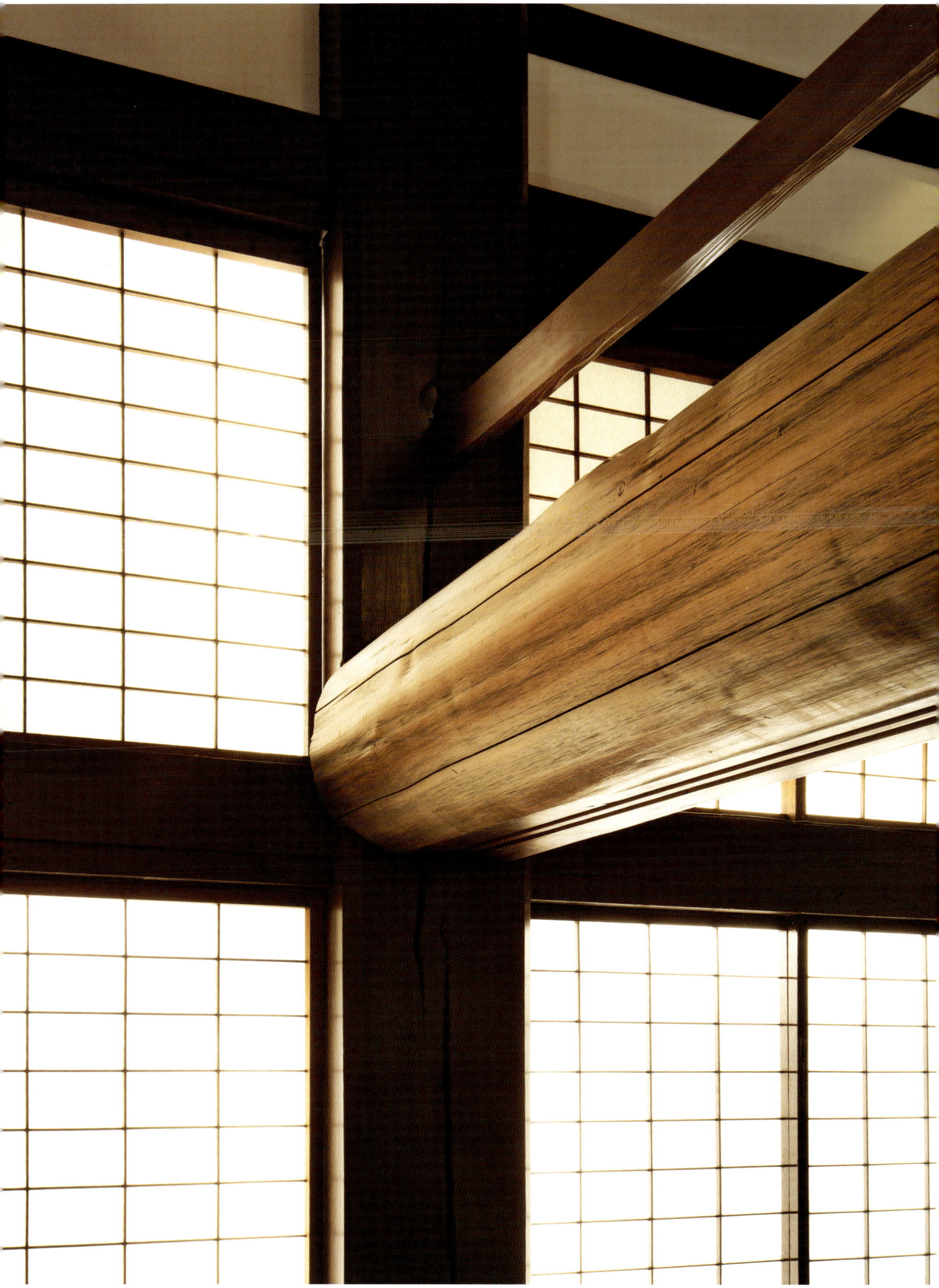

上／土蔵1階。階段ホールよりレストラン客席を見る。木材はすべてケヤキ材
下／外部漆喰壁の詳細。腰なまこ壁
右頁／土蔵入口ホール

秋田県大森町八沢木の菊池さんという方から、ある日突然民家の相談の電話があった。しばらくして、本格的な図面が送られてきた。いままで見たこともない大きさ。さらに、想像もしなかった格調高い書院造ではないか。

　秋田の素朴な農家を想像していた私の想いは浅はかだった。秋田の田舎に、こんなに高い建築文化があったことを知らずにいたことを反省した。

　相談とは、この家を住みやすくしたいということだった。こんなに大きな家をお嬢さんが嫁がれた後に、夫婦二人だけの住まいにするということは想像しにくかったが、このような家をつくらせた風土は、一体どんなものなのか。そこに興味が湧き、まず現地を見せてもらうべく、羽田から秋田に向かった。秋田空港も田舎だったが、さらに大森八沢木は土の匂う山深い本格的な田舎だった。

　迎えに来てくださった菊池さんの運転するベンツで、空港から菊池家へ向かった。途中に小さな集落はあったが、寂しい山中だった。家の前に立っての言葉は「ただ立派！」の一言だった。「こんな山のなかになぜこんな不似合いな家が」というのが私の第一印象だった。誰が見てもそう思うだろう。

　そのときの私には、小田原の蒲鉾の「鈴廣」と見えない糸で結ばれていようとは夢想すらできなかった。

　菊池家はかつてこの地方で手広く山林業を営んでいた。この家は明治初期からおよそ20年の歳月をかけてつくられたといわれている。1階には樹齢300年、太さ70cmの秋田杉の梁が用いられていた。秋田杉の銘木をふんだんに用いた名建築だ。暗い内部だったが、初対面の私に迫るものがあったのも、内部に文化財的内容が豊かだったからだろう。

　母屋の隣に「さや」で覆われた土蔵があった。この地方は土蔵の土壁を雪害から守るために、土蔵の脇を人が通ったり、土蔵のものを出し入れできる余裕をもたせ、外側を「さや」と呼ばれる軽やかな建物で覆っている。菊池家の「さや」で覆われた土蔵の壁はピカピカの光沢をもった黒漆喰であった。黒い光沢はイカ墨の黒さだという。さすがに菊池家の土蔵である。

　土蔵の扉を開けると、さらに驚く場面が展開する。木材はすべて見事な欅材で、漆が塗られて光り輝いているではないか。竜宮城の建物はこんなかとふと思ったほどだ。ここは物が入れられて守られる蔵である。いかに大切なものが保管されていたのか、想像がおよばない。

　その後、家全体の利用方法を提案したが、方針は決まらなかった。

　一方、1999年初め、蒲鉾で有名な小田原の「鈴廣」から店舗の相談を受けた。小田原市内から箱根へと向かう国道の脇で、既に関連の建物が建ち並んでいた。「鈴廣」の歴史と調和した店舗をつくりたいということで、何回もうかがって構想をお聞きするなかで、2カ所の建物を活用提案しながら、最終的に菊池家に決まった。土蔵も母屋も一体である。

　工事は2001年6月に完成した。この場所に武士の好みを漂わせた格調高い書院造とは夢の場面のような姿だった。その姿に相応しい「千世倭楼」と名づけられ、小田原市における国登録文化財にもなった。

　現在、国道1号線に面して建つ蒲鉾の「鈴廣」の一連の建物の中央に、堂々と構えた和風の建物と白い土蔵が菊池家の古民家である。ここが菊池家に似合った唯一の場所だったことを実証している。

[食事処／とんかつ・田舎料理]

松本の旬を囲炉裏端で食す

# 麓庵 かつ玄

長野県松本市島内

施工＝山共建設
写真＝林安直

配置図

上／かつ玄の看板
下／正面外観
右頁／土間奥の大黒柱と板の間のロビーを見る

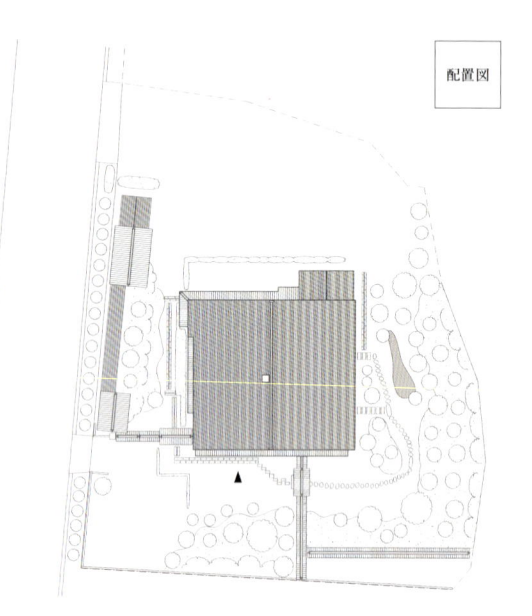

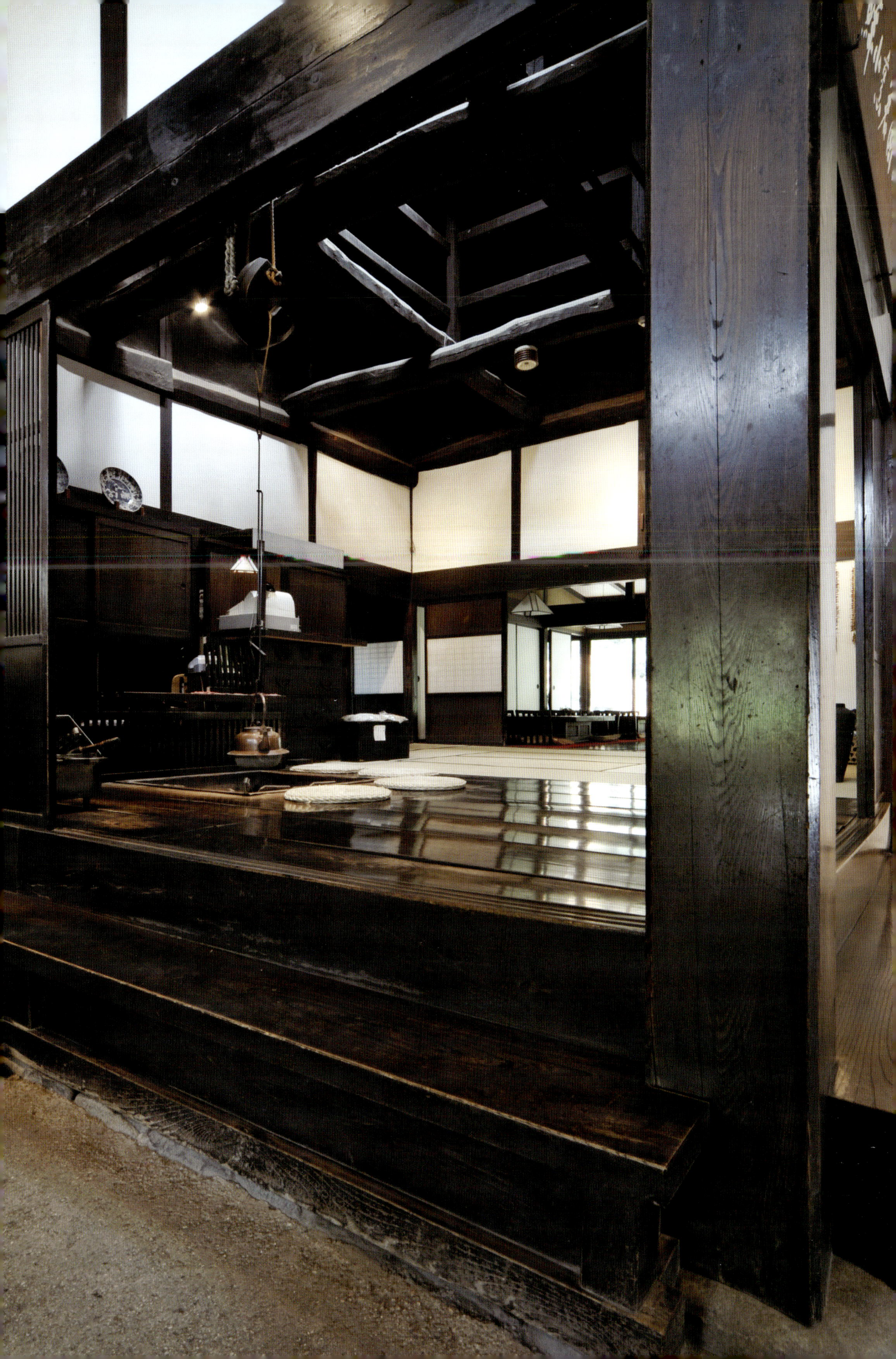

上／囲炉裏の部屋がロビーとなって、民家を象徴している
下／囲炉裏越しに土間の客席を見る
右頁上／ロビーの囲炉裏を見る
下／玄関を入ると土間の待合が展開する

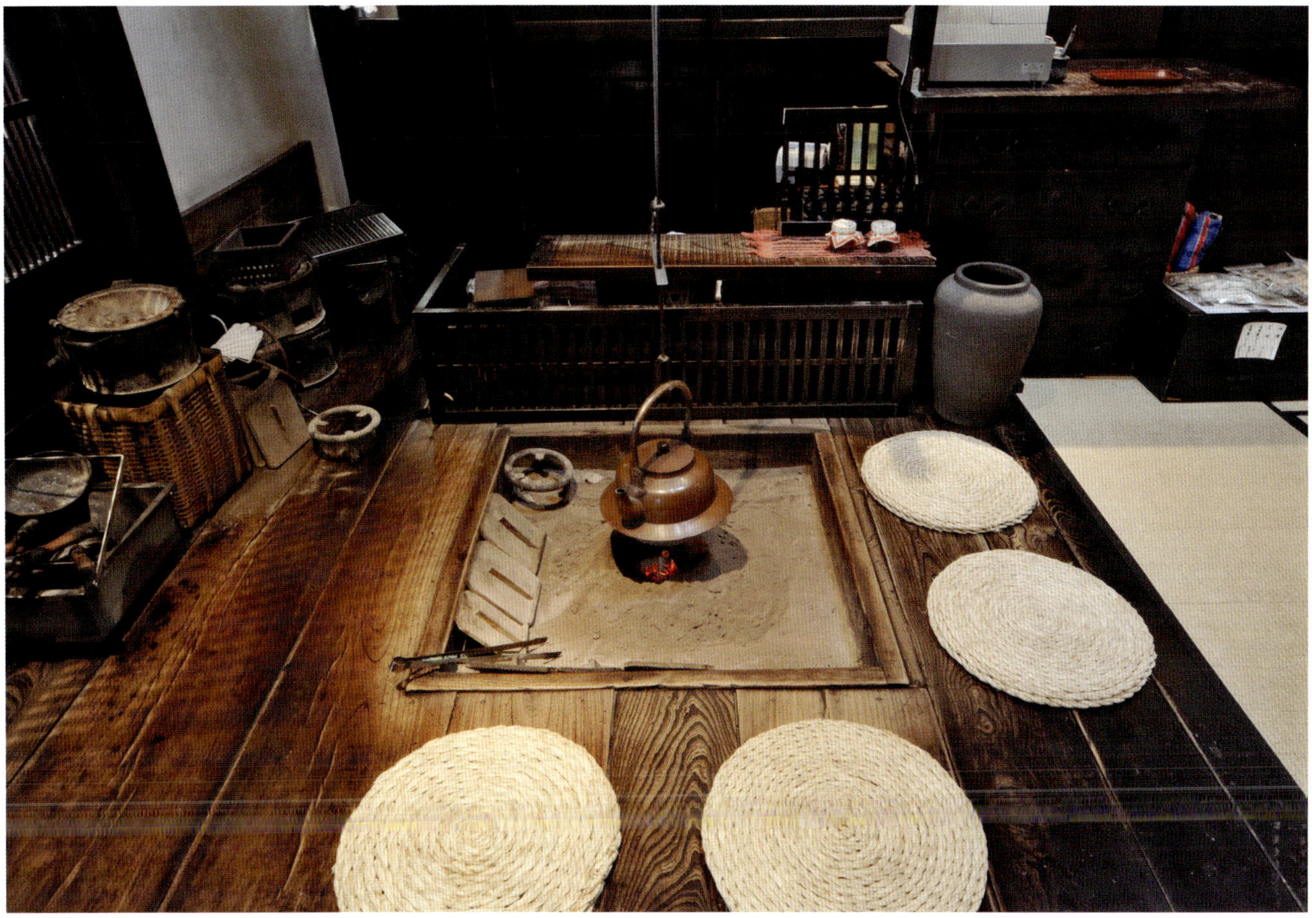

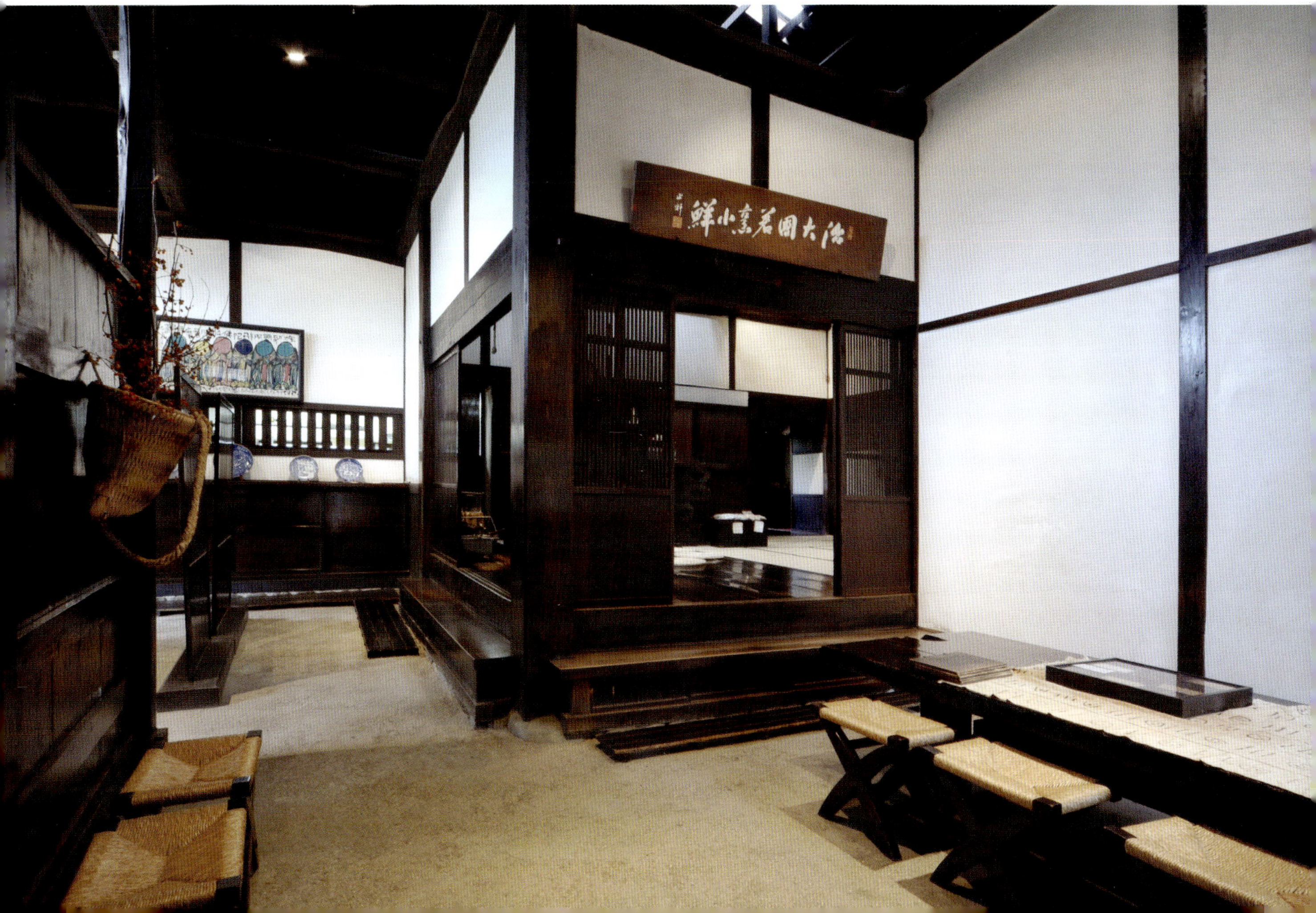
治大國若烹小鮮

まず、「かつ玄」の出店の経過を振り返ってみることにする。

　ここは、松本市街の西側を走る国道19号線沿い。昔から古い国道沿いに民家が並んでいた。その片側は、国道に沿って流れる薄川が豊かな水を湛えている。

　車社会になって、国道は広がりながら盛り上がって高くなり、脇の住宅を見下ろすように車が走る時代になってしまった。騒音やほこりや排気ガスが近隣の民家に住む人々の生活環境を悪くした。

　ある日、そのなかの1軒の民家に住む方から、「国道脇の家から裏にある新しい住宅へ移り住むので、国道脇の古い家をどなたかに使っていただきたい、希望者を紹介してほしい。」と相談があった。

　車の多い国道の脇だから住むのには問題があるだろうが、商売には向いていると感じた。地方色豊かな民家を利用した郊外への出店希望者を募ると、市内の店舗から、現在の場所が狭いので郊外へ出てもよいという感触を得た。検討の結果出店にいたったのが、とんかつ専門店「かつ玄」である。

　ただ、「かつ玄」としては、初めての郊外の商売の成否には半信半疑なところがあって、慎重にならざるをえなかった。

　〈いかにも専門店〉らしく模様替えに重点を置くよりは、むしろ民家の姿をそのまま特徴にした〈とんかつ店〉にすることで設計にあたった。この方が、工費も少なくて済む。

　古い建物をその商売らしい模様替えで対応してきた店は多い。しかし、今回は発想を変え、観光面の貢献も考えて、地域の風景と馴染んでいる本棟造の佇まいを変えずに、内部も以前のままの雰囲気を残すことにした。その結果、この地方以外ではありえない、"本棟造り"のとんかつ店ができることになった。

　ただし、150年経過していた古民家であり、厨房や水回りは顧みられていないうえ、各所に老朽化が目立っていた。人をおもて

上／炉卓のある客間
下／土間の出入口
左頁／土間のテーブル席を見る

なしするための商業建築にとって、不備や見苦しさは禁物である。老朽化した部分を取り除き、見栄えと清潔さに配慮しながら、入口土間も椅子室とし、奥には畳の客室を2室設けた。さらに、厨房・水回りの整備をして完成した。

結果は、通りがかりの客ばかりでなく、地域の人びとにとっても民家そのままの落ち着きが好評である。そのなかで味わうカツの味は、特別なものがあるようだ。

夕方になると席が埋まって、土間で待つ人の姿を度々見かける。当初銀行に提出した事業計画よりもたいへん良好に推移しているという。

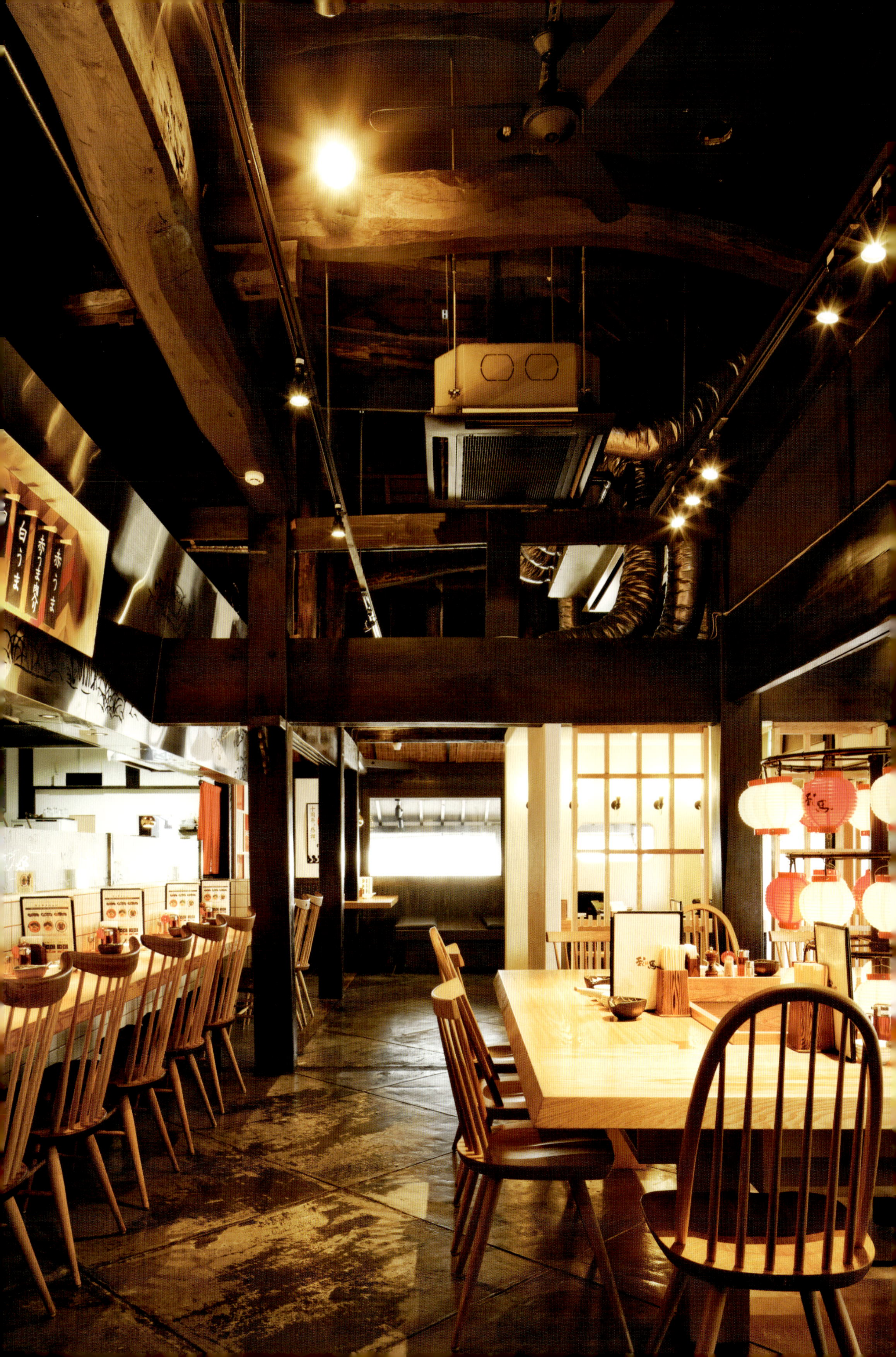

赤うま
赤うま肉入り
白うま

[ラーメン店]

和食の店から人気のラーメン店へ

# 我馬

広島県広島市五日市町

施工=マインド・アーク
写真=白谷賢

上／店内の柱組詳細
下／道路に面した正面外観
左頁／カウンター席とテーブル席を見る

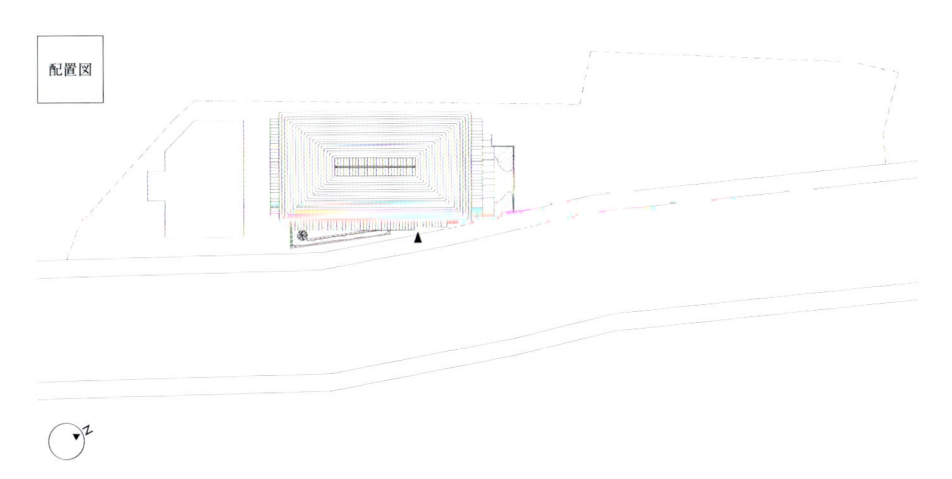

配置図

民家のたくましい木材が他処の店に
ない魅力となっている

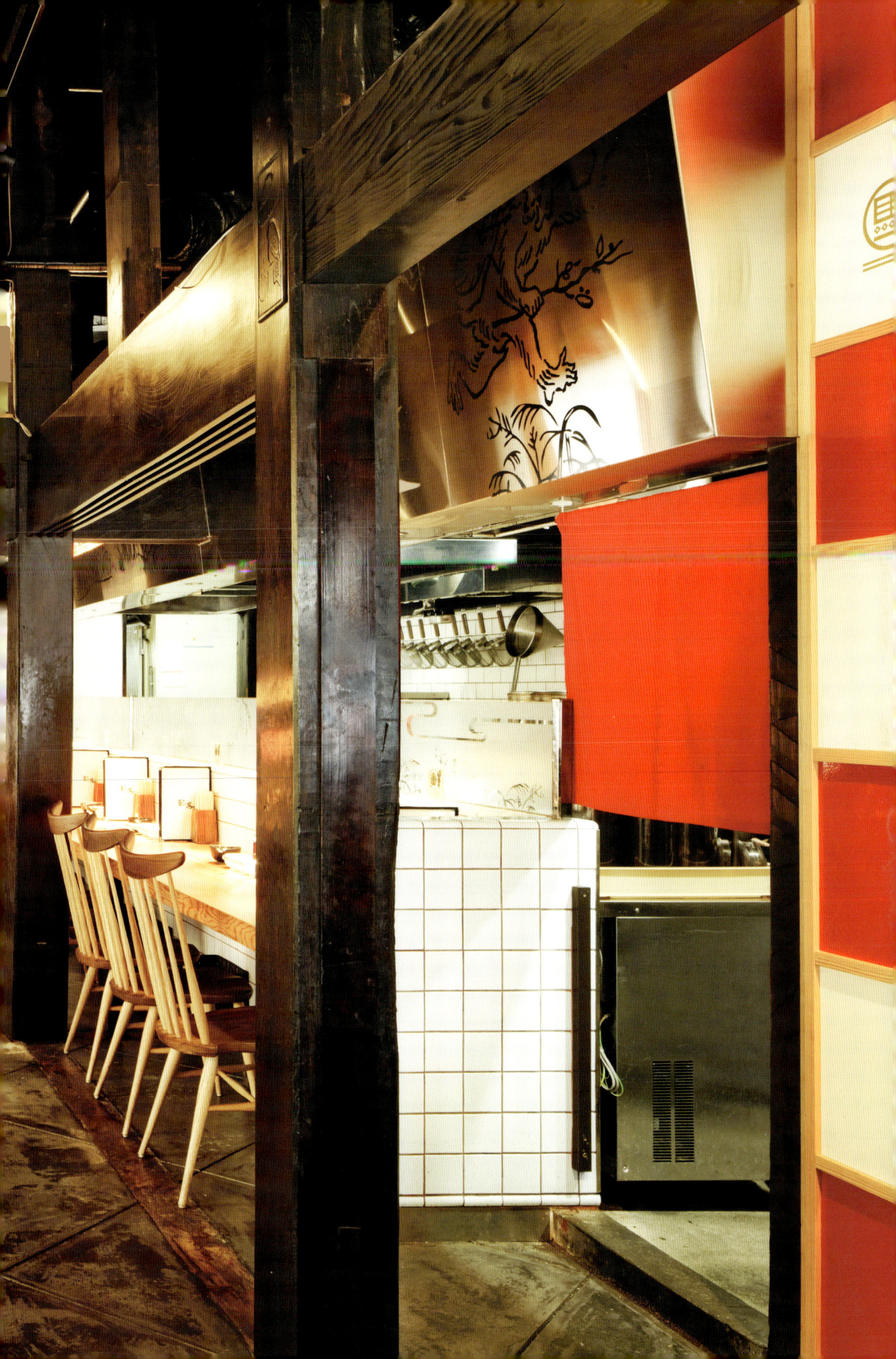

民家の再生Ⅱ［転用事例編］

上／テーブル席を見る
左頁／民家の落ち着きが店の隅々に漂っている

　1985年、高山市の工務店からの話だった。広島の方が古民家を使って和風の食事処をしたいと言っているので、設計をしてもらえないだろうかということだった。高山市の工務店とは何回も設計を依頼されたり、こちらからも工事をお願いしている仲だった。

　その民家は新潟県にあり、健康的な美しい茅葺きだった。建てる場所は現在の広島市佐伯区五日市で、中心市街地である。茅葺き屋根は市街地では許可にならないために、形を踏襲しながら銅板の屋根に葺き替えた。

　車の通りの多い街中の茅葺き屋根の形は珍しいものだったうえ、店名の「木舟」とも調和してか、客を惹きつけて商売は繁盛した。大衆的なうどんとそばの定食が主であるが、それとは別に少し上等な定食等も人気があった。それぞれに「木船」らしい工夫を凝らした料理を出したからだろう。

　その頃はまだ若かったから多少の無理はきいたのだが、10年ほどすると店主夫妻は次第に疲れを覚えるようになった。そこで商売は15年で止め、店舗はラーメン屋さんにお貸しして、更に10年が経過していた。

　テナントは広島では名の通ったラーメンチェーンの「我馬」である。銅板茅葺き屋根の形は珍しいうえ、重々しく落ち着いて見える。とくに、ラーメン店としては魅力的で人目を惹きつけるようだ。

　この場所に移築して店舗として25年。木造の古民家にとっては過酷な環境におかれたところがあったために、老朽化は否めなかった。そこで2010年、テナントの社長が変わった機会に改めて手入れをして若返らせた。

　内部には自社の経営方針に則った斬新なつくりで、若い店員を中心に活気に満ちている。和風の「木船」の時代とは様変わりだが、どちらも民家だからこそのしっくり感がある。数ある「我馬」の店のなかでもここは人気がある模範店だという。

　人は変わり、時代も変わり、商売の内容が変わっても、常にたくましく健康的で人に安心感を与えてくれている。ここでも、日本の古民家のたくましさとともにある、誰からも好かれる普遍的な安心感が漂っている。

和食店「木舟」当時の外観（上）と内部（下）
囲炉裏もあって民家の雰囲気の店内（写真＝建主）

# 湯処
## 温泉旅館

### さやの湯処
東京・前野原温泉
スーパー銭湯
写真=林安直

### 料理宿 やまざき
福井・くりや温泉
温泉旅館
写真=林安直

### 藤助の湯 ふじや
岐阜・平瀬温泉
温泉旅館
写真=秋山実

### 湯元 長座
岐阜・福地温泉
温泉旅館
写真=秋山実

**松宝苑**
岐阜・新平湯温泉
温泉旅館
写真=秋山実

**あずみ野 河昌**
長野・大町温泉郷
温泉旅館
写真=林安直

**三水館**
長野・鹿教湯温泉
温泉旅館
写真=林安直

**民宿 いけしょう**
長野・野沢温泉
写真=林安直

**小梨の湯 笹屋**
長野・白骨温泉
温泉旅館
写真=林安直

[スーパー銭湯]

先祖から受け継いだ
住まいと庭園で心を癒す

# さやの湯処

東京都板橋区前野町

施工＝大知建設
写真＝林安直

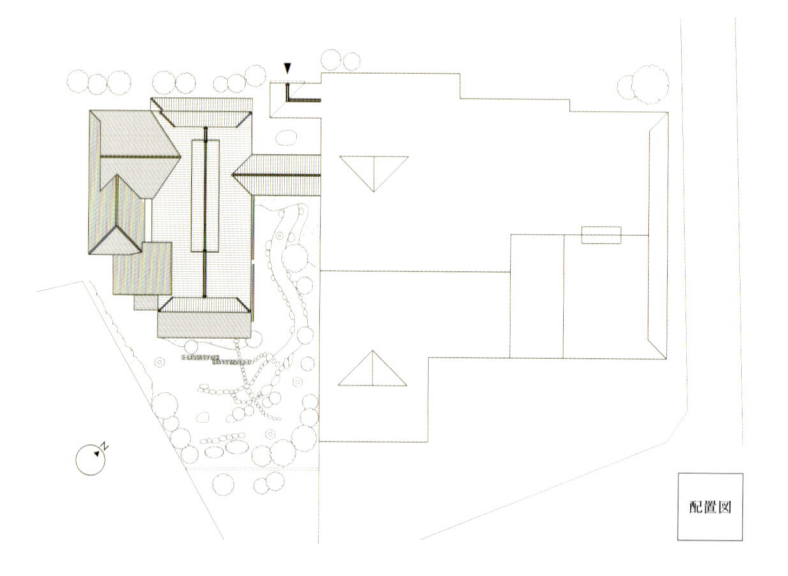

配置図

上／正面外観。手前は広い駐車場、周辺には緑が多い
下／唐破風の門と正面に構えた名石が来客を迎える
左頁／浴槽のある外庭

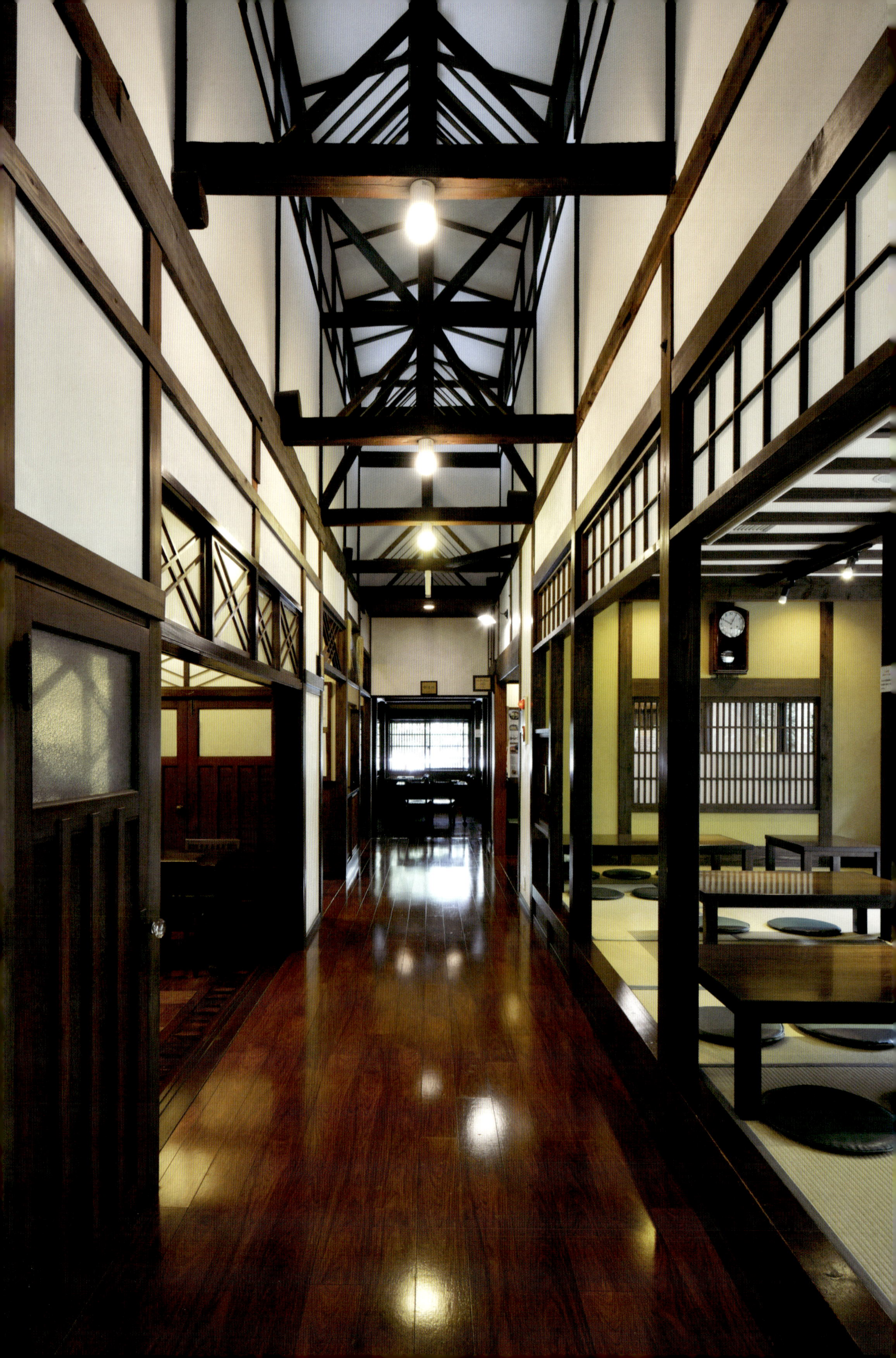

上／庭を見下ろす食事処
下／石組みのある緑豊かな庭を一望する食事処
左頁／屋根まで吹抜けの中廊下

上／浴室内部
下／玄関ホールと食事処を結ぶ渡り廊下から庭を望む
右頁上／渡り廊下より食事処の正面に神棚を見る
中／裏庭の露天風呂
下／昔の応接はそのままに

118　民家の再生Ⅱ［転用事例編］

板橋のこの辺は、かつてはすすきの原で鷹狩りの場所だったといわれている。時代も進み、やがて日本の工業の発展と歩調を合わせるがごとく変化し、戦後は工場の街に変わっていった。ここでは先々代が金属圧延の会社を営み、工場のあった場所は1995年から商業施設になっている。道を挟んで残された、事務所と住宅の場所が「さやの湯処」となったのである。2005年12月のことだった。

　「さやの湯処」を正面から見ると、唐破風の門の正面入口から左側が新築した浴場部分で、右側はかつての昭和の民家を再生した「さやの湯処」の食事処になっている。

　日本の文化の特徴は、「自然との調和」と言われているが、それを民家と庭園の調和に見ることができる。「さやの湯処」に用いられた民家と庭園には、先祖代々大切にされながら子孫に引き継いできた日本家庭の、伝統的な子孫への愛と、先祖への尊敬の思いが出ている。

　先祖から受け継いだ住宅は大切に再生され、「さやの湯処」の食事処となり、先祖の想いをかもした庭園と一体となって際立った魅力を醸している。他のスーパー銭湯との違いはここにある。

　古い建物を生かした食事処は、歴史を刻んだものだけがもつ独特の落ち着きを漂わせ、そこからの眺望は、入浴を終えた人々に深い感銘を与えてくれる。

　庭園は、浴室部分と食事処部分の両者を隔てながら、かつ両者に自然の安らぎを提供している。銘石揃いの庭石は、石好きだった祖父の情熱によって集められたものである。

　石のもつ力が、訪れる人に人生の心構えを教授しているように思えてならない。一般的には、樹木の緑が人を癒し、心を新たにすることが考えられるが、ここではそれに加えて、配置された質の高い石にこもる無限の力を通じ得難い人生の教訓が得られる。それは特筆すべき点で、東京に於て稀な庭ではないだろうか。

　激戦のスーパー銭湯業界にあって、毎年入場者を増やし、全国的にも高い業績を残している理由は、そこにもあるように思えてならない。

上／正面外観
下／玄関前
右頁／玄関土間とホール

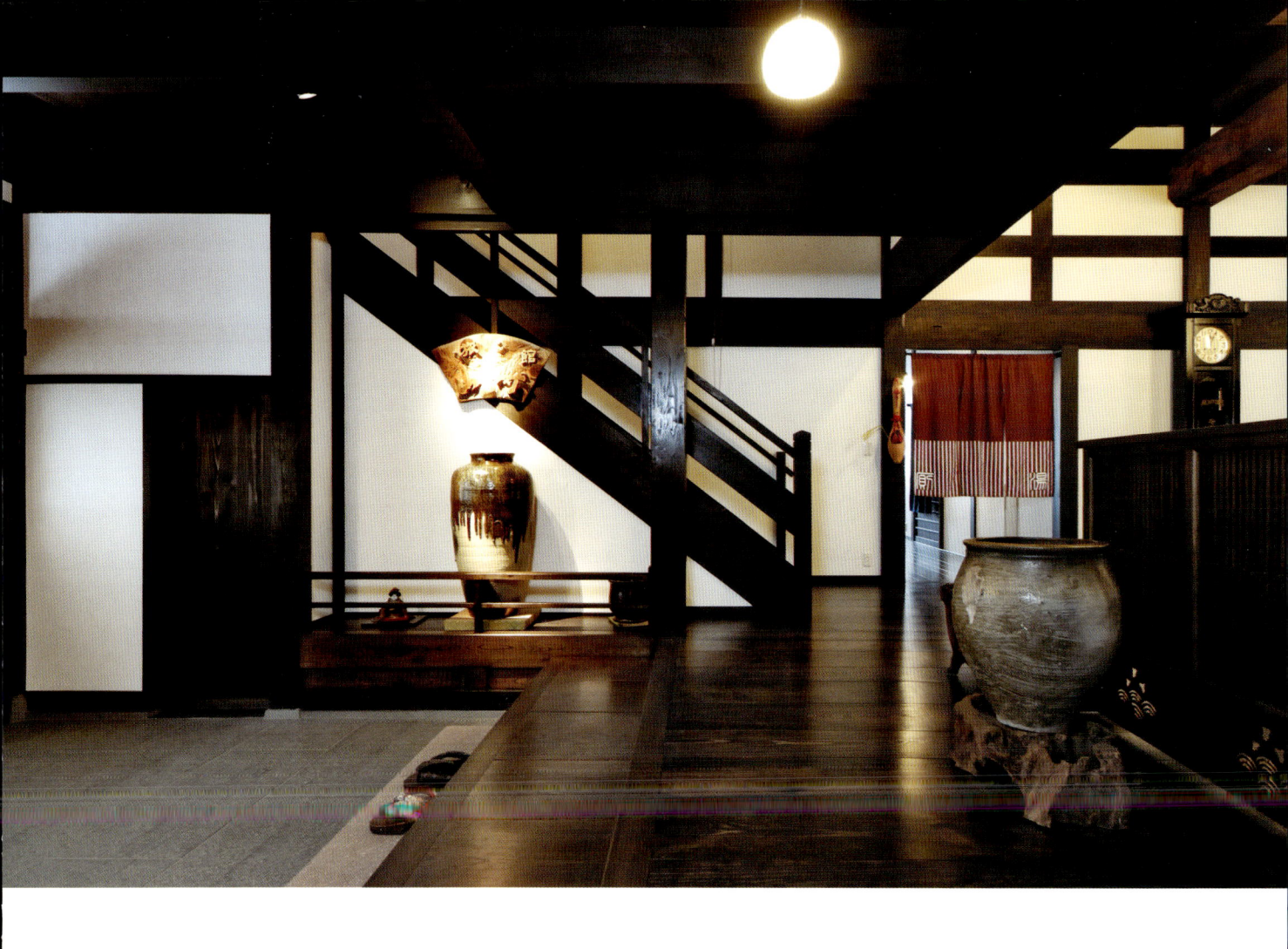

[温泉旅館]
ダイナミックな架構が出迎える宿

# 料理宿 やまざき

福井県丹生郡越前町くりや

施工＝鹿島建設
写真＝林安直

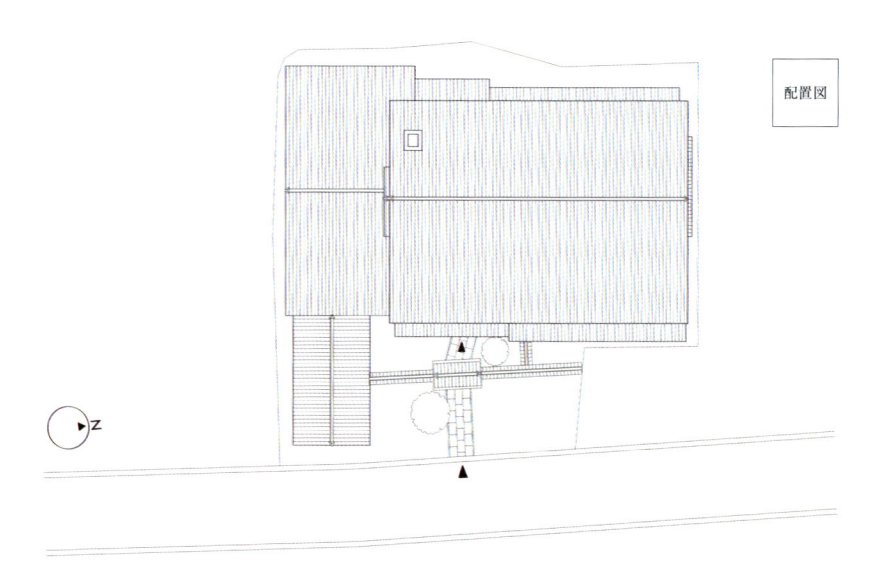

配置図

上／重厚な玄関・ロビー
下／ダイナミックな大広間
右頁左上／階段上り口
右上／玄関ホールより大広間方向を見る。右手にフロント
下／ロビーの広間入口の見事な帯戸

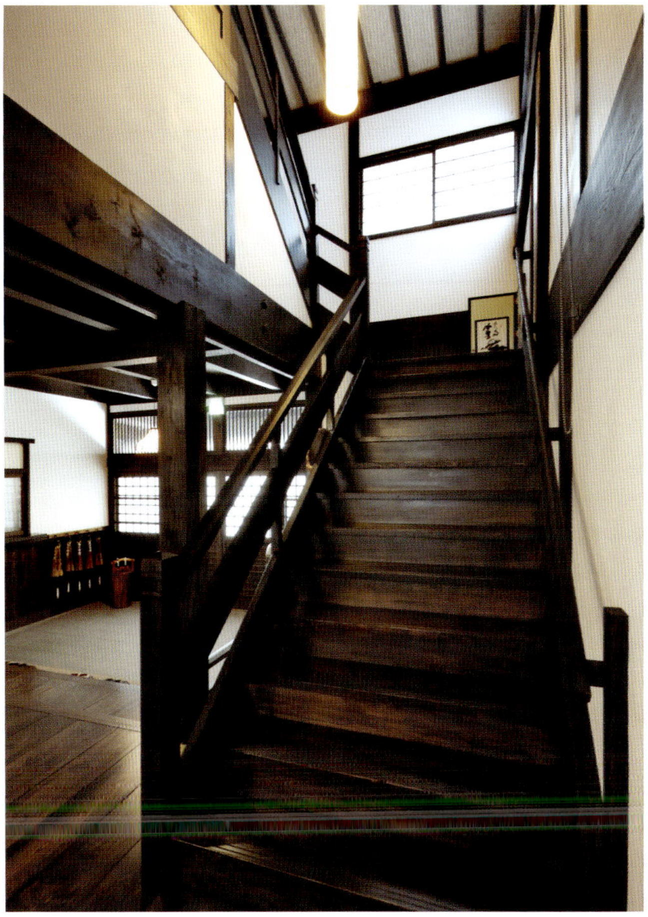
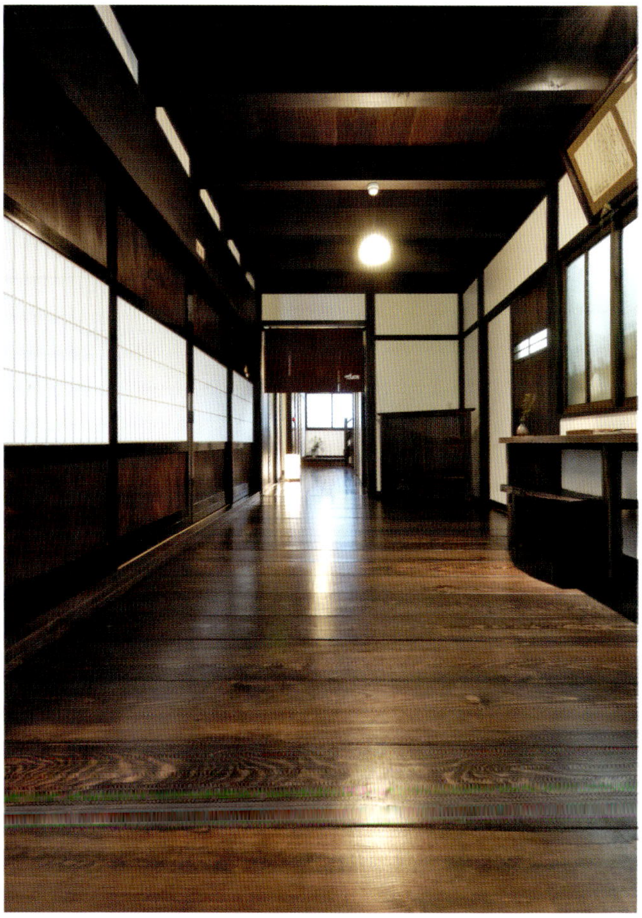
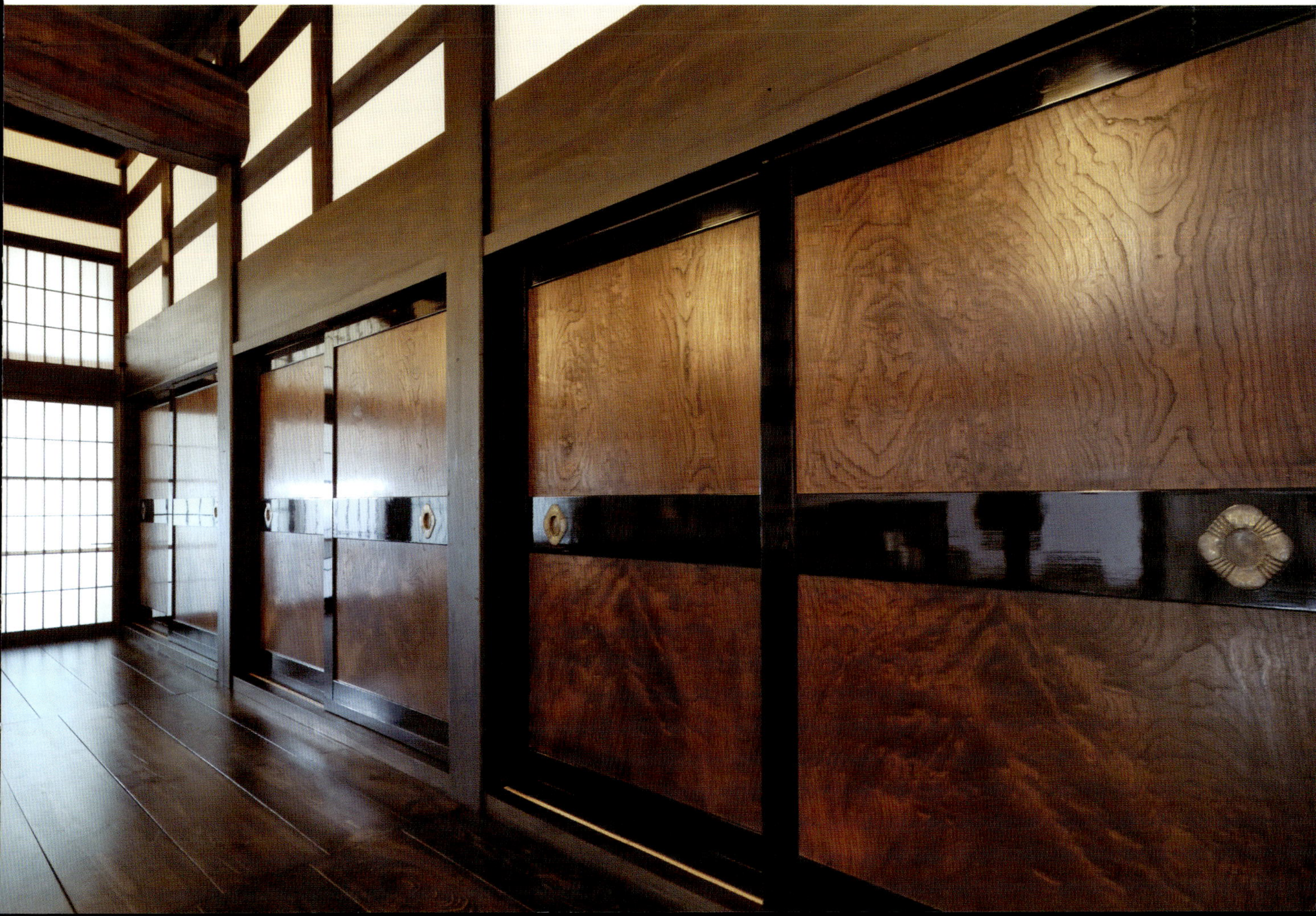

越前海岸で越前ガニ料理を提供する旅館を経営なさっている山崎さんが、60年間使用した木造の旅館を鉄筋コンクリートに造り替えて35年になった。新築当初は、これで永久に建物の心配をしなくて済むと思ったそうだが、海からの潮風による傷みがだんだん進み、鉄筋コンクリートの寿命の限界と考えて、私に相談してくださった。

　相談の結果、現在地から南に150mほど離れたところに木造の温もりをもった「癒し」を醸す旅館をつくって、本物の越前の味を提供したいということになった。

　基本設計の方針が決まったところで、わが社から出て金沢市で設計をしている赤坂君の協力で進めることになった。

　そのうえで、金沢古民家再生協会管理の、松任市の宮田家を移築再生することにした。この民家は以前に見たことがあった。規模が大きすぎて一般住宅には使い難いものだったから、今日まで残っていたのだろう。この民家だったら、特徴ある旅館になることは間違いない。山崎さんのコンセプトと合致するはずである。

　この民家にはたくましい木材が巧みに使われていて、永い歴史の風格を醸して見る者を圧倒する力があった。また、建具等も今日ではつくることができない上質なものだった。この民家が、二代目のやまざき旅館に代わって三代目を担うこととなった暁には、鉄筋コンクリートの旅館にない魅力で、末永くここ越前海岸で客を喜ばせ、満足させてくれることだろう。

　事実、来客からは、予想以上の満足感が伝わってくる。とくに、内部の古い木材によるダイナミックな構成には目を見張っている。そこに力があり、落ち着きがあるからだろうが、焼きガニの香りさえも高貴に感じさせてくれる。来客の旅館「やまざき」に対する印象を高めること間違いない。

　「やまざき」の前面道路は、温泉旅館が建ち並んだ旅館街である。道路を挟んで山を背にする旅館と海を背にする旅館とが対面している。海を背にする「やまざき」の一部は直接海に接し、眼前に波の迫力を楽しむことができる。

　道路に面した正面脇には、旧宮田家の白壁土蔵を配し、中央には門を設けて、白壁の塀をめぐらし、門の前に松を配して風情を添え、本格的な和風旅館の構えを持たせている。

　これらのことが評価されたのだろう、2010年グッドデザイン賞に選ばれた。

　再生された今日の料理宿「やまざき」の姿を、永らく民家を所有されて愛し守ってこられた宮田家の方々がみられたとき、どんな想いをもたれることだろうか。感涙の様が目に浮かぶ。

上／デッキより室先の坪庭越しに海が眺望できる
下／２階客室。左の縁側よりの海の眺望は心に残る
左頁／浴室。浴槽の中に自然石が置かれて海の島を想像させている。眼下は海

125

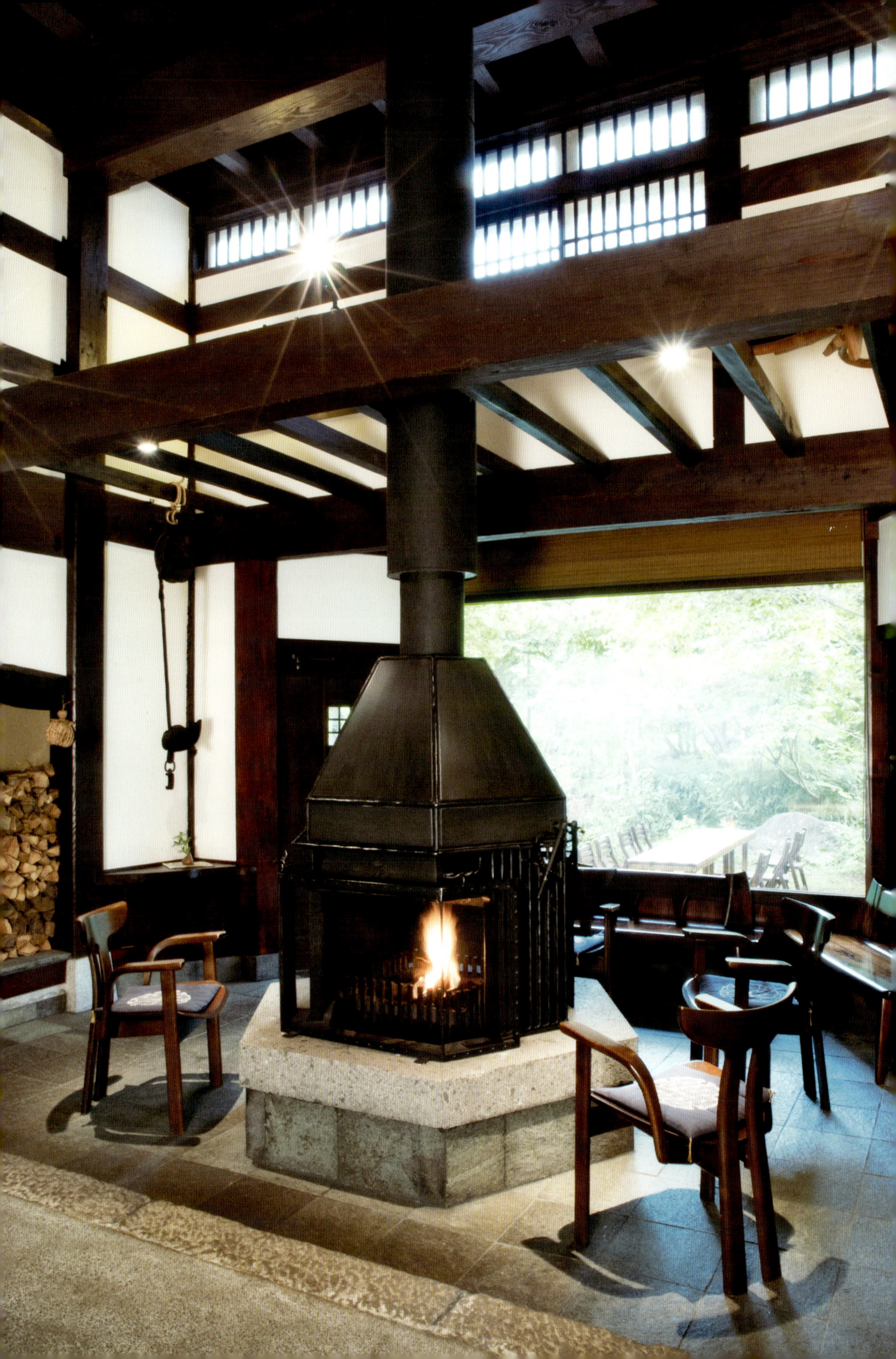

［温泉旅館］

暖炉を囲んでなごむ秘湯に佇む宿
# 藤助の湯 ふじや
岐阜県大野郡白川村平瀬温泉

施工＝金子工業
写真＝秋山 実

上／階段室に下げられた「日本秘湯を守る会」の灯（写真＝降幡廣信）
下／正面入口廻り外観
左頁／暖炉を中心としたロビー

配置図

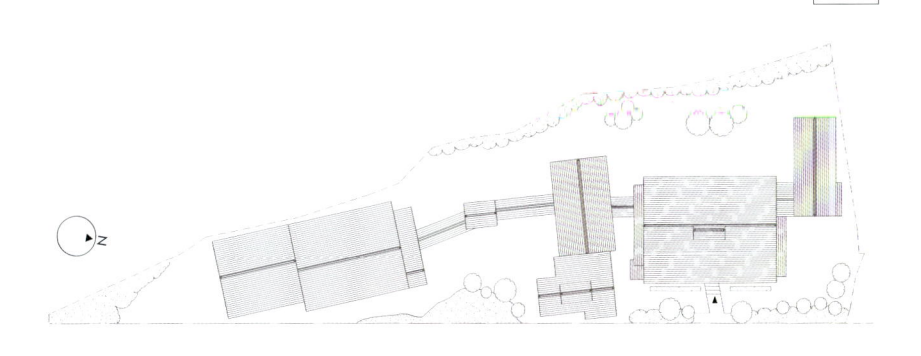

フロント前の畳の間。古民家のオウエが偲ばれる

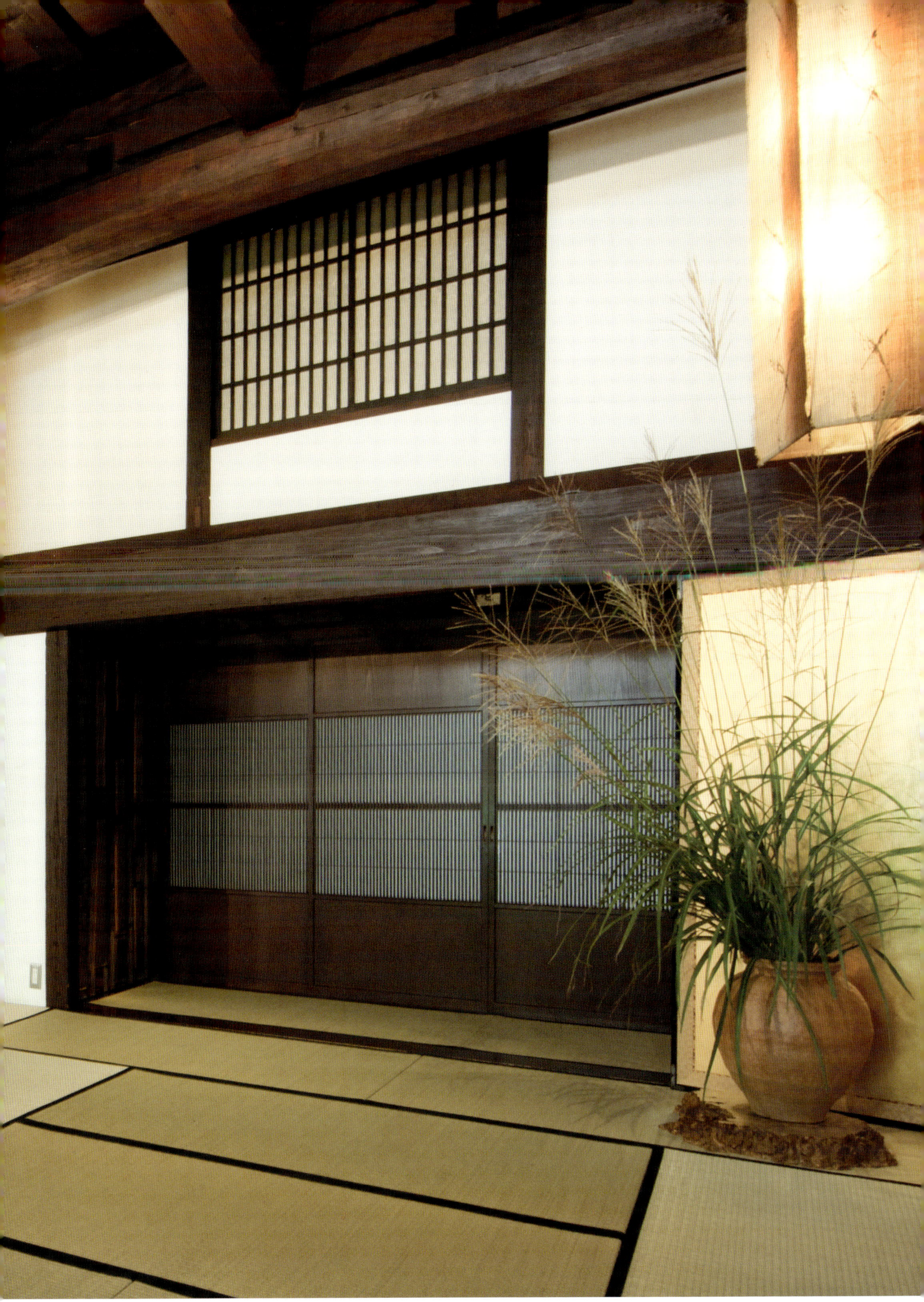

上／2階客室。広縁には茶道のためのいろりと水屋を設えている
下／何カ所もある庭と連なる浴室
右頁／玄関脇の談話室

飛騨の高山市を通って度々岐阜県白川村役場へ向かったのだが、途中にある平瀬温泉に特別の関心をもったことはなかった。

　ところがその日は、旅館の入り口脇にかかっていた「全国秘湯の湯会員」の看板が目に入って心に焼きついた。この看板のかかった旅館とは何カ所もご縁をいただいていたので、親しみを感じちょっとお寄りしてみたくなって車を止めてしまった。

　建物は瓦葺きの木造2階建で、昭和初期の建物だろうか、入りやすい旅館だった。

　玄関に入れていただいて、奥へ声をかけると、70歳くらいの女将らしき方が客を迎える笑顔で出てこられた。「私は、松本の設計事務所の降幡と申します。役場へ参りたいと思って前を通りかかり、秘湯の湯の会員であることを知ってお寄りしました。秘湯の湯の旅館を何カ所もしましたので、懐かしくなって突然お寄りしてしまいました。」と挨拶すると、女将の表情が突然ゆるんで、「松本の降幡先生ですか。不思議です。子供たちとは今朝も降幡先生に設計をお願いできればよいがと話しておりました。これはご先祖様の御引き合わせです。」と言って事情を話してくださった。

　その子供たちというのは、3人のお嬢さんと、長女の結婚相手で、東京から養子にこられた紘輝さんのことであった。長女と紘輝さん夫婦は、近隣の新たな場所へ新しい温泉旅館を出す夢をもち、準備を進めていたのだが、設計者が決まらずに悩んでいたようだ。その朝も食事をしながら降幡の話が出たというのだ。その私が突然現われたのだから、女将がこれはご先祖様のお引き合わせだろうかと驚かれたのもうなずける。

　そんなご縁から2001年に設計に入り、近くの宮川村の古民家を移築再生して、白川地方の特徴を出すこととした。「ふじや」の工事は順調に進み、2002年11月オープンした。

　外観は平瀬温泉街の旅館との調和を図り、同村の白川郷の合掌造とは一味違った趣になっている。どちらかといえば、飛騨地方に見られる外観である。

　内部に入っても地方色を感じることができる。なかでも注目は、ロビーの一隅にある鉄製の暖炉である。この地方には稀だが、寒い冬の日に暖炉を通じて味わえる温かさは、お料理にも代わるごちそうになることだろう。特にスキー客にとっては、お似合いの場所である。暖炉を囲み、炎を見ながらの団欒のひと時は、平瀬温泉「藤助の湯ふじや」の温泉の印象とともに、美しい思い出としていつまでも心に残ってくれることだろう。

　暖炉の向こう側に広がる庭は、晴れた日の食事の場所となる。近隣の西山から続く自然の四季を身近に感じながらの食事も、白川郷ならではの場面である。

　娘さん夫婦の夢が美しい実を結び、お母さんに喜んでいただけることを信じながらも、祈念せずにはいられない。

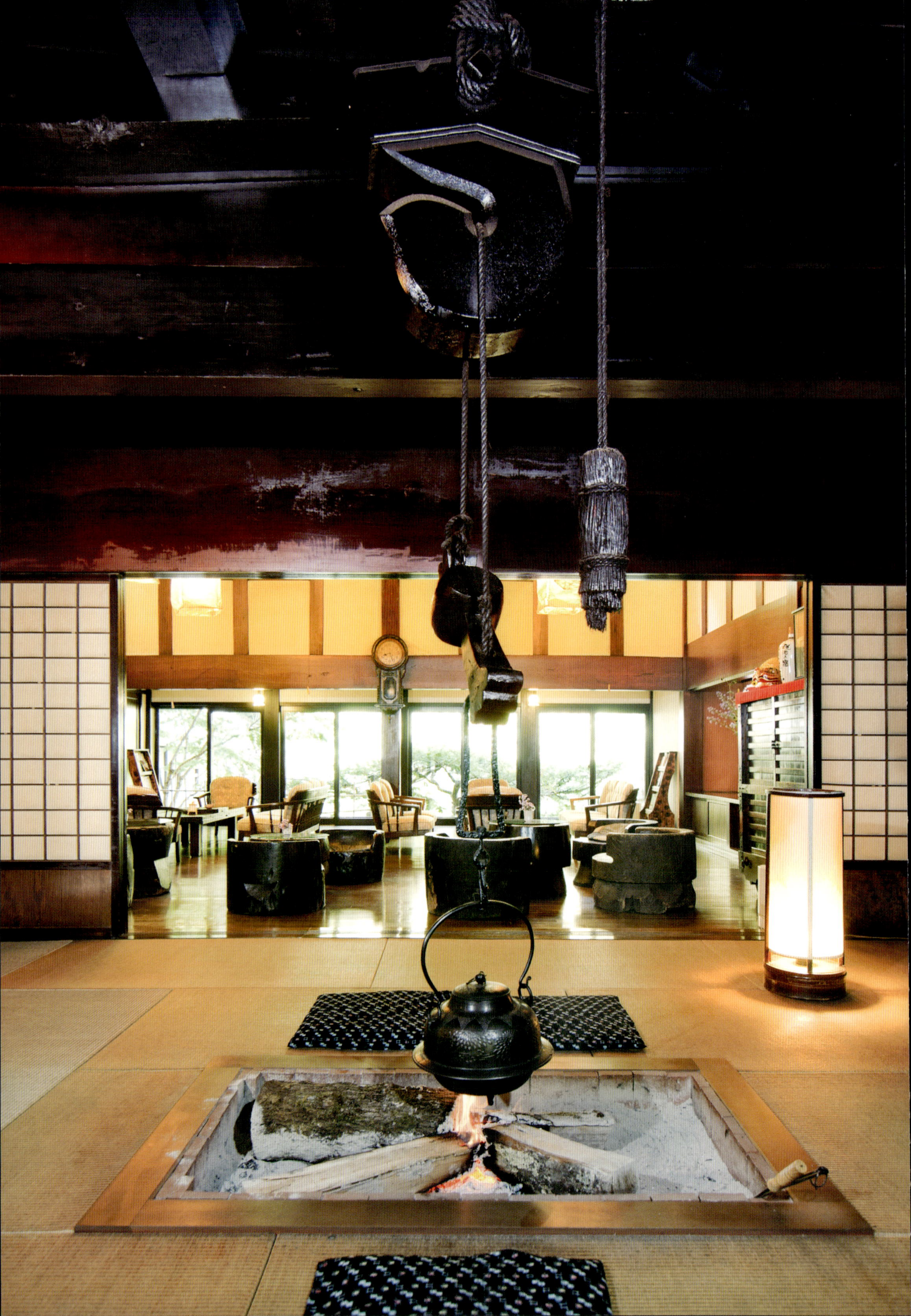

[温泉旅館]

日本人の心を取り戻す癒しの宿

# 湯元 長座

岐阜県高山市福地温泉

施工＝大和工務店
写真＝秋山 実

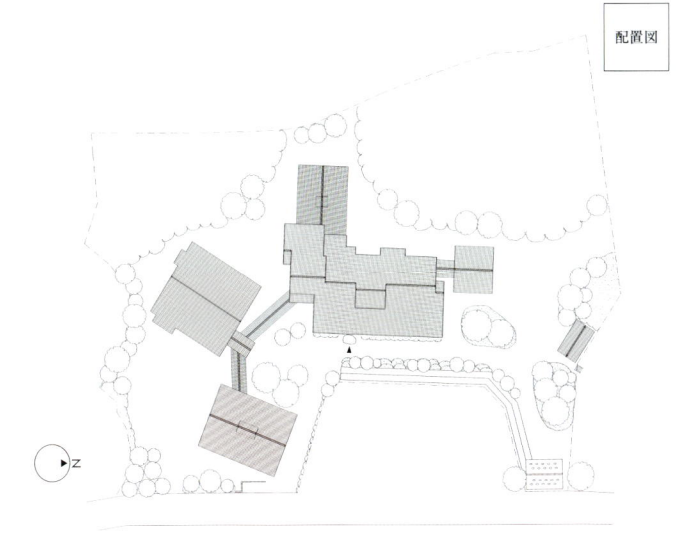

配置図

上／重厚な正面外観
左頁／ロビーと隣り合う囲炉裏の間、室内にも重厚さが漂う

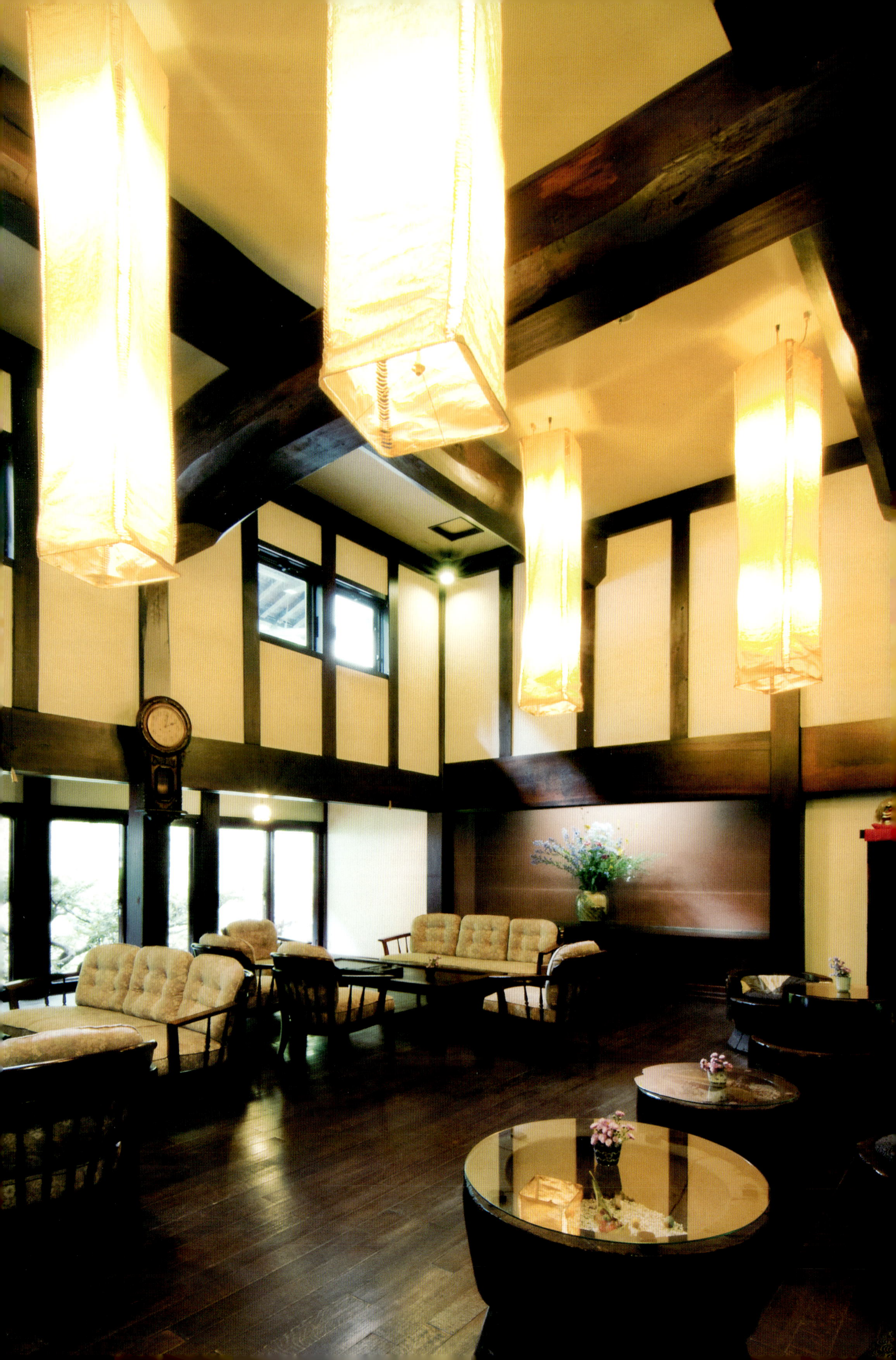

上／格調高い客室は畳縁と土縁に連なる
下／本格的な客室と床の間の構成
左頁／重厚なロビー

福地温泉「湯元　長座」は、地元奥飛騨温泉郷はおろか、全国の温泉旅館の中においても際立つ存在になっている。

　ことの始まりは1969年であった。この地で農業と林業を営んでいた小瀬武夫さんが、自分の家を使って温泉旅館を始め、地元の２軒と共に福地温泉と名付けた。当時この地の農業・林業は先行きが暗かった一方で、近隣の温泉旅館が繁盛していたからだったが、多分に冒険的で不安なところがあったという。

　しばらく、全国の旅館を見て廻りながら考えついたのが「ろばた料理」である。囲炉裏を囲みながら、串に刺した新鮮な岩魚や野菜等を、中央の火の脇に立て掛けて焼いて食べる。これがお客様に好評で大当たりした。目の前の囲炉裏の火で出来上がる

上／書院窓の構成に最高の技を見ることができる
下／深い緑の中の新しい露天風呂
右頁／山並みを背にした正面玄関

素朴な料理を頂く気分は、囲炉裏となじみのない都市の人にとっては格別魅力的だったようだ。今もそれがこの宿の名物料理になっていて、訪れるお客様を満足させている。

「ろばた料理」を通じて、方向が見えたのだろう。奥飛騨という地方固有の自然と素朴な生活文化に加え、豊かな温泉を全国の人たちに提供し、深く味わってもらおうという確かな目標を持つことができた。それまでは、自分の家族を中心とした一般的農家を使った旅館だったのだが、全国に誇れる民家を使った旅館にしたい。きっと全国のお客様が注目し、ここに来て満足してくれるに違いないと考えた。

そこで、雪の多い地方のたくましい民家の情報を集め、その中で巡り合ったのが上越市の名の知られた民家だった。この民家は、既に大阪の商家に買取られたものを小瀬さんの執念で買い戻したものである。私も、初めてその家を見た時、素晴らしいけやき材が使われているのに目を見張った。同時に、こんな民家が今まで残されていたことに驚きを感じた。

1988年から再生工事が始められ、1989年にオープンした。今も上越の民家の素晴らしい木材は、広いロビーを中心に使われている。ロビーにいる人たちも、それぞれの木材が醸し出す雰囲気にうっとりして、時を忘れてしまうようだ。

ここ岐阜県の奥飛騨地方は、使われる古民家の生まれ育った上越地方とは違った風土の場所である。しかし旅館には、訪れる人が納得する風土との一体感が求められる。「長座」の外観は、奥飛騨の建物らしさがあって、訪れた旅人は誰もが一目で奥飛騨を実感し、到着した喜びに浸ることができるものでなければならない。そんな点を考慮した外観である。

内部も外観との調和が計られ、奥飛騨らしい室内を来客に提供している。そんな中、日本の高尚な美を備えた本格的和室がここにはある。上越の古民家に改めて敬服する次第である。

「泊まりにきた若い娘さんが『お祖父ちゃん、お祖母ちゃんの家に来たようだ』と言って感激している。ここが日本人の心を取り戻す場となってくれている。これが私たちの最高の喜びです」と心弾ませて話してくれた若社長の言葉が忘れられない。

[温泉旅館]

## 豪雪地帯のたくましい
## 古民家を移築再生

# 松宝苑

岐阜県高山市新平湯温泉

施工＝金子工業
写真＝秋山実

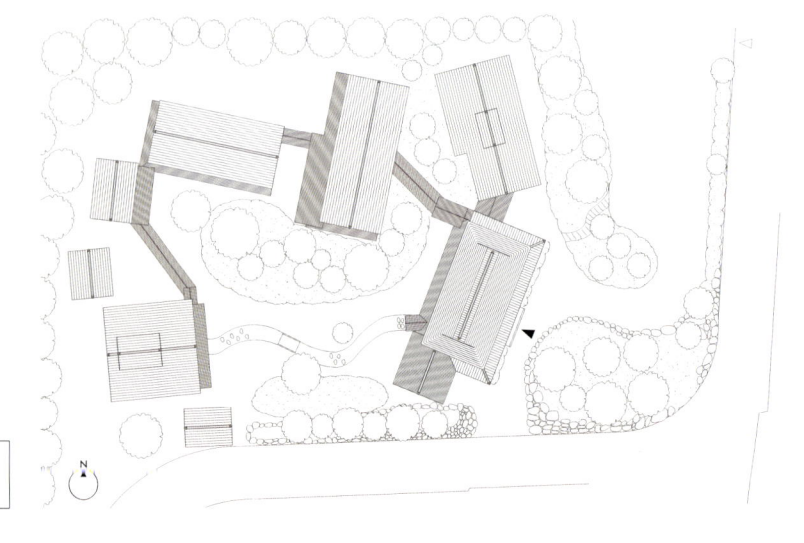

配置図

左／正面外観
上／玄関ロビー
下／玄関廻り外観（写真＝降幡廣信）

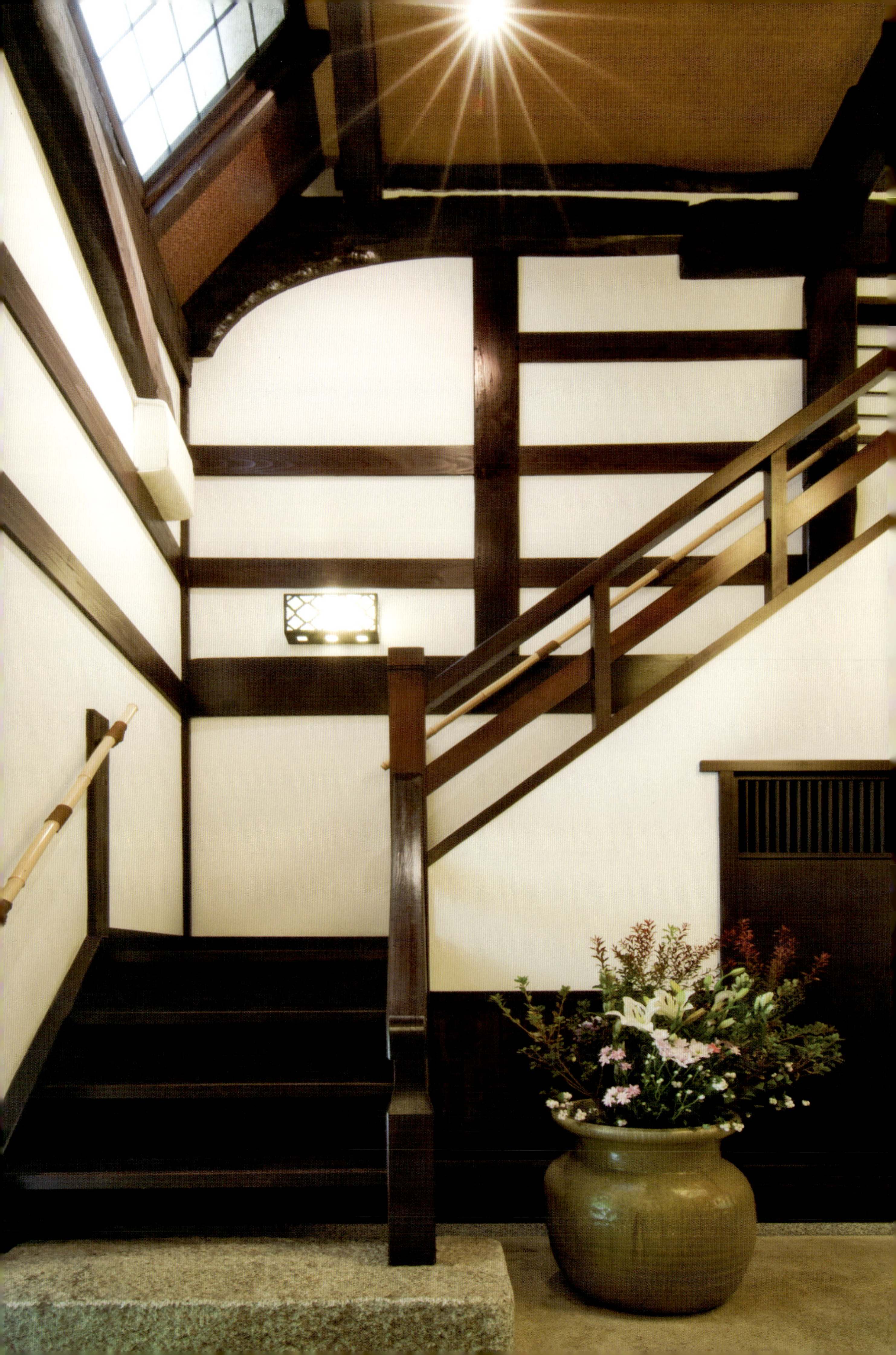

上／広間の中央に囲炉裏が。民家ならではの構成
下／通路に面した待合の場
左頁／2階への階段廻り

上／浴室に連なる畳の脱衣室
下／男子浴室を裏庭の露天風呂越しに見る。左の塀は女子浴室との境
右頁／土間上の食事処

ここは、かつて上宝村新平湯温泉だったが、いまは高山市の奥飛騨温泉郷・新平湯温泉となっている。厚い緑に覆われた山に囲まれ、静けさが漂う温泉郷である。

　「松宝苑」は1971年、いまの社長のご尊父によって創業された。「松宝苑」の由来は、上宝村で代々名前に松の字を引き継いできたことによる。

　私は25年後の1996年、息子さんの早川政範さんより相談を受けて、まず浴室を設計させていただき、翌年完成した。そこは本館の裏庭を挟んで配置されているが、客室づたいのコの字型の廊下でつながった別棟である。

　本館から見ると、男性と女性の浴室は庭越しの大屋根の下に二つ並んでいる。内部を見ると、畳敷きの脱衣室と木の浴槽の間には仕切りがなく、平面的に広がっているのが特徴である。その上はひとつのたくましい屋根で覆われていて開放感がある。脱衣室は床が濡れるため、一般に板、またはその上に籐筵(とうむしろ)が敷かれている。板も籐筵も、足の温気を吸い取るので使われる。畳は板や籐以上に湿気を吸い取ってくれるが、濡れることを嫌うから、一般には使われない。ここを使う人は濡れた体に十分配慮したうえで、畳に寝転がって温まった体の熱気を冷ましながら、風呂上がりの気分を十分に味わっていただきたくてこのようにした。他処にない特徴になると考えたからだ。

　浴室棟に引き続いて、1年後の1998年、本館が造り替えられた。本館は新潟県能生の古民家を使ったが、この地方は日本海に面した山間部で、日本海から湿った雪が吹付ける豪雪地帯として有名である。それ故にここに使われている木材も構造にもたくましさがこもっている。そのことは誰が見ても一目瞭然である。

　最初にお目にかかったとき、若主人の早川さんはたくましい古民家に漂う安心感でお客様をお迎えし、温泉につかって心安らかにお休みいただける旅館が欲しいと目を輝かせて希望を話された。

　そんな篤い希望が叶えられ、それに相応しい民家とのご縁ができて、早川さんの夢が実現している。

　敷地の正面東側と西側は道路に面しているが、少し奥まったところが一段高くなっている。道を隔てた南隣も東隣の正面も美しい杉林である。ストレスの溜まった現代人の心を癒す温泉旅館としては、理想的な環境ではないだろうか。

　建物には新潟県の古民家を用いているが、場所は岐阜県高山市の山中である。建物の外観は、この地方の民家と違和感のないよう配慮した。「民家は地方の証明書」ともいわれている。民家は風土を映しているからだ。「松宝苑」の本館がこの地方の民家と相通じているなら、ここの風土と調和していることになる。

　さて、訪れるお客様の「松宝苑」の第一印象はいかがだろうか。

[温泉旅館]

# 厳しい自然のなかに凛として立つ
## あずみ野 河昌

長野県大町市大町温泉郷

施工＝山共建設
写真＝林安直

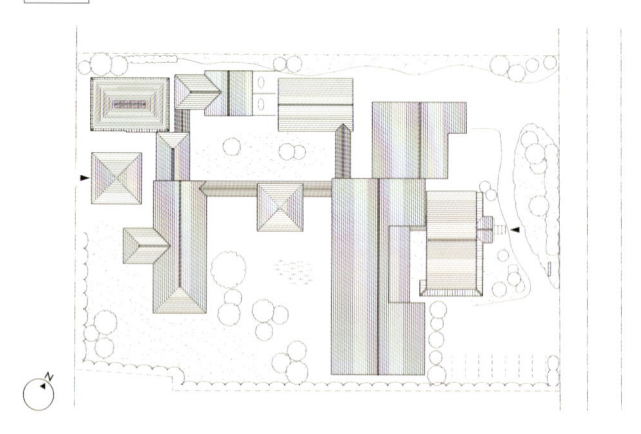

配置図

上／樹林に囲まれたあずみ野「河昌」
右／正面外観

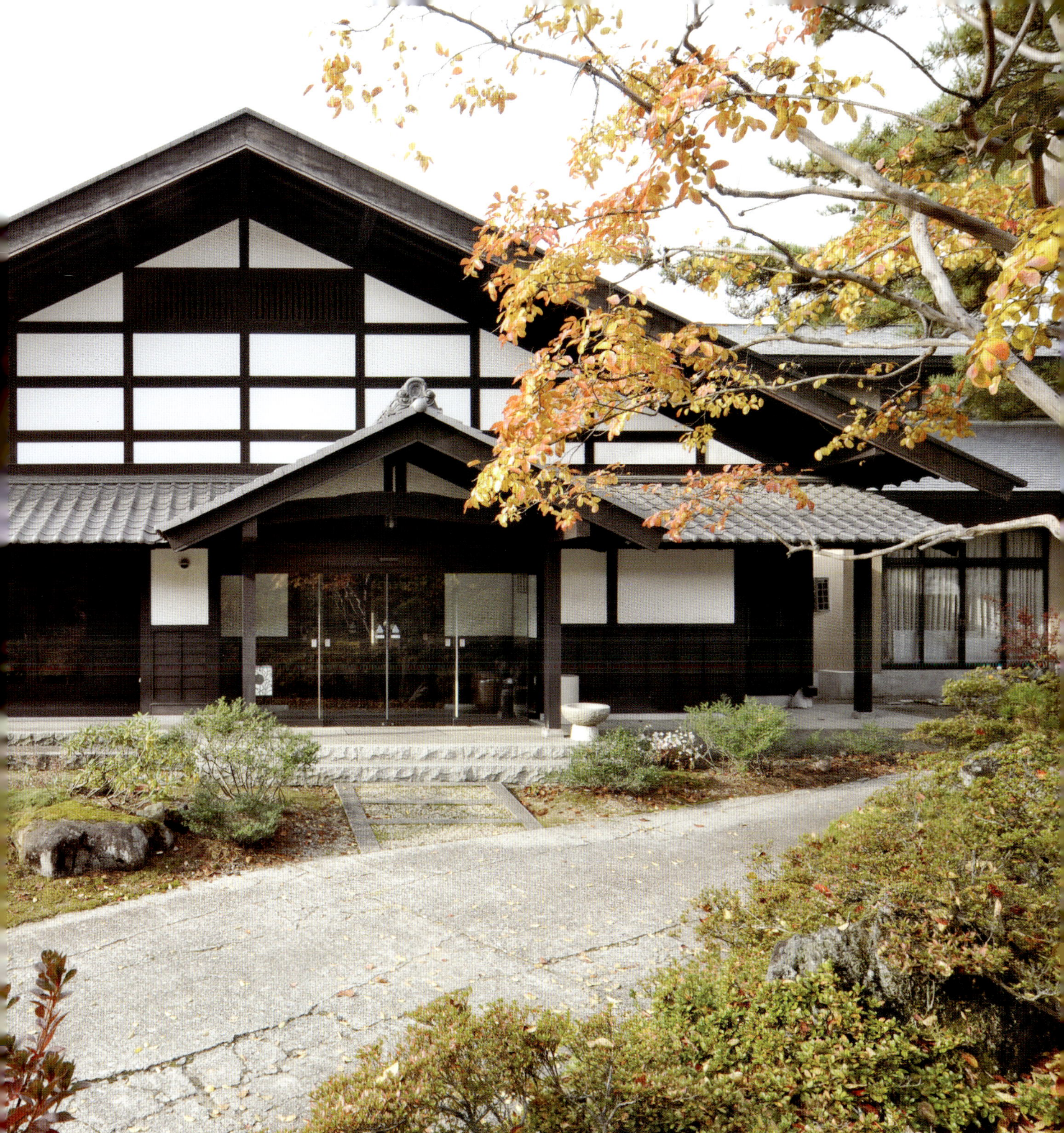

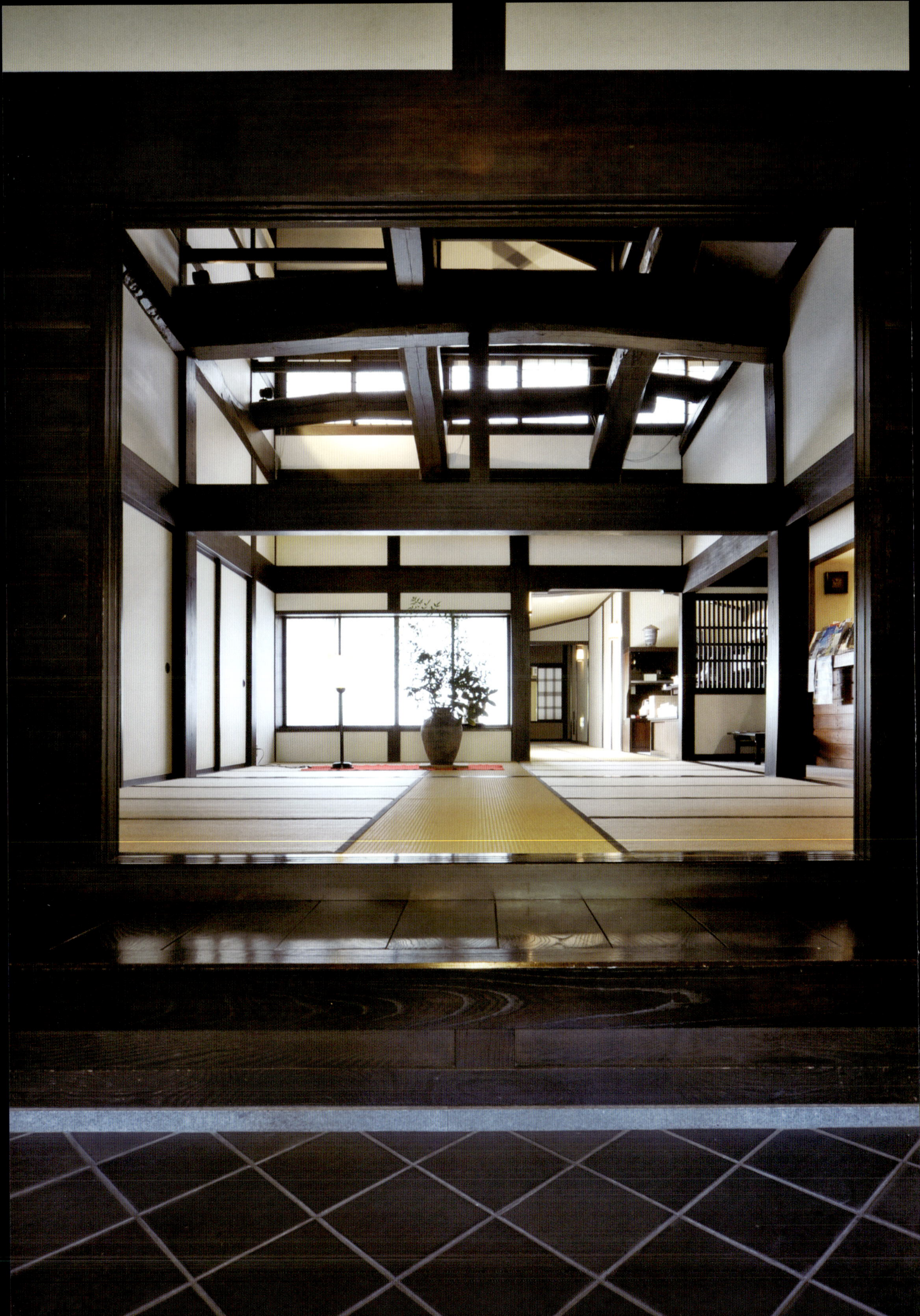

上／ホール上部の屋根の構造
下／玄関。ホールとフロント
左頁／玄関土間よりホールを望む

上／玄関ホールに接する和室・広縁
下／本館の客室
右頁上／中庭に面した食事処
下／食事処窓際

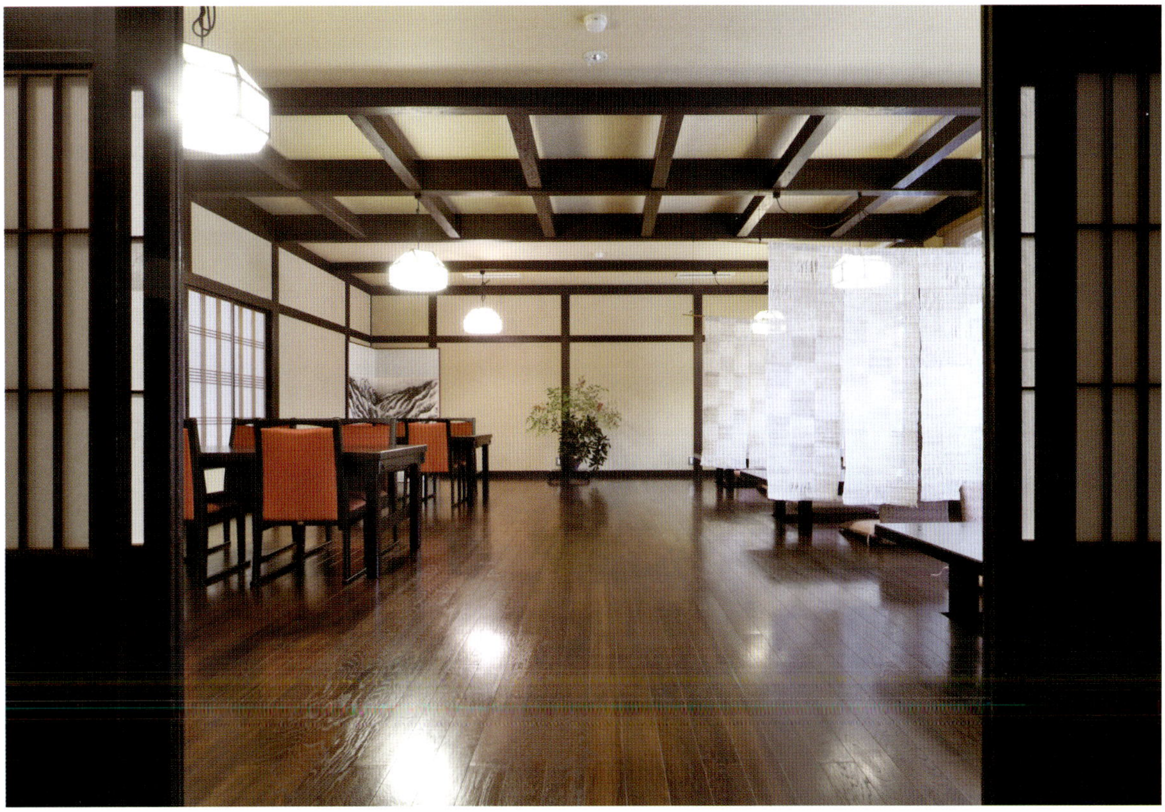

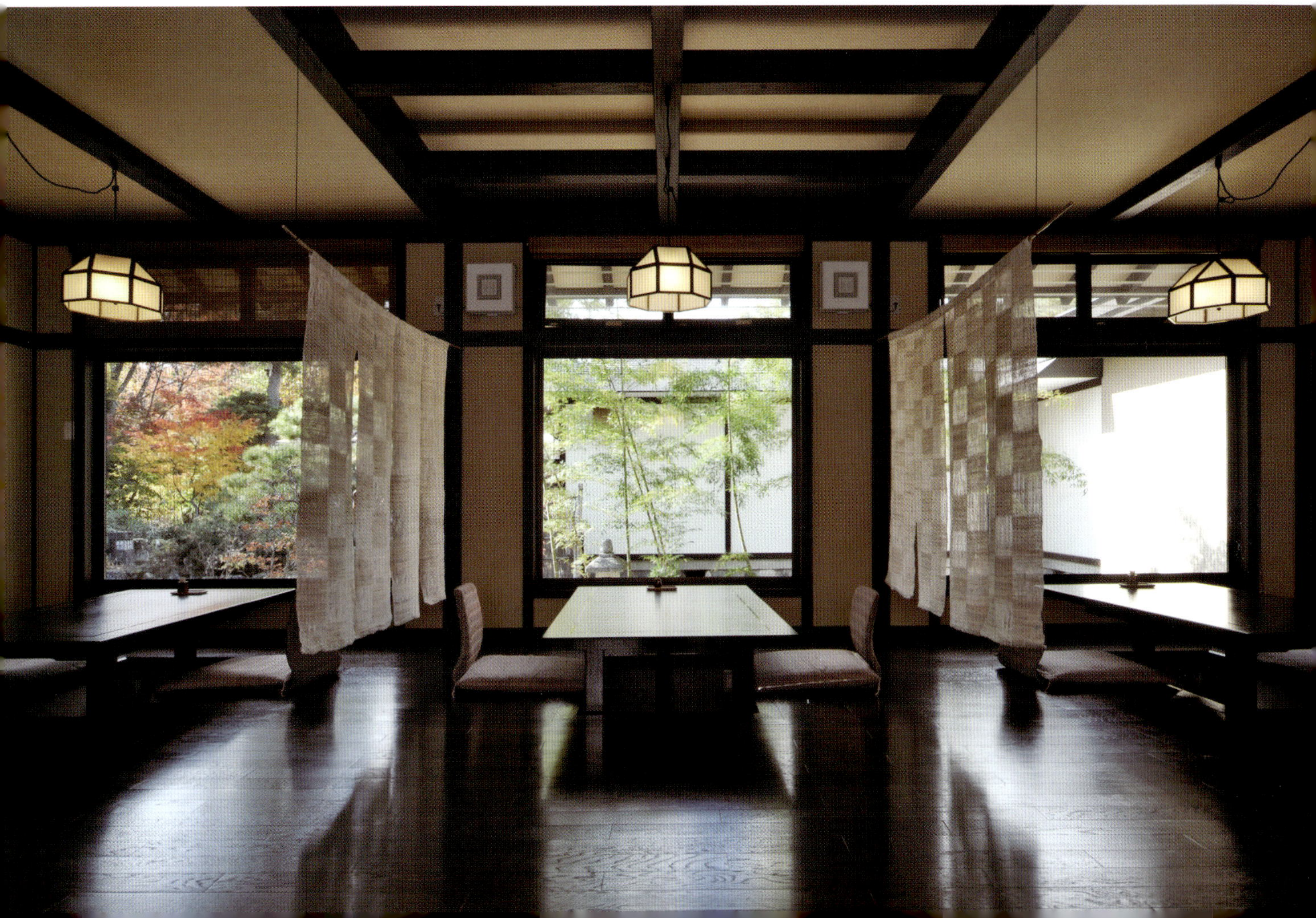

上／民家棟の客室。柱天井に民家のたくましさが感じられる
下／木造の男子浴室。外に露天風呂が連なっている
右頁上／民家棟。客室前のホール。床は瓦タイル
下／庭に面した客室の風呂

北アルプス山麓の北部に位置する大町市、川と林によって市街と隔てられた温泉郷には、聳え立つ山からの霊気が漂っている。

　かつては大町市内で料亭を営んでいたのだが、1973年大町温泉郷が開かれたのと同時に、この地に温泉旅館「河昌」として新たに営業を始めた。その当時から女将だった水口登美子さんは、20代初めから10年間、叔母様のなさっていた岐阜市の高級旅館「萬松館」において、厳しい修業を積まれた。やがて信州に嫁がれ、若くして学んだことを大町温泉郷において実践され、あずみ野「河昌」の基礎を築かれた。現在も大女将としてご令息夫妻とともに仕事に励んでおられる。

　私に女将さんを紹介してくださったのは、私の住まいの隣町に住む「山田やち」さんだった。私はその方の家をつくらせていただいたのだが、私より年長でたいへん厳しい老婦人だった。彼女と「河昌」の女将との初対面はこんなだったという。

　松本から大町行きのJR大糸線の車中で、一際目立った乗客の上品さに心惹かれて言葉をかけて行先をうかがった。そのことから親しい仲になられたそうである。「私が話しかけたその方が、大町の温泉旅館「河昌」女将さんだったんです。」と、誇らしげに何回も私に話してくださった。

　旅館「河昌」の当初の建物は、近隣に聳える山とは対照的に優しい平屋建で広がりをもち、自然との調和が図られて高級旅館の静けさが漂っていた。その後、模様替えや建て替えがなされたため、今は当時の面影はない。

　1988年の、福井の古民家を使った離れ座敷と、1994年改築の本館が現在一体となっている。その本館は、古民家のたくましい古材を部分的に使いながら、厳しい自然環境のアルプス山麓との調和を図っている。

　当初から「河昌」には高級感を醸す上品な雰囲気が漂っているが、提供されるお料理から受ける品の良さも、女将が「萬松館」から学び、引き継いだものと想像される。お客様を大切にもてなす姿勢が、上品に現われ、それを伝統として大切に守っていることが、働く人の一挙手一投足に垣間見られる。

　男女の脱衣・浴室のみ数寄屋風とし、木材と畳の優しさを加味した上品さでお客様を迎えている。

　外観は厳しい自然と調和した姿とし、内部空間は外観との調和が図られ、民家の佇まいである。当初から、料理の後に出される麦・米・豆の粉による三穀麺に特徴があり、人気があったが、現在はそれと同じものが乾燥麺の「おざんざ」として販売されている。

[温泉旅館]

棟ごとの個性を生かした客室で
創作料理を楽しむ

# 三水館

長野県上田市鹿教湯温泉

施工＝松代建設
写真＝林安直

上／三水館の自然環境。山の斜面に配置されている
右／正面外観

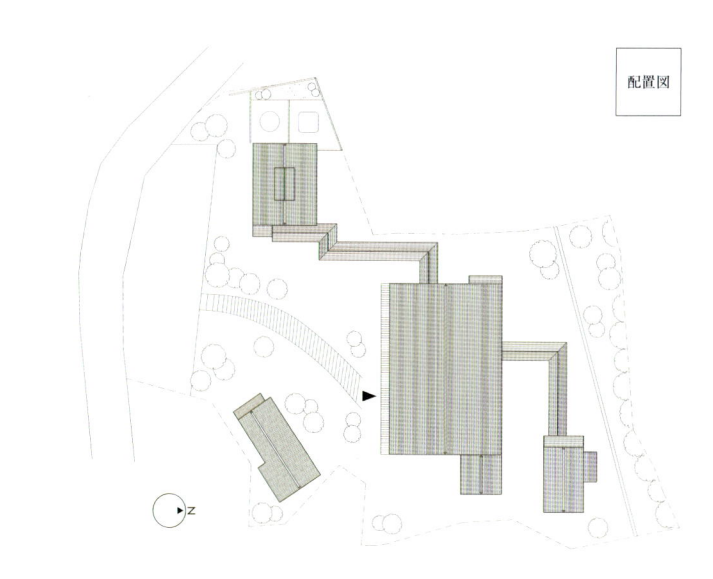

配置図

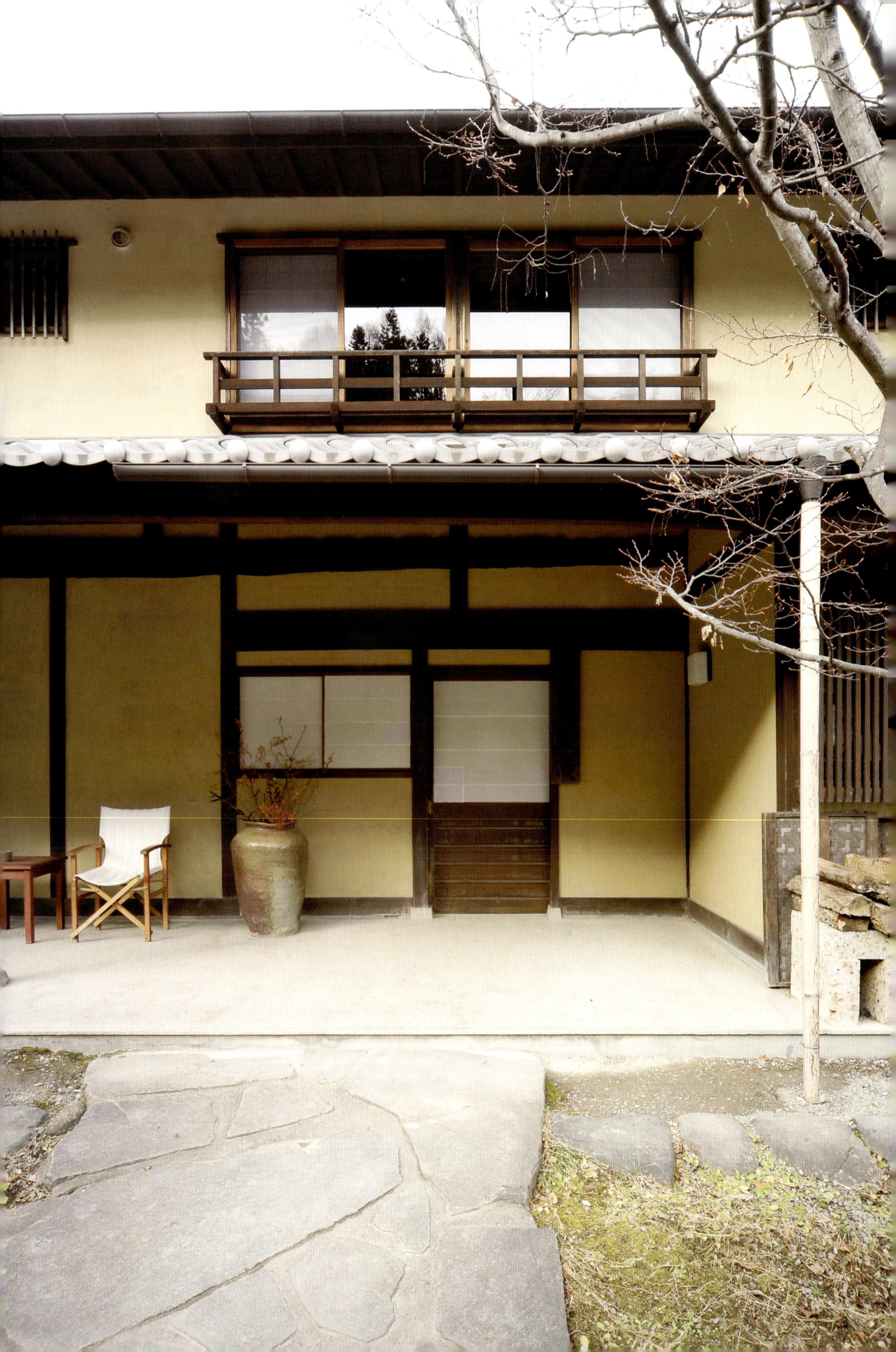

上／フロントのある玄関土間。左にロビー、右に玄関入口を見る
下／玄関から食堂を見る
左頁／玄関廻り外観

上／手の温もりの漂うテーブル
下／食堂の家具はすべて手づくり木製品
右頁／吹抜けのあるロビーを見る。床は土間、右手が玄関

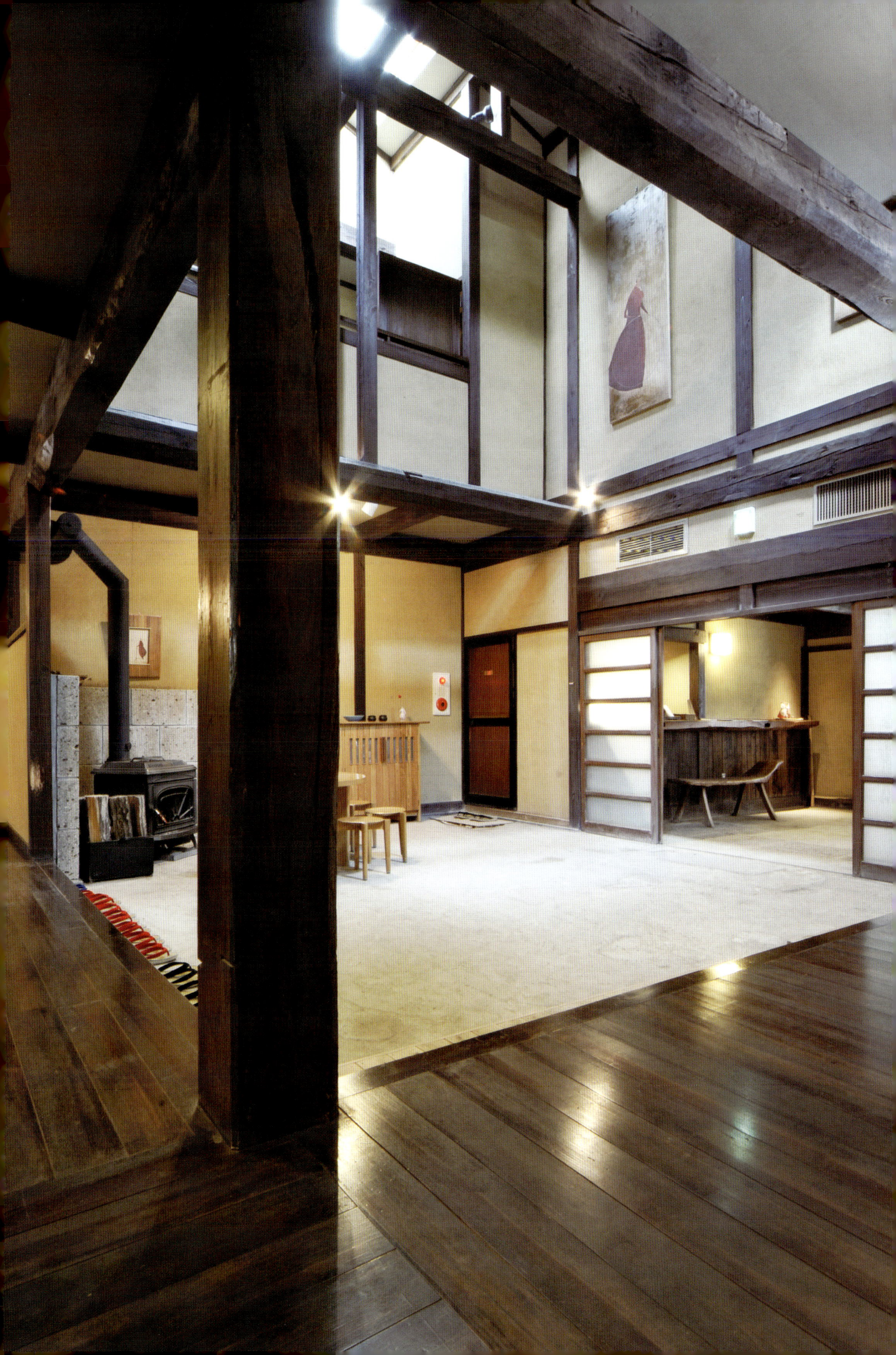

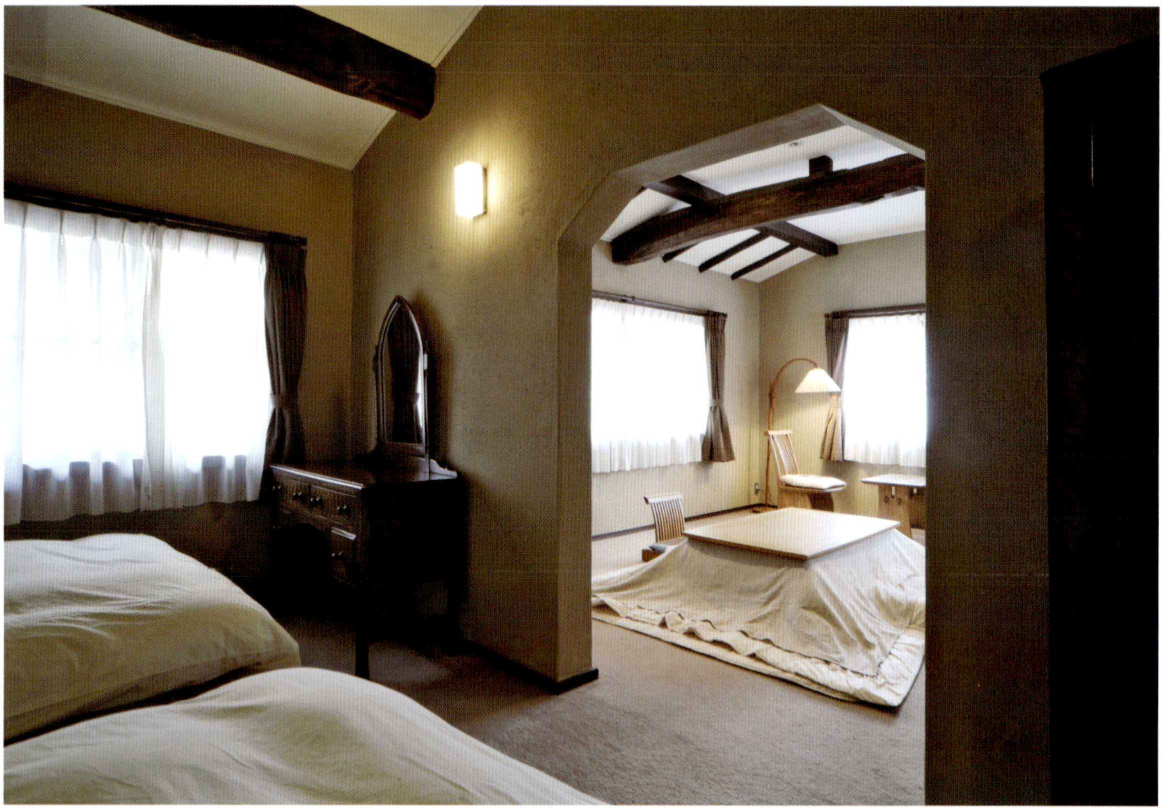

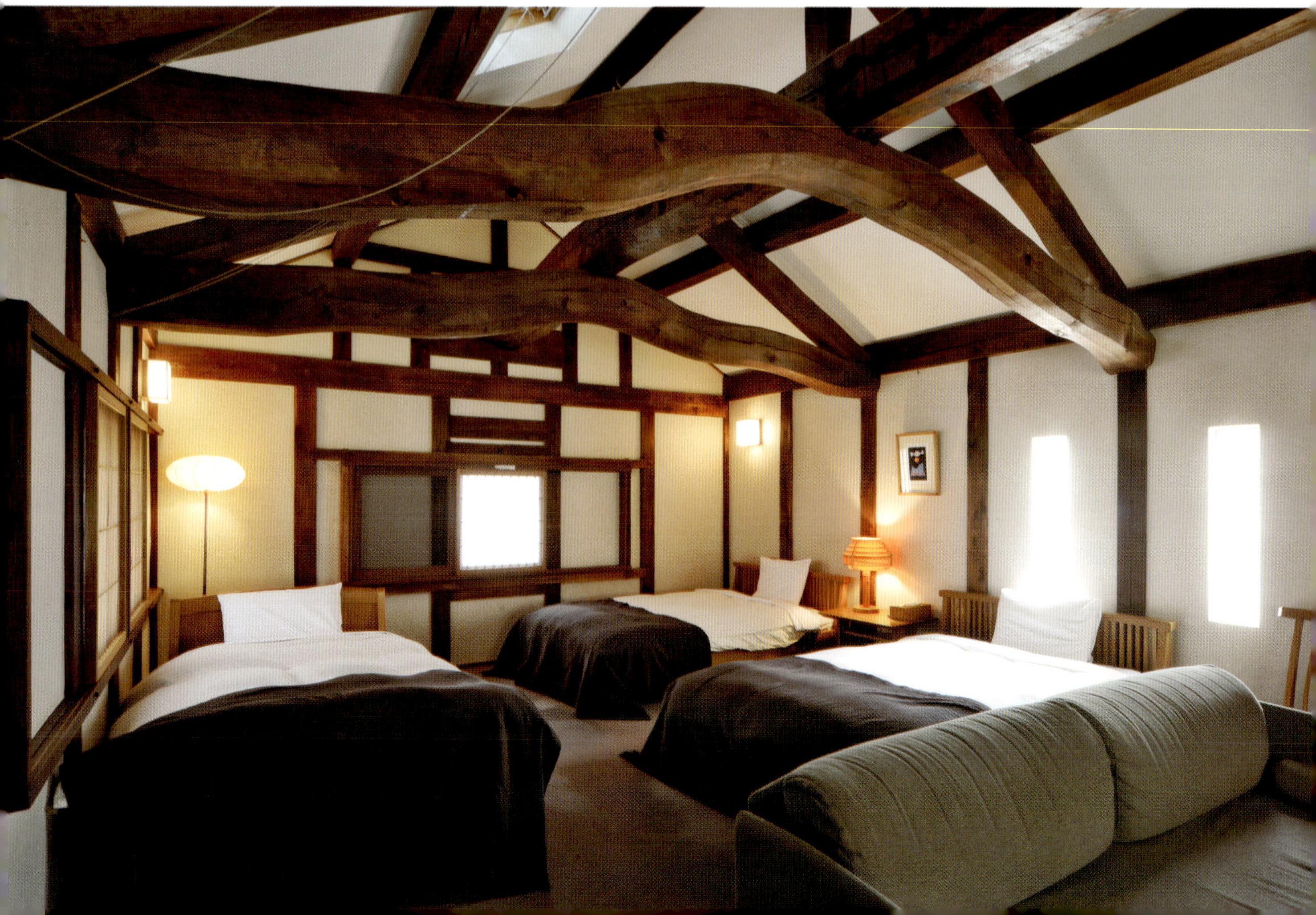

上／宿泊棟外観
左下／庭に面した男子浴室
右下／女子浴室
左頁上／二間続きの和洋を楽しめる客室
下／土蔵内部の客室

　鹿教湯温泉は、おおむね信州の中央部に位置し、松本市と上田市を結ぶ道路に面している。そこにある「三水館」は、川が交わっているところに建てられたことから、美しい水が豊かであることを意味し、それがずっと続くことを願って名づけられたといわれている。

　「三水館」は、現在の社長滝沢さんのお父さんが、1974年市内に開業された。そこは温泉街の一隅の窮屈そうな場所だった。息子さん夫婦も両親と協力して旅館経営に携わっていたが、1998年ころより、地元の食材や旬のものを使った創作料理で客をもてなす、落ち着きのある温泉旅館の構想を温めていた。しかしお父さんの賛成を得られず、近隣の別の場所を想定してことを進めていた。すると、思いがけない環境の別の場所に決まることとなった。そこは、温泉街から田園で隔てられた静かで明るい疎林の斜面である。近くには山も川もあって自然が豊かである。

　自然を意味する「三水館」のための場所が知らないところで用意されていたとしか思えない。

　設計は1999年から始まった。当初は新築で考えを進めたが、この環境に建つ落ち着きがある創作料理の温泉旅館には、むしろ古民家が効果的であり、類稀な旅館が生まれそうだと、滝沢さん夫婦の想いは古民家の利用へと傾いていった。

　結果的に、当時縁のあった各地の古民家が使われた。本館には木曽福島町の本棟造（信州の大屋根の民家）と松本市郊外の民家が、離れには松本市の旧家の蔵屋敷が、そして滝沢夫婦がかつて住んでいた「三水館」の納屋も使われた。

　設計はそれぞれの個性を生かしながら、秩序立てる楽しい作業だった。結果的に庭と建物が一体になりながら、自由さが漂ったのは、個々の古民家の喜びのあかしだろう。創作料理も滝沢夫婦の想いを映し出しながら、自由な空気を楽しんでいるかのようだ。

　お陰でお客様の評判も上々で、設計者として嬉しい限りだ。「三水館」の個性がさらなる輝きになることを願ってやまない。

　「三水館」の設計は、途中からわが社を巣立った川上恵一君の協力を得ながら進めたが、後半はむしろ彼が中心となってくれた。その労に感謝している。

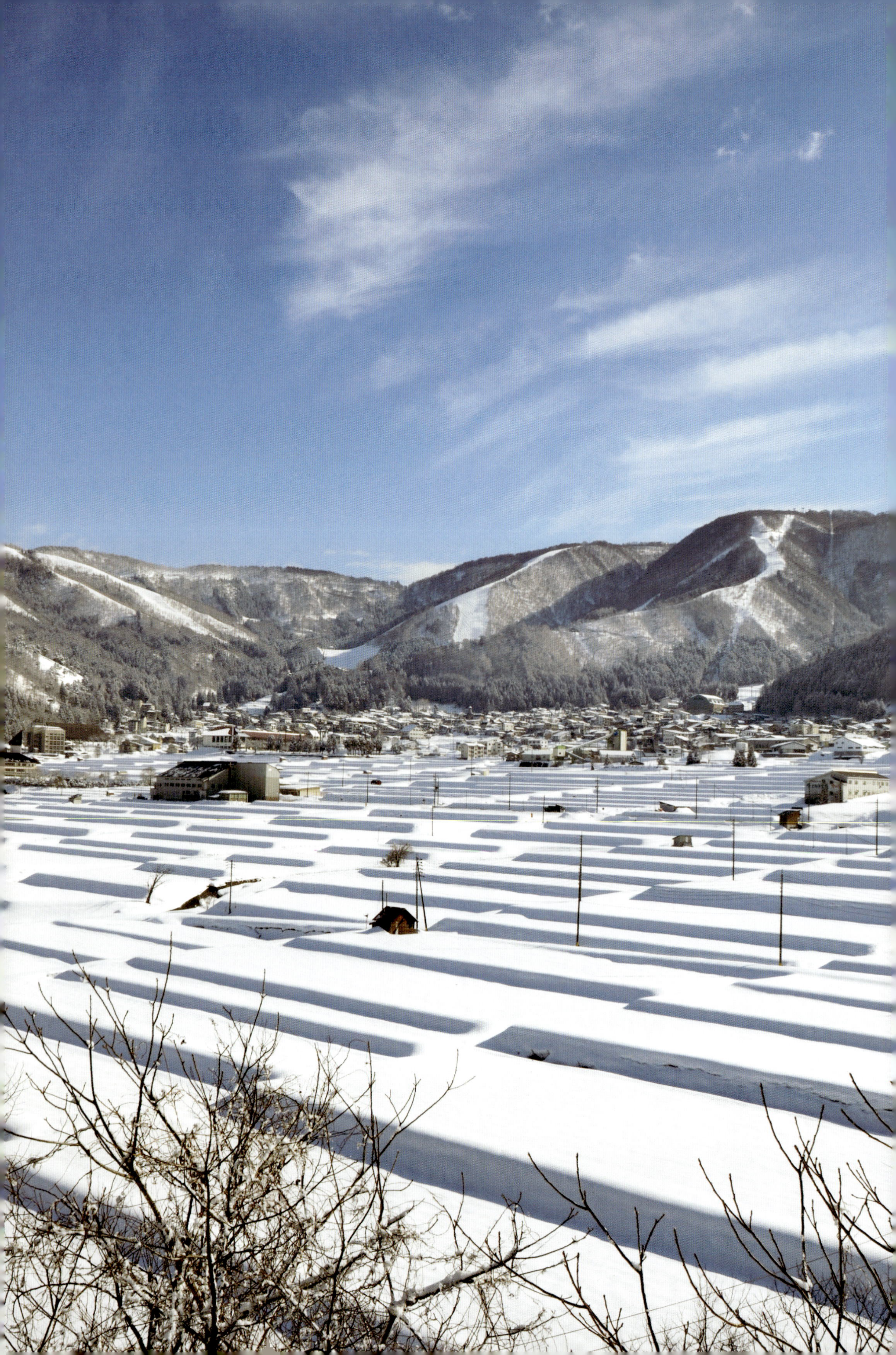

[民宿]

囲炉裏で焼く岩魚と
手づくり料理の宿

# 民宿 いけしょう

長野県下高井郡野沢温泉村

施工＝松野
写真＝林安直

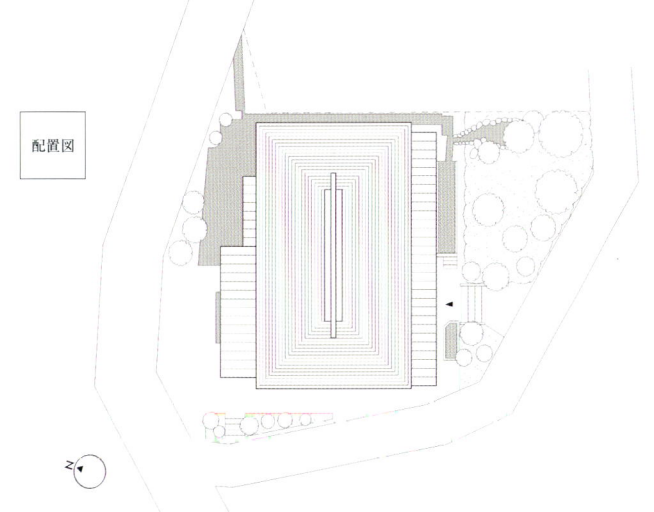

配置図

上／宿の看板が松とともに出迎える
下／正面外観。玄関脇に雪を溶かす
池がある。豪雪地ならではの設え
左頁／雪の野沢温泉の遠望

上／階段より玄関を見下ろす
左上・右／茅葺き屋根の「いけしょう」ならではの2階客室
左下／2階階段室
右頁／玄関ホール、古い板戸の障子が優しく迎えてくれる

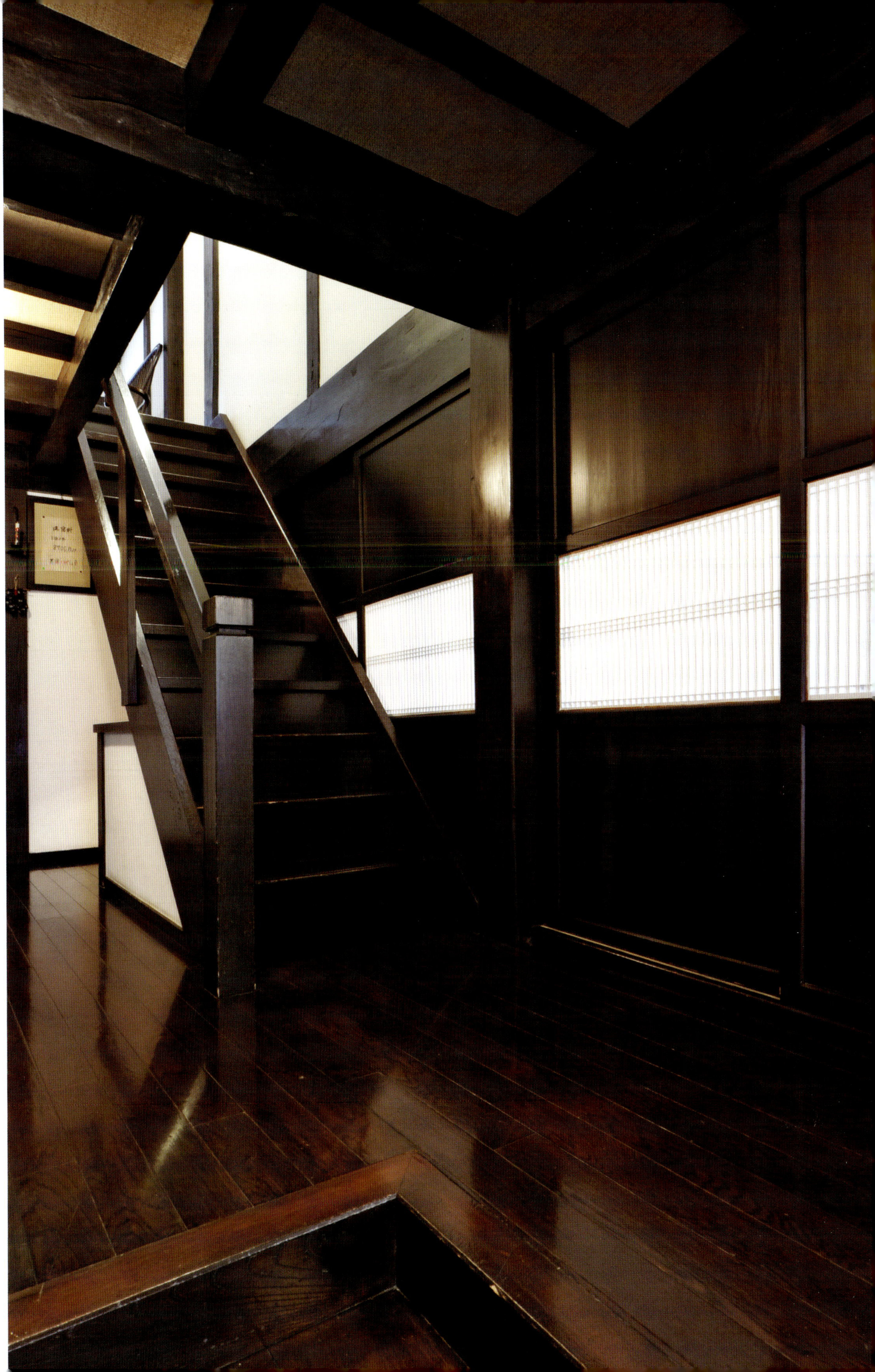

信州野沢温泉は豊かな温泉と豊富な雪に恵まれて、スキー場としても名の通った北信州の観光地である。パンフレットを見ると、「スキーと野沢菜、鳩車のふるさととして、古くから人々に親しまれてきた湯の里、野沢温泉。村内には、30余の自然湧出の温泉があり、常に湧きあふれています。」とある。

この源泉のお湯を用いた14の特徴ある共同浴場（外湯）と名所が点在し、山懐の温泉街の雰囲気が漂っている。旅人相互の交流が生まれるのも野沢温泉の特徴である。

池田さんは「いけしょう」として、1976年に民宿を開業した。それから20年後の1996年、新しい時代に向けて全面的な再生工事を行われた。当時、野沢温泉では、茅葺き民家はもとより、茅を鉄板に葺替えた茅葺き民家もすっかり影をひそめていた。その上茅葺き民家で新たな営業をする例は稀だった。

落ち着きある茅葺き民家が少なくなることは、野沢温泉らしさが薄れていくことでもあった。池田さんも迷ったらしいが、昔ながらの家をまもりながら、野沢温泉らしい建物でいこうと決めた。野沢温泉らしい接客をすることが、小さいながらも間違いのない営業につながるだろうと考えた。

お馴染みのお客さんからの「茅葺きのこの家を壊さないでほしい」との声も多かったからという。

場所は温泉街の中心から外れているうえ、前面道路は狭い坂道で建物も小さい。しかし、野沢温泉の昔の風情が漂っていると誰からもいわれている。

来客にとっては、いまは少ない茅葺き民家の小規模なところに、懐かしい親戚の家を訪れたときの安心感があるようだ。民家そのままの姿だからこそ、その思いが生まれるのだろう。

冬季のスキー客にとって、民家そのままの「いけしょう」の室内にこもる温かい雰囲気は格別である。とくに夜、居間の囲炉裏に赤々と燃える炭火で焼いた〈岩魚〉の味は、誰にとっても忘れる事のできない民宿「いけしょう」の最高のおもてなしになっている。

現に、一度味わった人は口を揃えて「また来て頂戴したいと思います。」と言ってくださるという。その味を知っている私にとっても納得できる言葉である。

設計者としても、昔ながらの野沢温泉の民家の個性を生かすことで多くの人を喜ばせ、最小の経費で最大の効果につながったことを嬉しく思っている。

「いけしょう」さん、昔から野沢温泉にあった、日本らしさを守り続けてください。

それが、設計者である私の願いです。

上／囲炉裏の間の上部
下／1階には二間続きの客室がある
右頁／「いけしょう」の落ち着きの中心は、永い歴史を支えてきた囲炉裏の部屋に

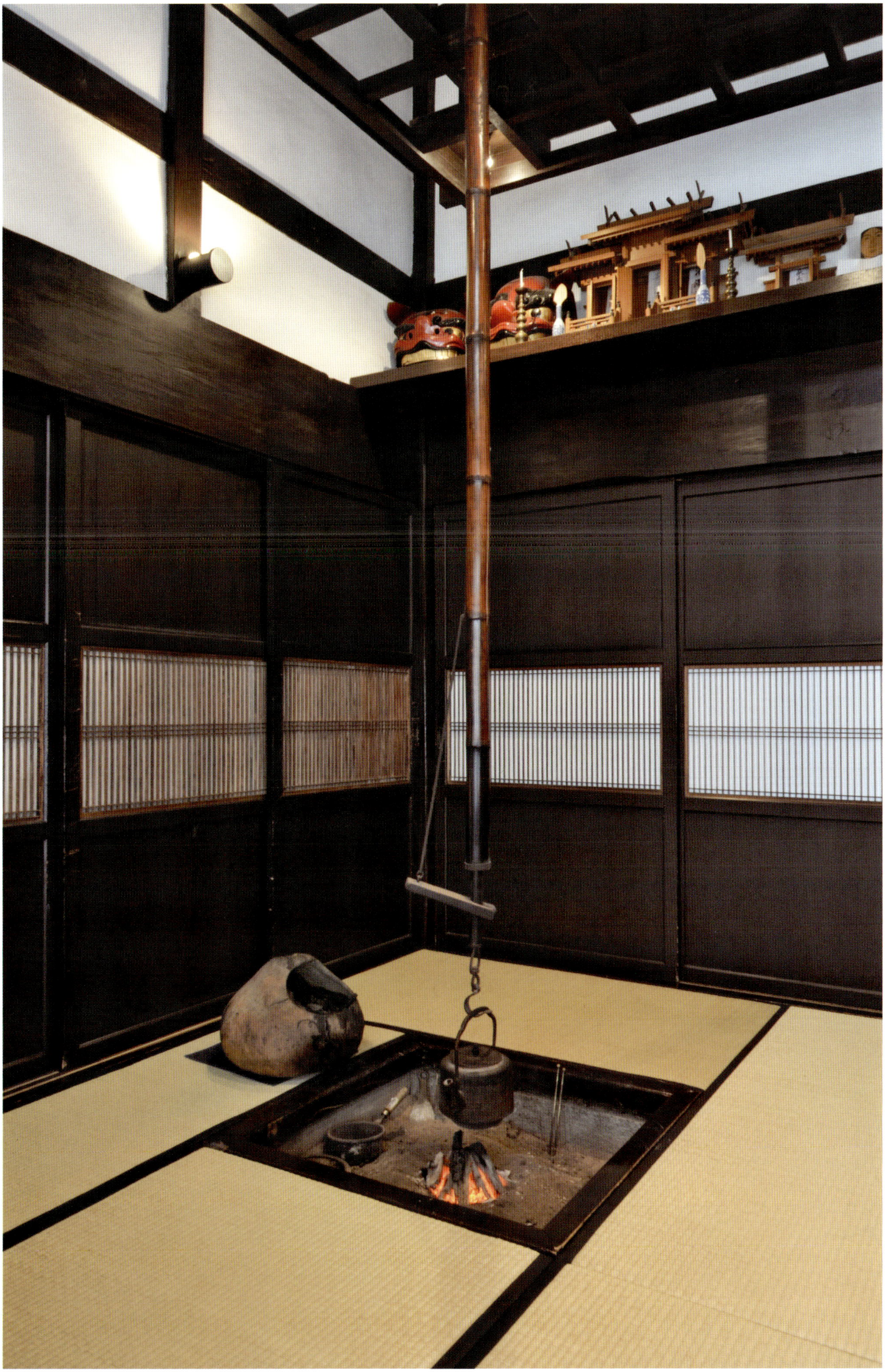

[温泉旅館]

# 白樺林に囲まれた白骨温泉
## 小梨の湯　笹屋

長野県松本市安曇

施工＝山共建設
写真＝林安直

上／別棟を見上げる
右／本館。正面外観

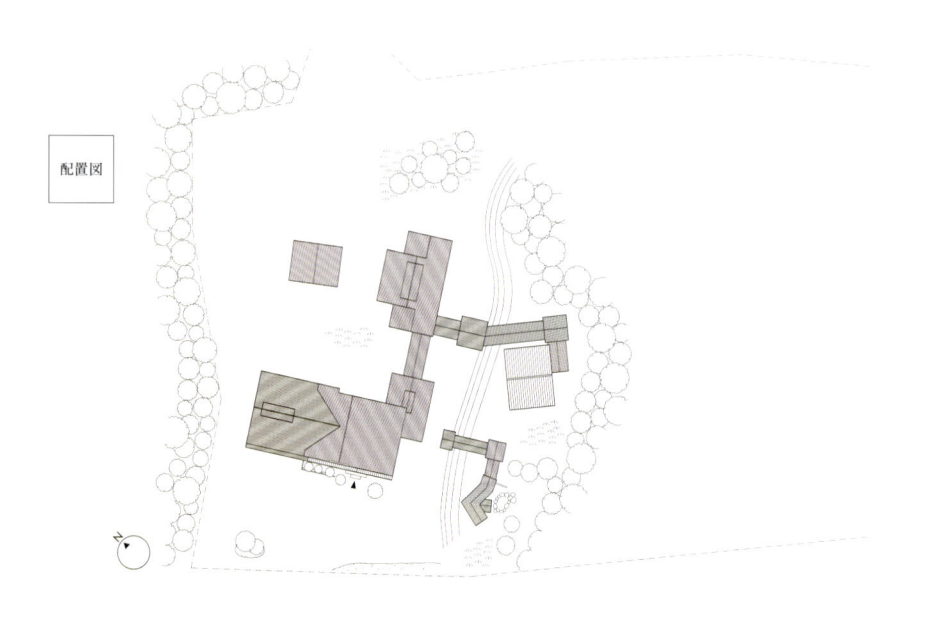

配置図

166　民家の再生Ⅱ［転用事例編］

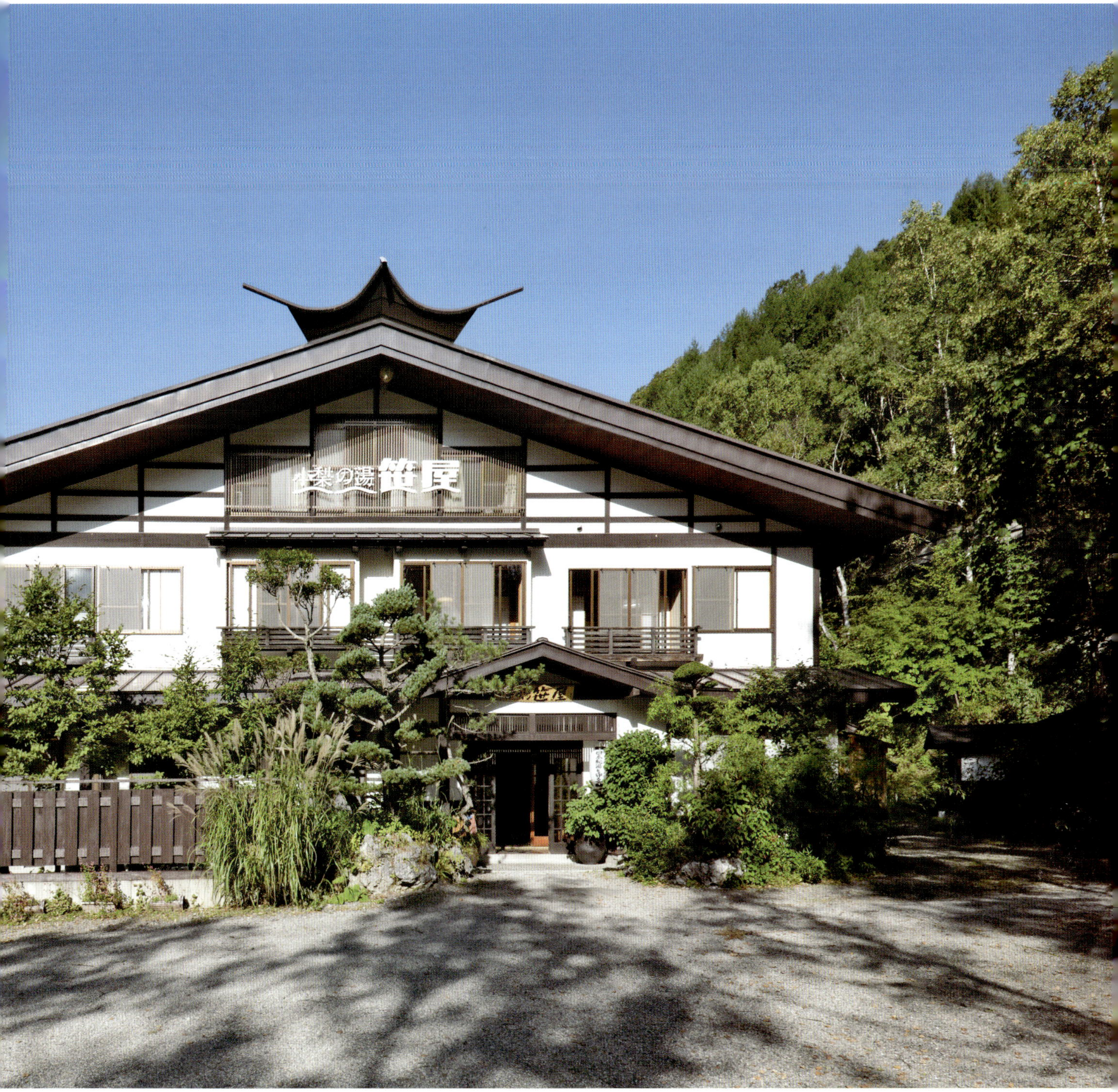
小梨の湯 笹屋

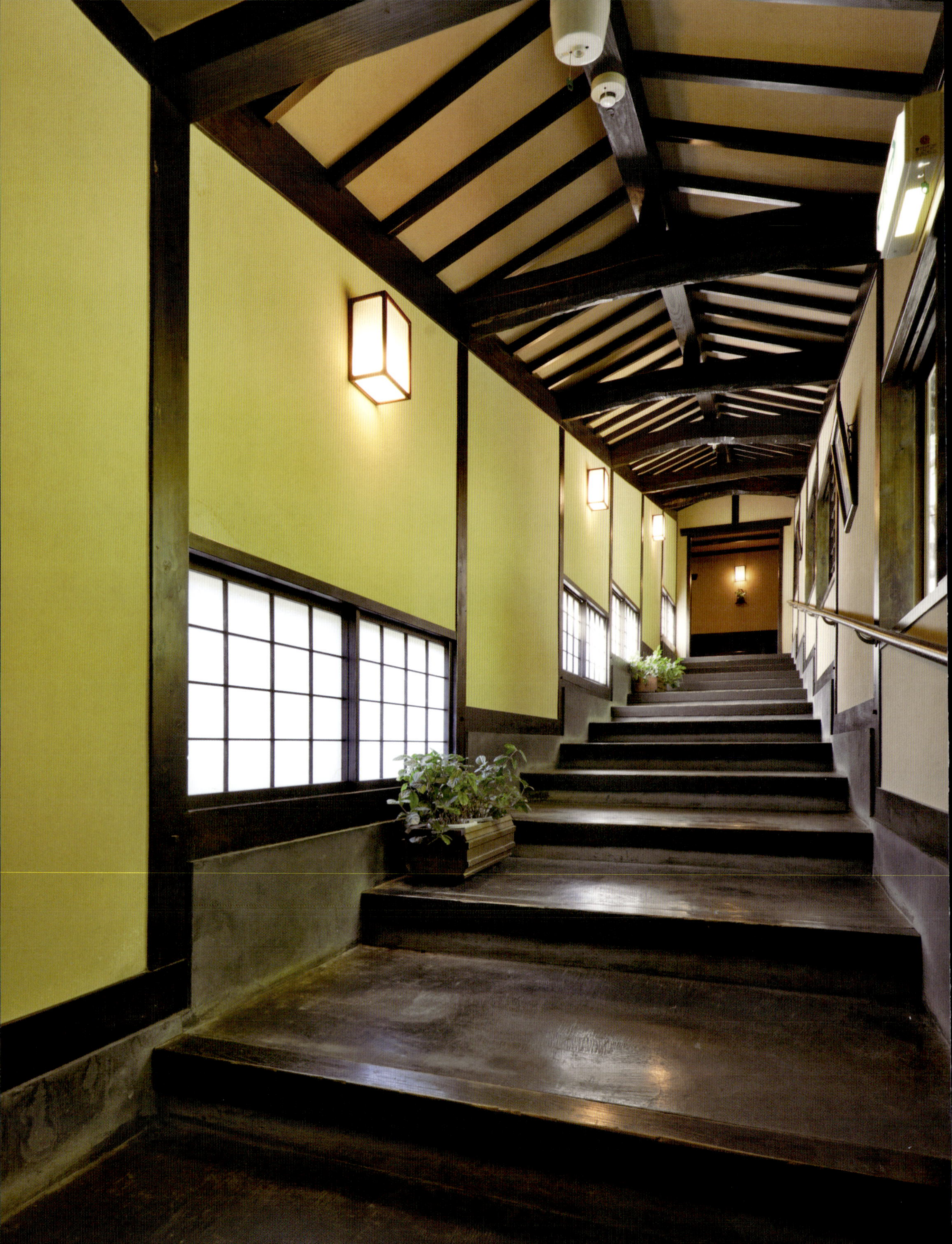

上／一段高い別棟からの眺望は心静まる
下／別棟の客室
左頁／浴室への階段

白骨温泉は、日本アルプスの山ふところで、近くには乗鞍高原があり、反対方向には上高地がある。ここは、鎌倉時代に開かれたと言われている古くからの温泉で、白濁の温泉として有名である。「笹屋」は、かつて白骨の温泉通りに「柳屋」としてあったが、戦後こちらで新たに開業した。

　現在、温泉通りから離れた一隅に、3軒の旅館と共にゆったりと配されている。公道から奥まった所に控えているために、一軒宿のような静けさと広がりを持っている。

　この辺り一帯が白樺林のある笹の山であることから、「笹屋」と名付けられたのだろう。事実、どこにも笹があり、笹が見える。特に大浴場の窓を開け放つと、一面緑の笹の斜面に立つ白樺の樹林が開け、林の空気

がそのまま浴室と連なって一体となる。その空気に身をさらして林を眺望すると、眼前に広がる景色の中に一人おかれて居るような錯覚を持つ程だ。これぞ温泉旅館「笹屋」ならではの眺望である。

「笹屋」とのご縁は平成元年、豪雪地帯の古民家の一部を使って、古民家の持つ力強さを漂わす客室と食事処を本館の北側に増築し、南東に新しい木材で浴室を増築したことだった。これが、心の行き届いた自慢の料理とも相まって来客に喜ばれ、白骨でも最も高い人気を誇る旅館となった。

かつて、こんなことがあった。松本でドレスの店を営まれている奥様から、「毎年、私の店の催しに東京から一流の先生に来て頂いていますが、泊まって頂く旅館に毎回苦労しています。いつも不満でお怒りを頂戴しています。そんな先生に泊まって頂ける良い所はないでしょうか。」と相談を受け、「笹屋」をご紹介した。泊まって頂いた夜、先生から電話が来たのでおしかりの電話かと思ったら、逆にお褒めの言葉で、設計者のことまで聞かれたという。

白骨温泉は白く濁った温泉で、その成分が濃厚であることから、効能も多い。そのため、健康のための入浴に訪れる人が昔から多かった。私も子供の頃、3日入れば風邪をひかないといわれ、親に度々連れて行かれた思い出がある。

湧出時には透明な温泉が、時間の経過の中で成分が石灰化し、白濁する。それが浴槽に付着し、白く固まって白い骨のように見える。白骨温泉ならではの風情がうかがえて、行く度にほっとする。

「笹屋」には露天風呂が2カ所あって、温まった体がありのままの自然の空気に触れ、涼気がすっとしみ込む。その湯あがりのさわやかな気分は格別で、濃い白濁の白骨温泉なればこその爽快感である。

お客様の要望もあり、平成16年に裏山へ客室を増築した。信州の飯山市からご養子に来られたご主人の生家を移築して再生したもので、そこは家族向きの静けさと落着きを特徴としている。本館脇の山の斜面に配置された客室であることから、本館よりさらに一段高い場所にあって、極上の眺望を満喫できる。また、本館から通じる変化に富んだ階段と斜面の通路には特別な風情があって、場所を移動する楽しさがあると言って、喜んでくださる方もいて有難い。

右上より／本館1階食事処
休憩室。右奥は浴室への階段
露天風呂
晩秋の浴室より紅葉の残る雪景色(写真4点＝降幡廣信)
左頁上・左下／本館へ増築した2階の民家の客室(左下写真＝降幡廣信)
右下／別棟のホール

# 全24軒平面図・矩計詳細図

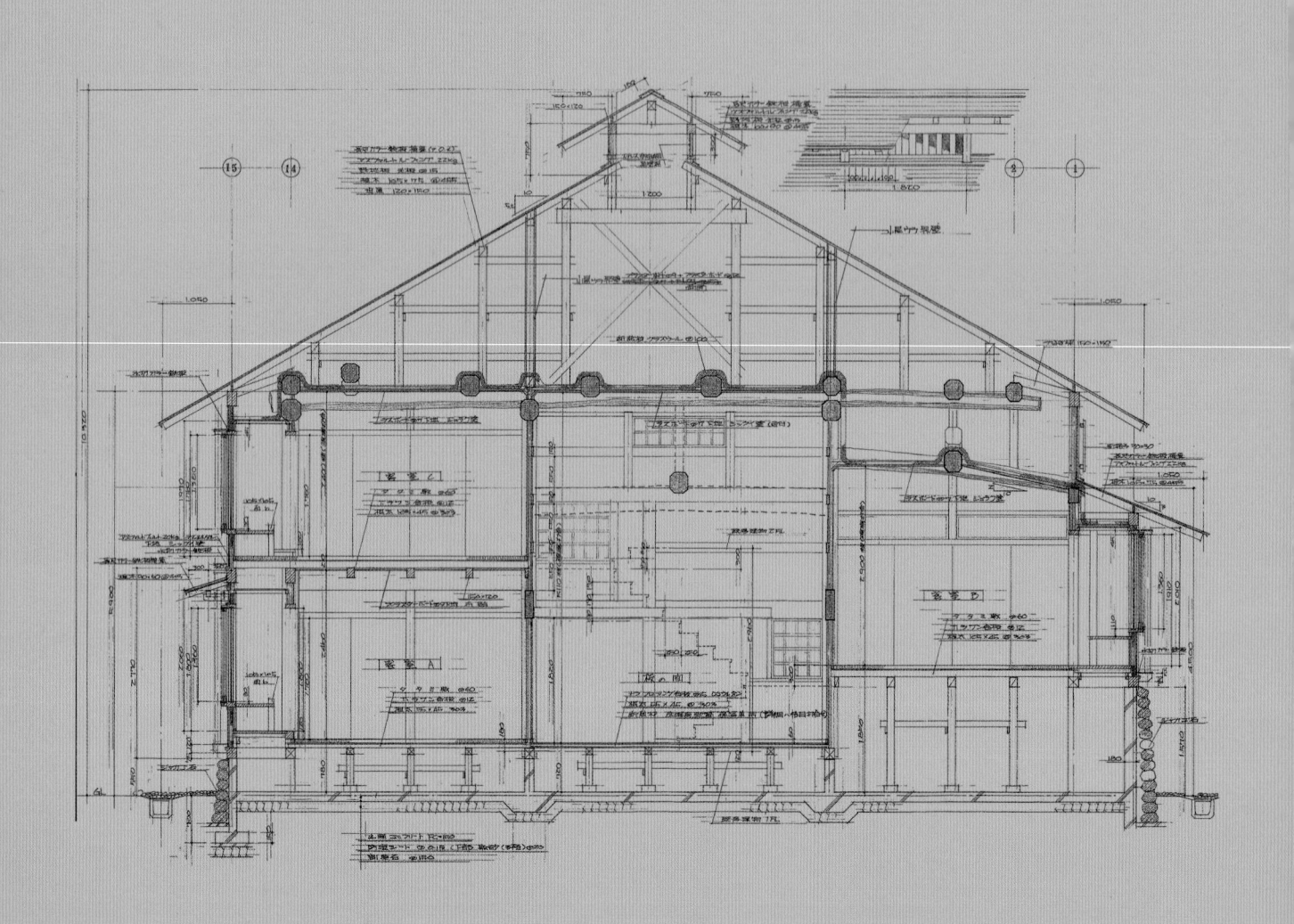

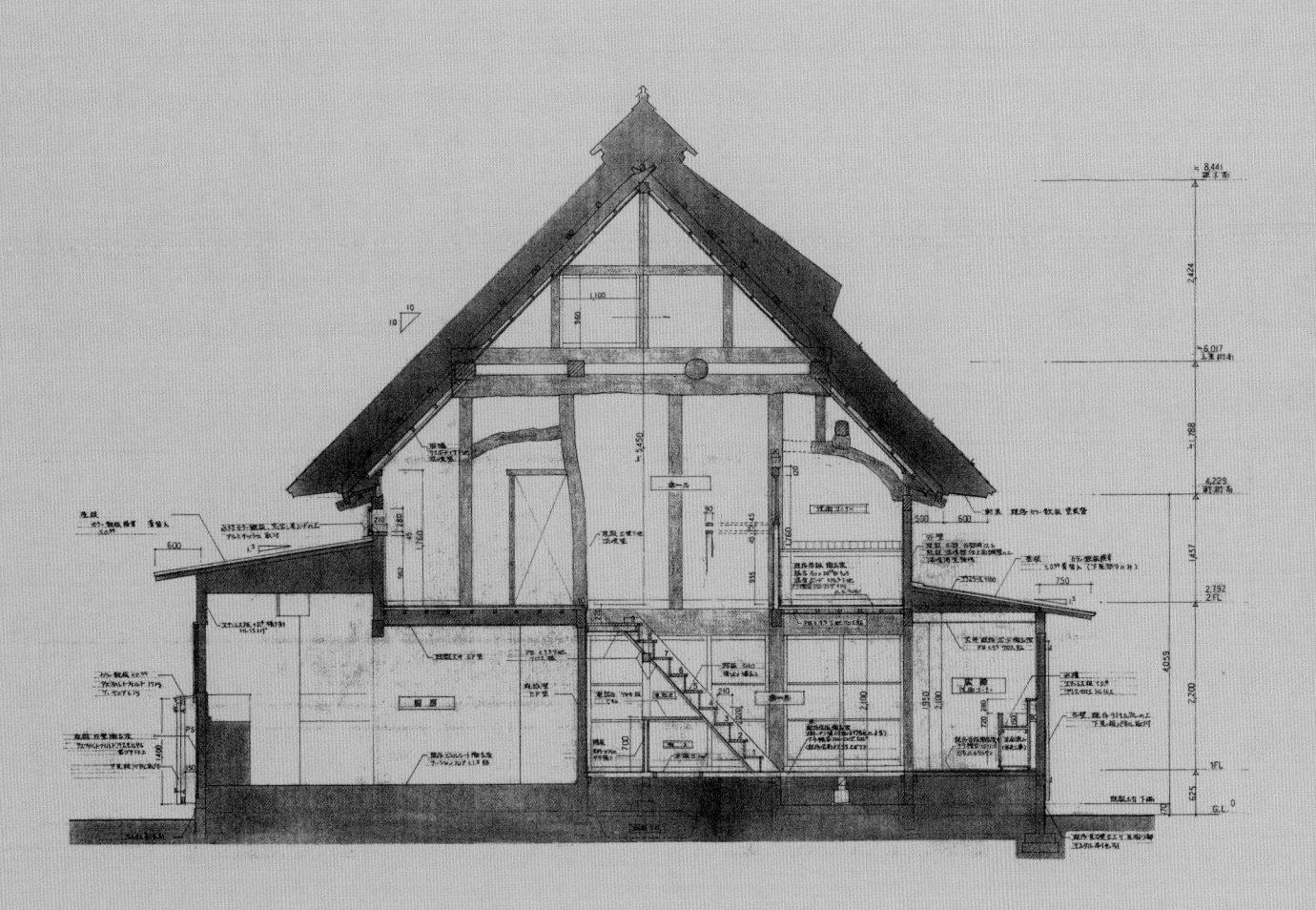

≒8,441
≒6,017
4,229
2,792
2FL
1FL
G.L. 0
2,424
≒1,788
1,437
4059
2,200
625
750
600
500
1,100
≒5,450

# 佐藤医院

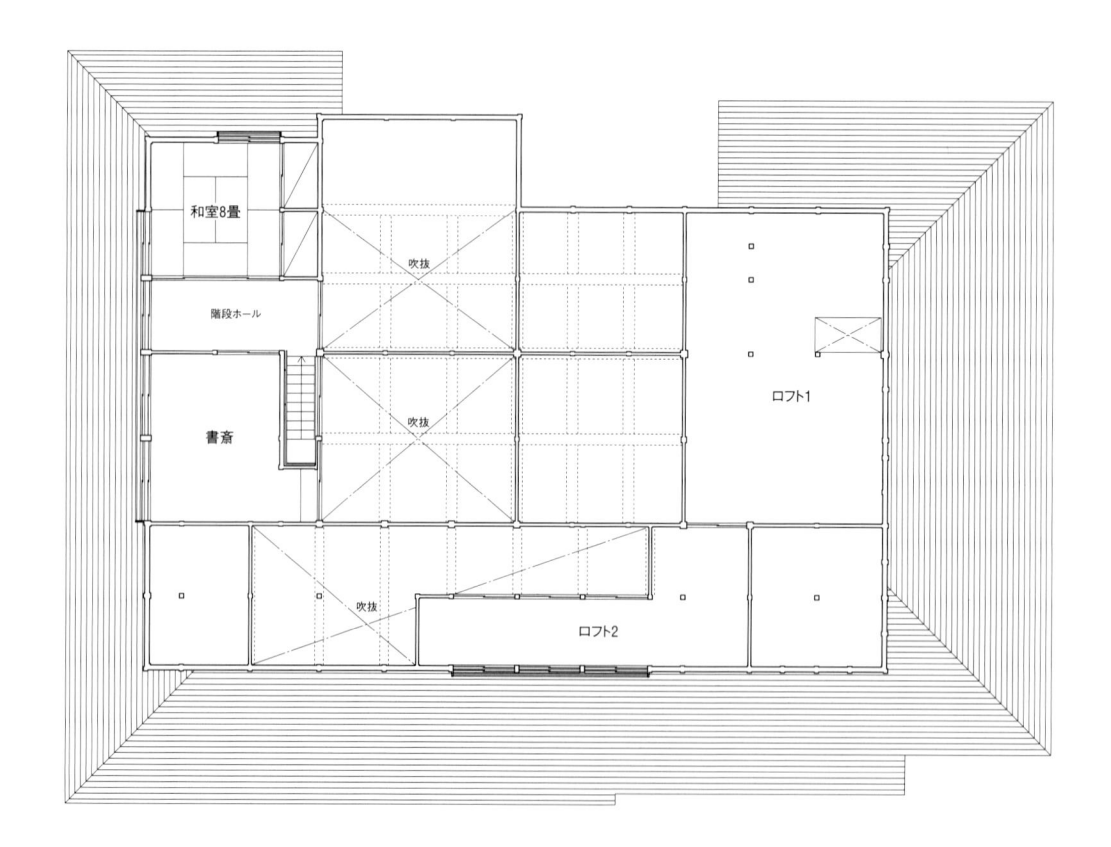

2階平面図

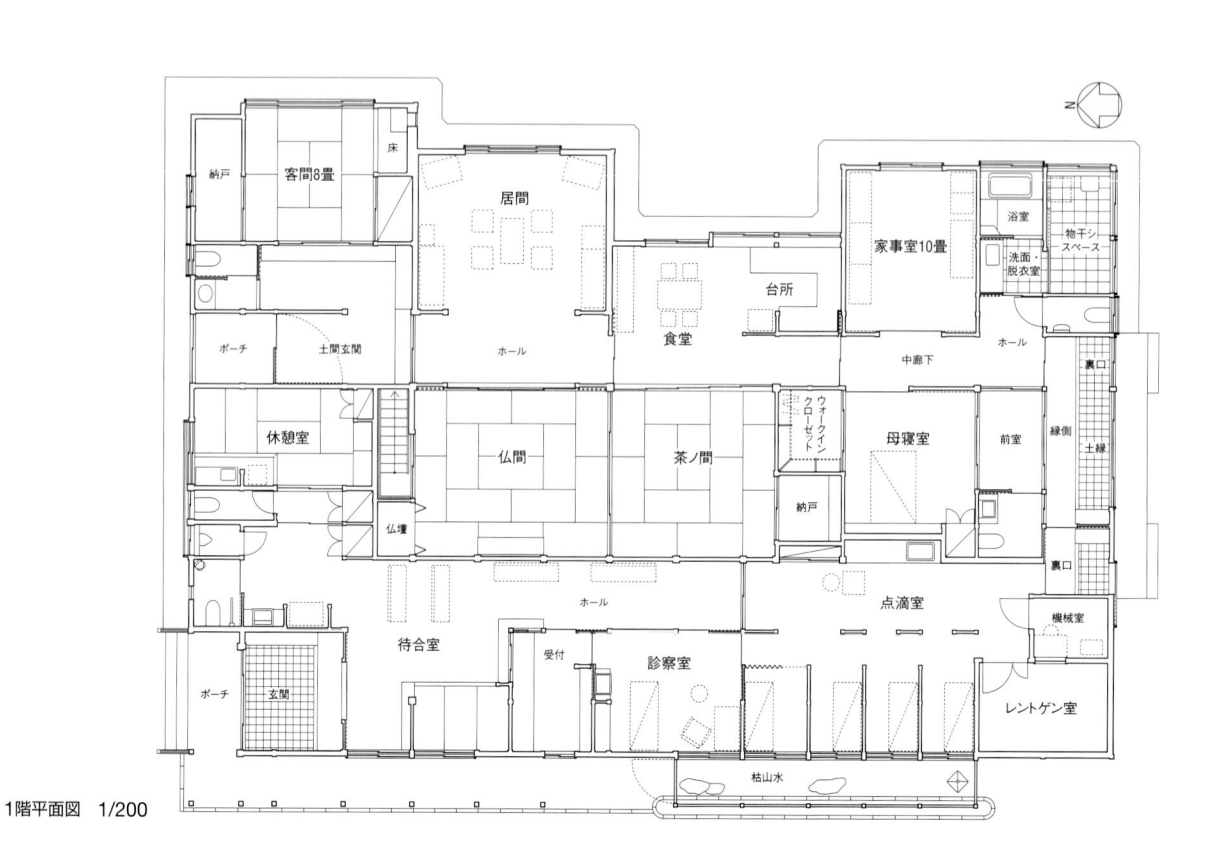

1階平面図　1/200

174　民家の再生Ⅱ［転用事例編］

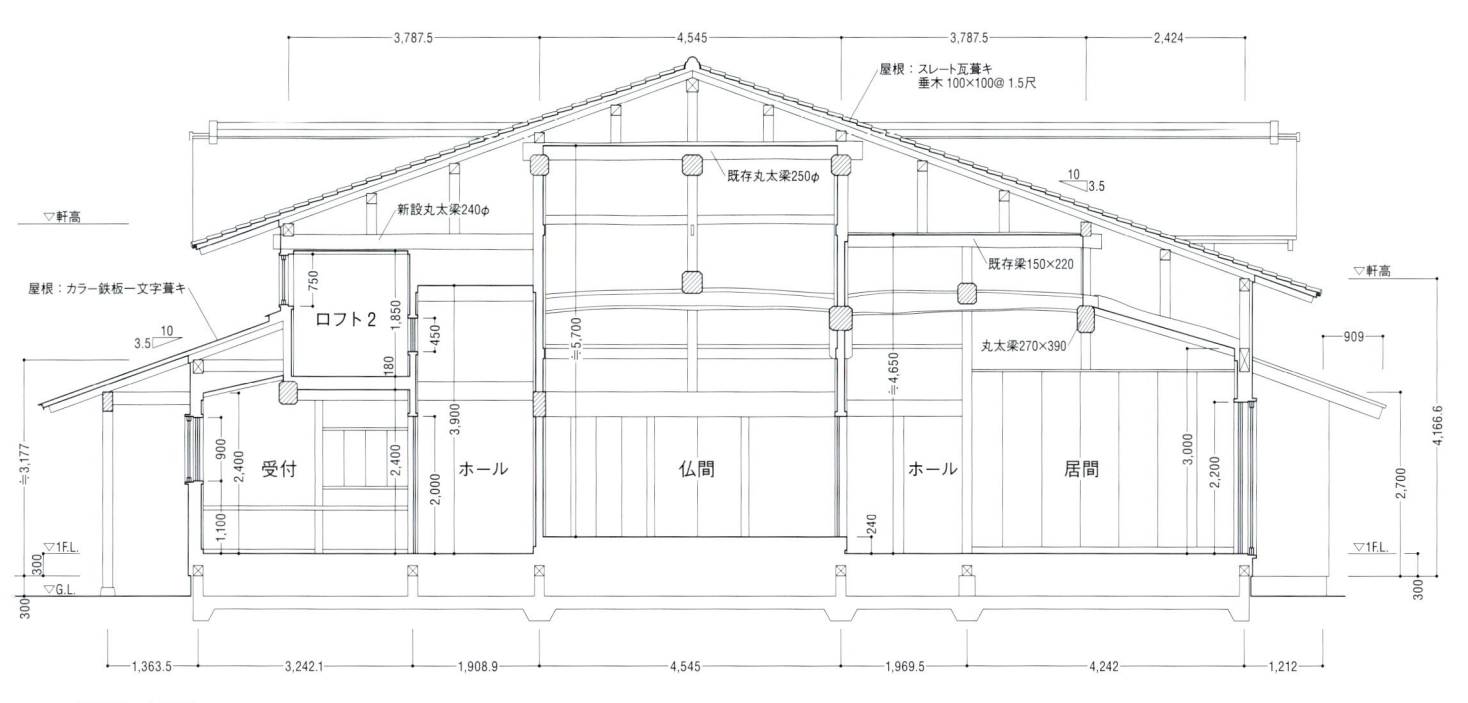

断面図　1/110

## 佐藤医院　内科・小児科
さとういいん

〒959-3265
新潟県岩船郡関川村下関915

写真＝山田新治郎

### 資料

- ●建物名——佐藤医院
- 所在——新潟県岩船郡関川村
- ●設計——降幡建築設計事務所
- ●施工——山田建設
- 竣工——2009年12月
- 構造規模——木造2階建
- ●面積
- 敷地面積——2,730㎡
- 建築面積——391.62㎡
- 延床面積——499.67㎡
  （1階／384.27㎡　2階／115.39㎡）
- 地域地区——都市計画区域外
- ●主な外部仕上げ
- 屋根——上屋根：いぶし瓦葺、下屋根：ガルバリウム鋼板長尺葺
- 壁——漆喰塗
- 建具——アルミサッシ、一部木製、医院入口自動ドア
- ●主な内部仕上げ
- 天井——医院玄関／杉縁甲板相ジャクリ・無節　待合室／クロス貼り　住宅土間玄関／化粧大引天井　仏間／白漆喰梁現わし天井
- 壁——医院玄関・待合室／ラスボード厚7mm＋漆喰塗り　住宅土間玄関・仏間／ラスボード厚7mm＋漆喰塗り
- 床——医院玄関／タイル貼り　待合室畳敷き　住宅土間玄関／珪藻土タタキ　仏間／畳敷
- ●設備
- 冷暖房——床暖房・エアコン
- 給湯——エコ給油
- ●主な設備機器
- 台所・トイレ—TOTO
- 照明——松下、オーデリック、三浦照明、柳澤木工所

# 塩尻短歌館

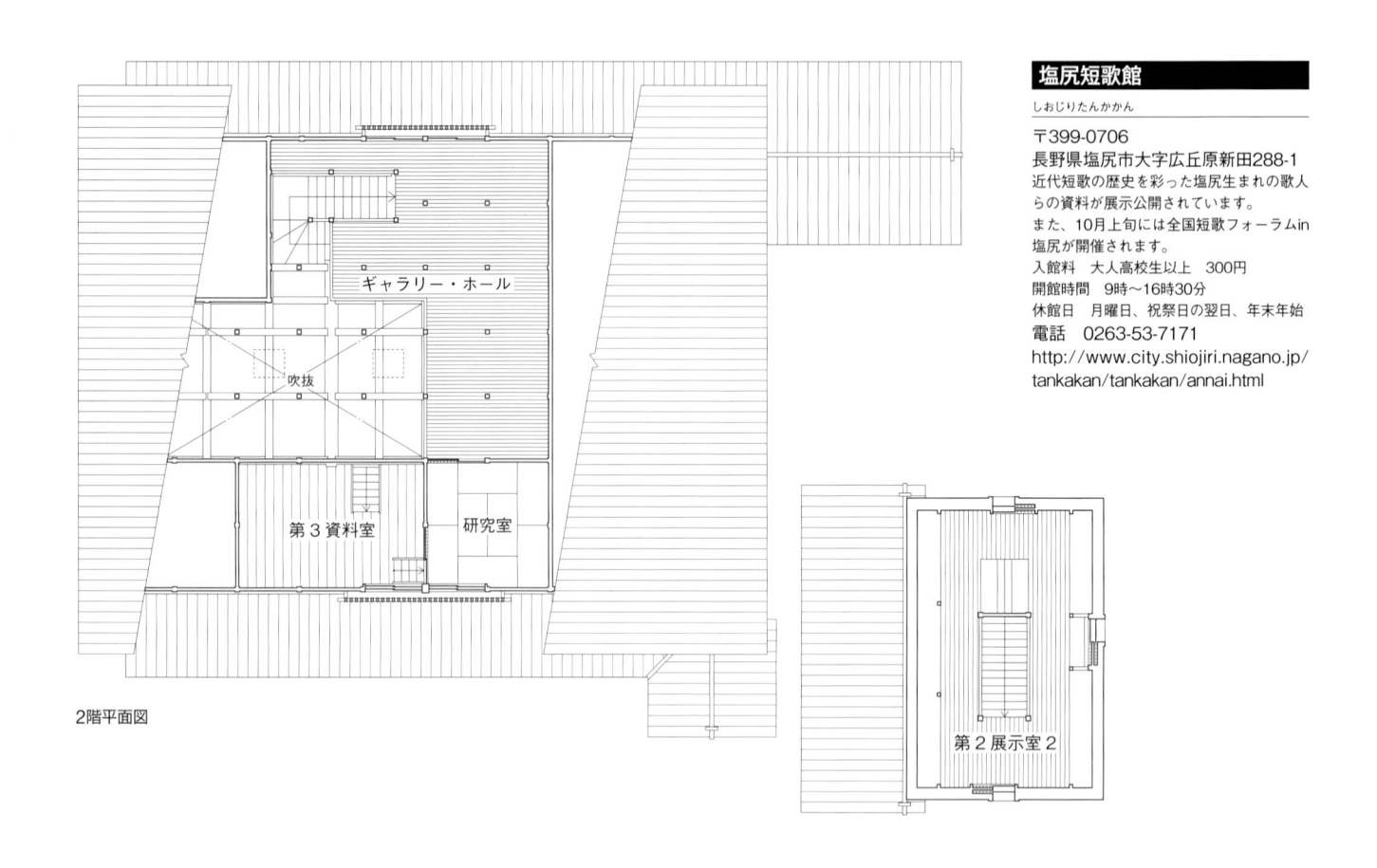

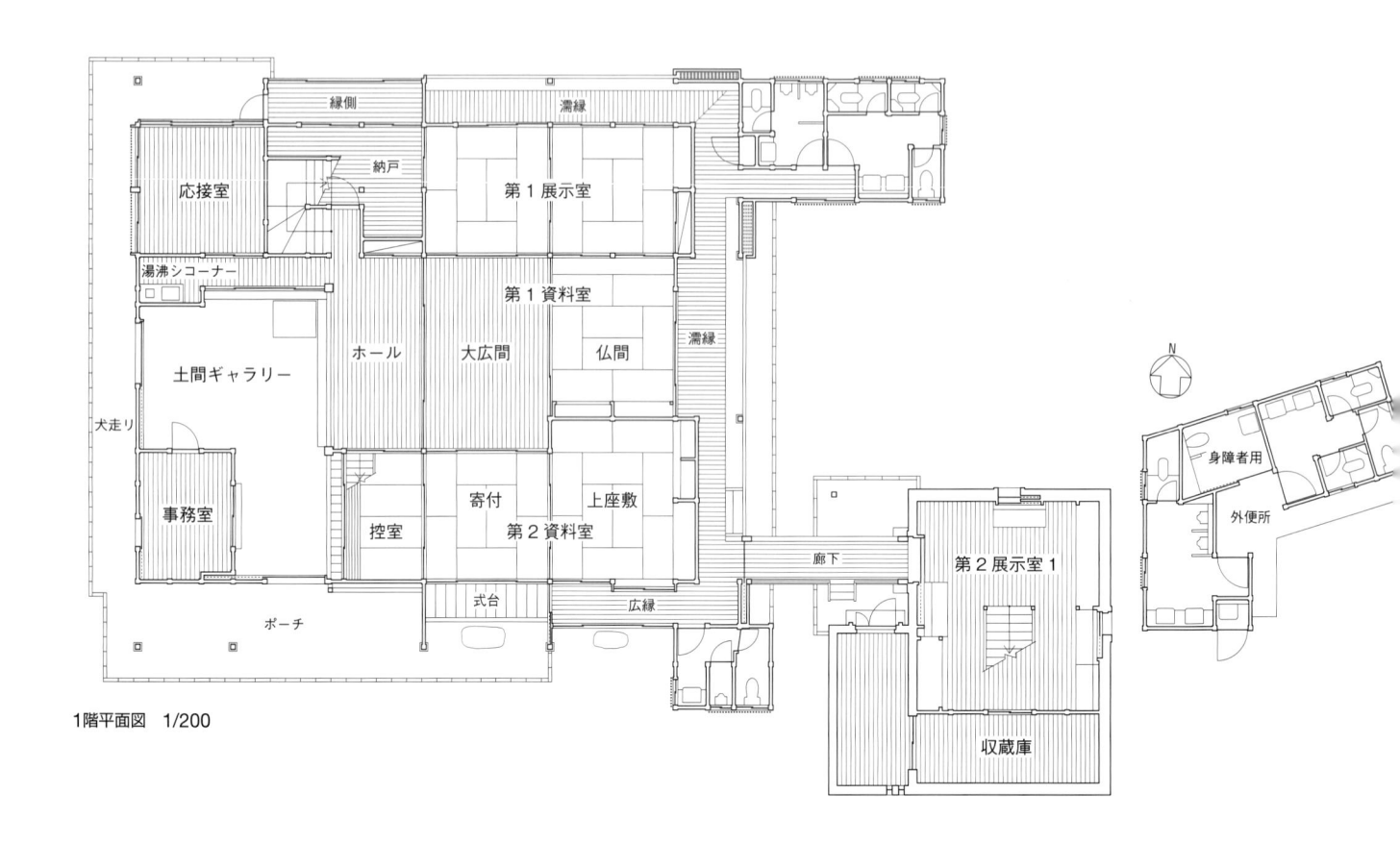

**塩尻短歌館**
しおじりたんかかん

〒399-0706
長野県塩尻市大字広丘原新田288-1
近代短歌の歴史を彩った塩尻生まれの歌人らの資料が展示公開されています。
また、10月上旬には全国短歌フォーラムin塩尻が開催されます。
入館料　大人高校生以上　300円
開館時間　9時～16時30分
休館日　月曜日、祝祭日の翌日、年末年始
電話　0263-53-7171
http://www.city.shiojiri.nagano.jp/tankakan/tankakan/annai.html

2階平面図

1階平面図　1/200

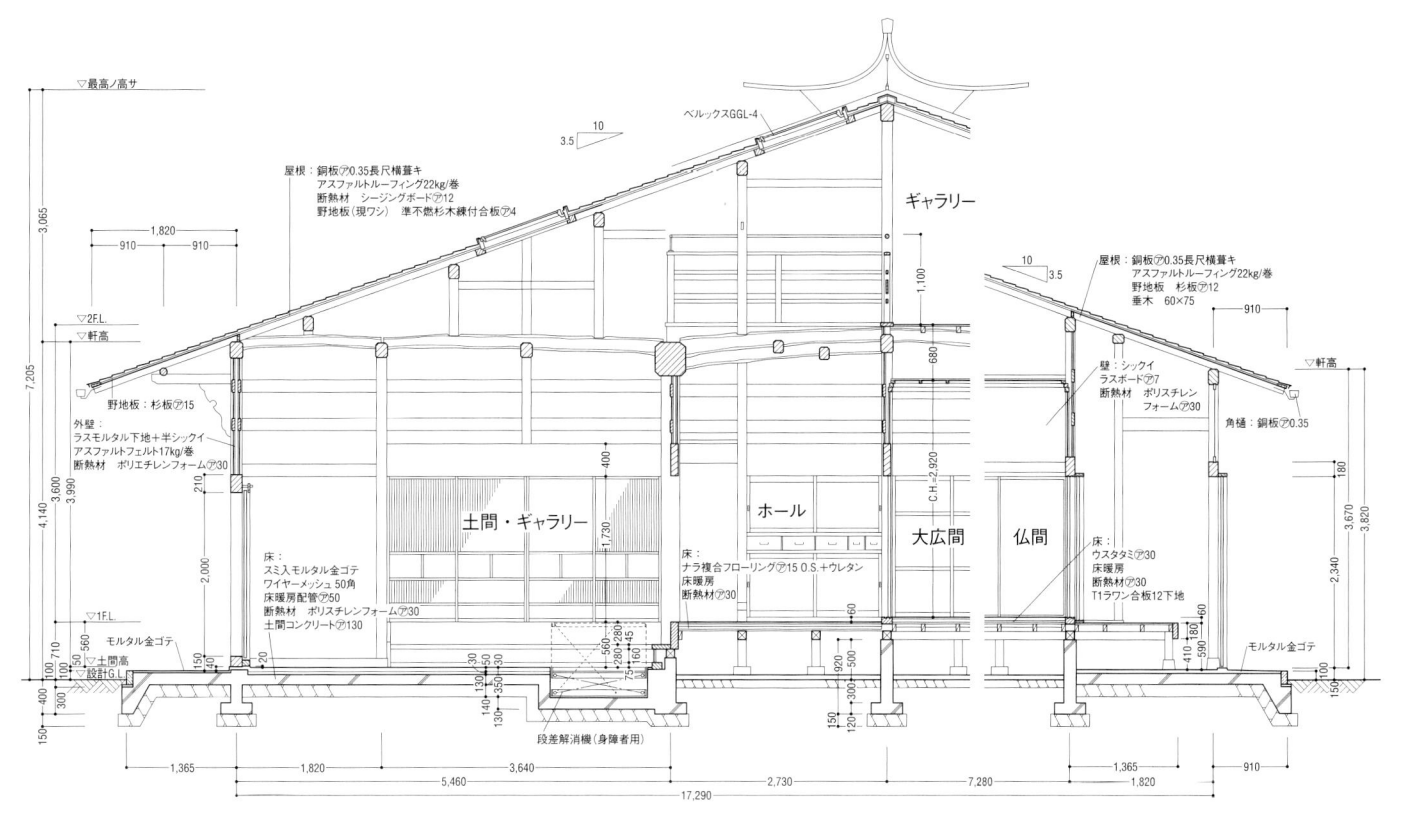

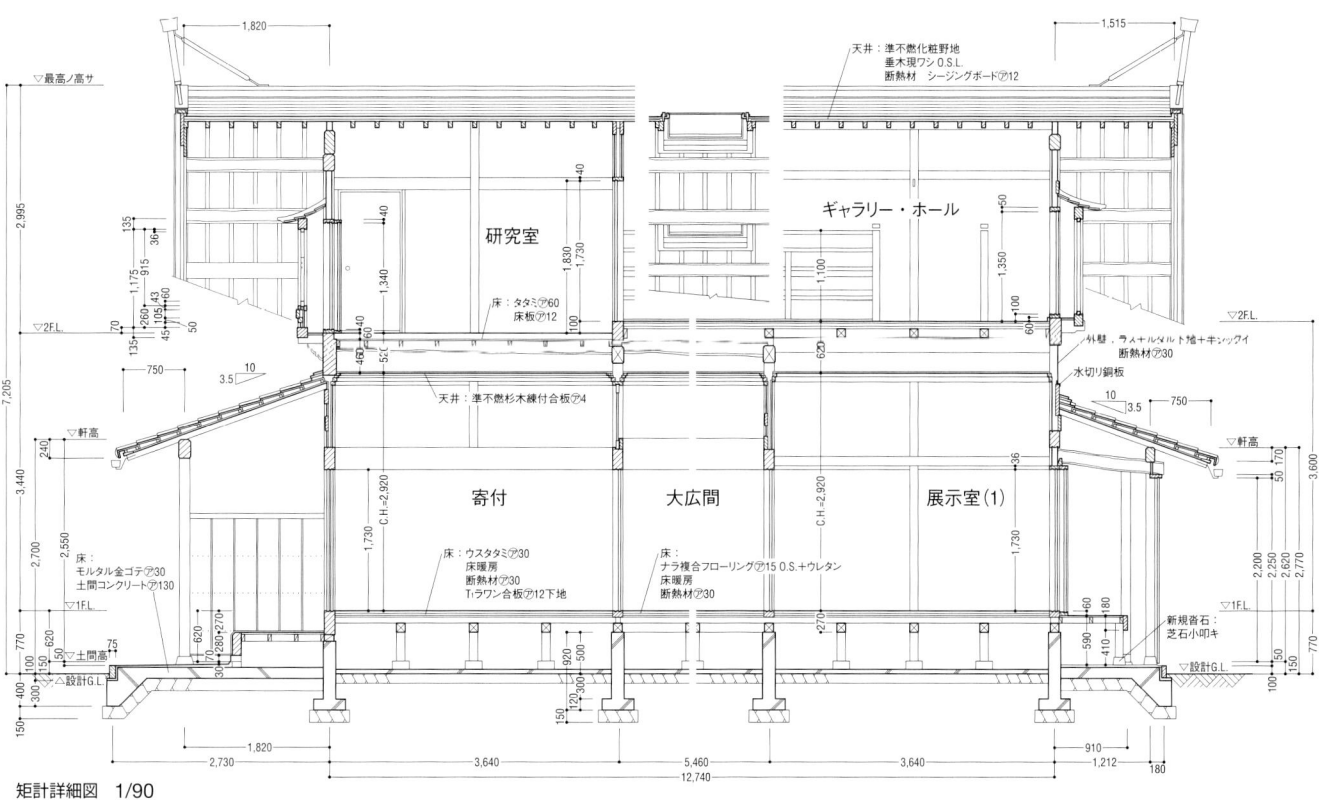

矩計詳細図 1/90

| 資料 | | |
|---|---|---|
| ●建物名―塩尻短歌館 | 造園／小口造園 | 土蔵第一展示室／ナラ合板フローリングOS＋ワックス |
| 所在――長野県塩尻市広丘 | 竣工――1992年9月 | ●設備 |
| 建主――塩尻市 | 構造規模―木造2階建（主屋） | 暖房――床暖房：サンヨー、古河 |
| ●設計―降幡建築設計事務所 | 　　　　RC造2階建（土蔵） | 冷房――ヒートポンプエアコン：サンヨー |
| 構造設計―村山設計事務所 | ●面積 | 給湯――電気温水器 |
| 設備設計―丸山設備 | 敷地面積―3,736.93㎡ | ●主な設備機器 |
| ●施工――野沢建設 | 建築面積― 399.93㎡ | 台所――ミニキッチン1200タイプ：サンウェーブ |
| 　現場監督／野沢秀喜 | 延床面積― 499.36㎡ | 洗面所・便所―TOTO |
| 　大工棟梁／安藤泰久 | 　　（木造部1階／272.18㎡　2階 | 照明――オーヤマ、ヤマダ、ヤマギワ、ナショナル |
| 　屋根／木幡板金、成瀬瓦店 | 　　88.60㎡、RC造部1階／55.06㎡ | 家具――特注品 |
| 　左官／水間左官 | 　　2階／44.71㎡、外便所／38.80 | |
| 　建具／野沢建設 | 建蔽率―10.6%（40%） | |
| 　床暖房／平成熱学 | 容積率―13.4%（60%） | |
| | 地域地区―第一種住居専用地域 | |

●主な外部仕上げ
屋根――銅板、一部土瓦葺き
壁――漆喰塗り
建具――木製建具、アルミサッシ
●主な内部仕上げ
天井――土間玄関／垂木化粧、野地板わし　事務室／大引天井、板：不燃杉柾板練付合板　資料室（大広間、上座敷）／竿縁天井、板：新材不燃合板　土蔵第一展示室／化粧大引天井、板：松材
壁――ラスボード下地漆喰塗り
床――土間玄関／土間コンクリート、墨入りモルタル金鏝　事務室、資料室（大広間、上座敷）／畳敷き

# 中町・蔵シック館

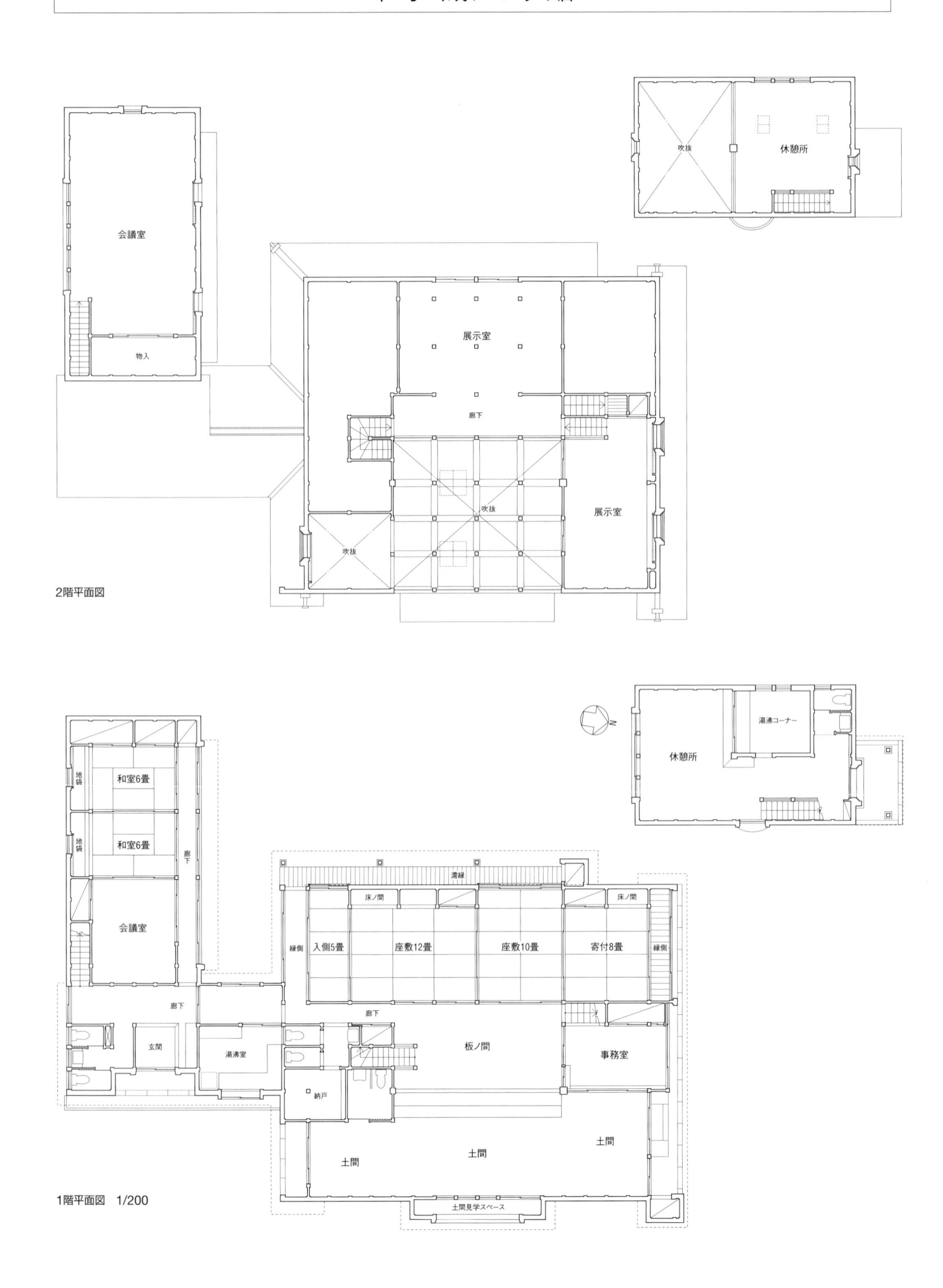

2階平面図

1階平面図　1/200

断面図　1/200

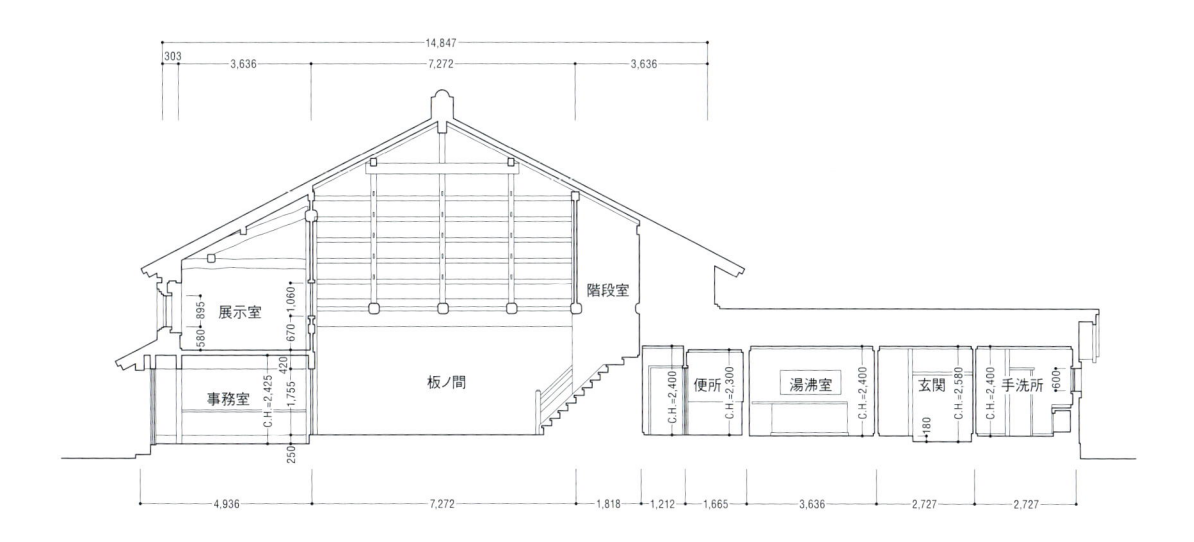

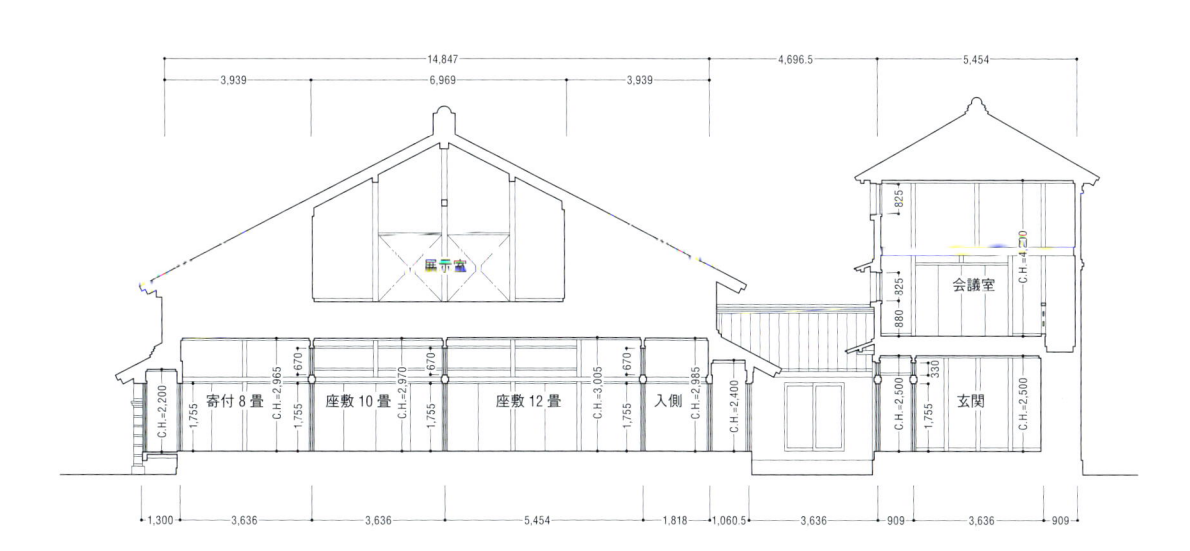

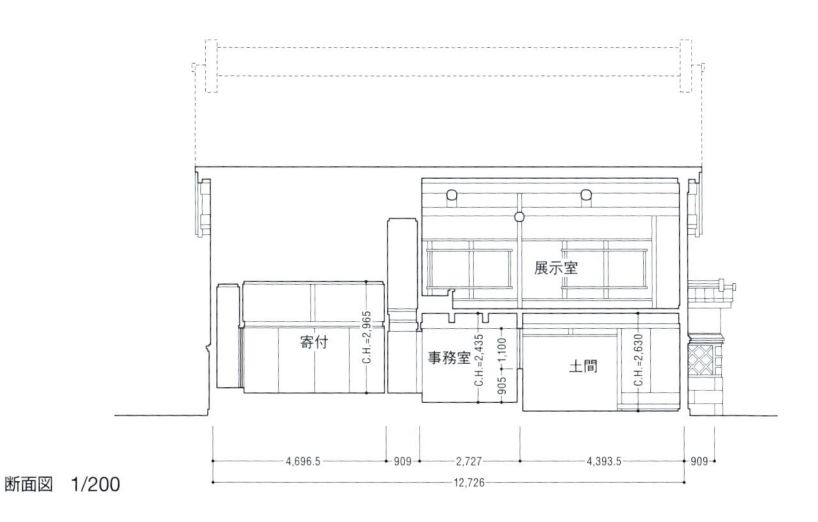

### 中町・蔵シック館
なかまち・くらしっくかん

〒390-0811
長野県松本市中央2-9-15
電話・FAX　0263-36-3053
e-mail  kurassic@po.mcci.or.jp
http://www.mcci.or.jp/www/kurassic

| 資料 | | | |
|---|---|---|---|
| ●建物名―中町・蔵シック館 所在―――長野県松本市中央 ●設計―――降幡建築設計事務所 ●施工―――ハシバテクノス 竣工―――1996年6月 構造規模―木造2階建 ●面積 敷地面積―展示・会議施設棟 898.86㎡ | 休憩所棟 133.99㎡ 建築面積―展示・会議施設棟 330.67㎡ 休憩所棟 53.46㎡ 延床面積―展示・会議施設棟 445.64㎡ （1階／253.4㎡　2階／192.24 ㎡） 休憩所棟 76.49㎡ （1階／49.33㎡　2階／27.16㎡） 建蔽率――展示・会議施設棟 36.78％　休憩 所棟 39.89％（80％＋10％角地 | 緩和） 容積率――展示・会議施設棟49.57％　休憩 所棟 57.08％（400％） 地域地区―商業地域 ●主な外部仕上げ 【展示・会議施設棟、休憩所棟】 屋根―――土瓦葺き 壁―――漆喰塗り、一部ナマコ壁 建具―――木製建具、一部アルミサッシ 【展示・会議施設棟】 | 天井―――土間／小屋組現わし　ギャラリー ／ビニールクロス貼り　座敷／杉 中杢練付合板竿縁 壁―――土間・座敷／ラスボード厚7mm＋ 漆喰塗り　ギャラリー／ラスボー ド厚7mm＋漆喰塗り、一部下塗り・ 中塗現わし 床―――土間・ギャラリー／砂入りモルタ ル木鏝　座敷／ヘリ付薄畳敷 |

# 杏の里板画館

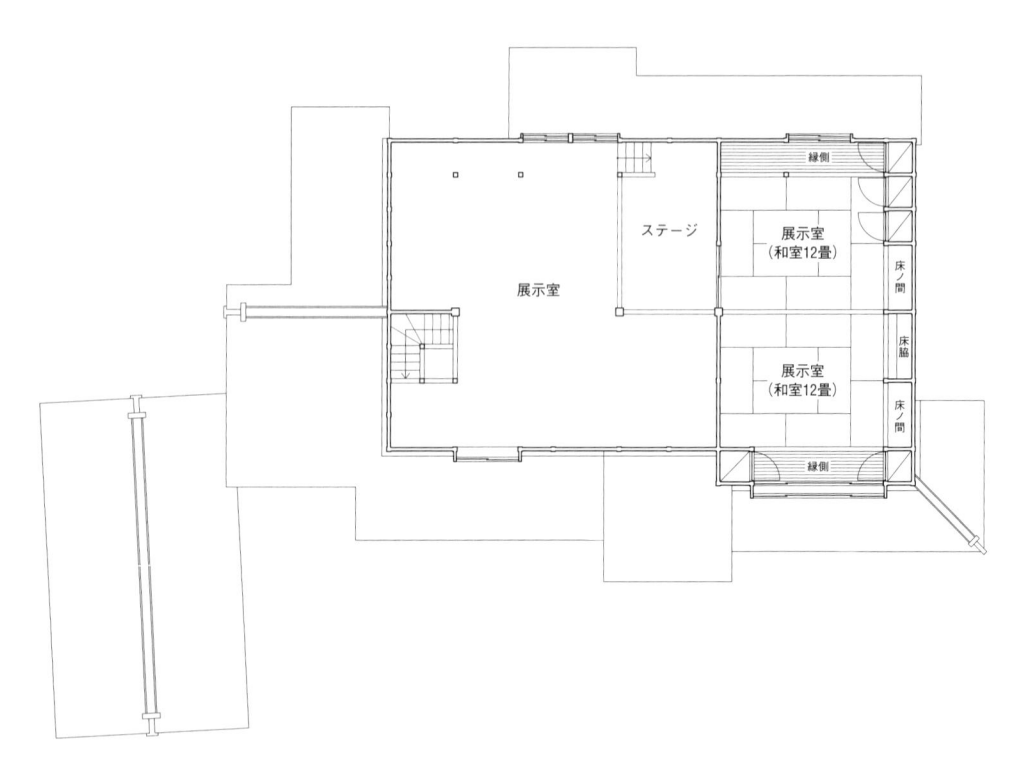

2階平面図

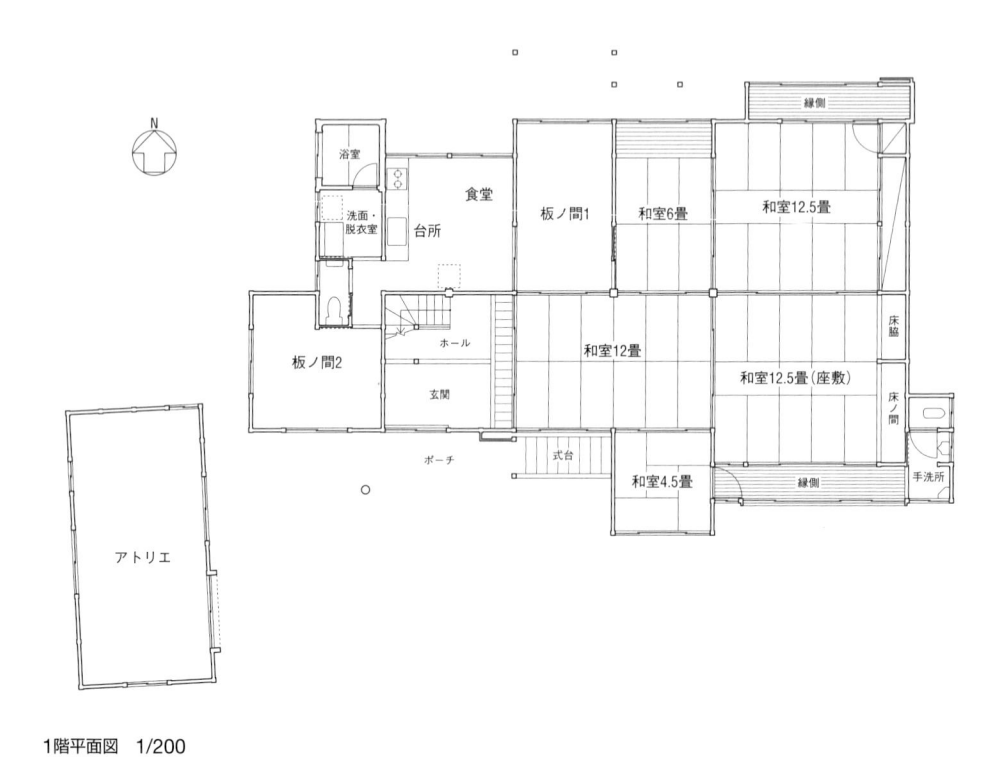

1階平面図　1/200

矩計詳細図　1/90

**杏の里板画館 森獏郎美術館**
あんずのさとばんがかん もりばくろうびじゅつかん

〒387-0005
長野県千曲市森2154
電話　026-272-4758
入場料／大人 700円
　　　　小中学生 100円
10:00～17:00
月・火と12～3月は休館

### 資料

- 建物名――杏の里板画館 森獏郎美術館
- 所在―――長野県千曲市森
- 設計―――降幡建築設計事務所
- 施工―――滝沢建設
- 竣工―――1995年4月
- 構造規模―木造2階建
- 面積
- 敷地面積―693.40㎡
- 建築面積―申請部分183.31㎡　申請以外の部
　　　　　　分42.97㎡　合計226.28㎡
- 延床面積―申請部分286.83㎡　申請以外の部
　　　　　　分59.50㎡　合計346.33㎡
　　　　　　（1階／164.26㎡　2階／122.57
　　　　　　㎡）
- 地域地区―都市計画区域外
- 主な外部仕上げ
- 屋根―――三州瓦葺き
- 壁――――土壁塗り
- 建具―――木製建具、アルミサッシ
- 主な内部仕上げ
- 天井―――既存のまま
- 壁――――既存のまま、一部漆喰塗りまたは
　　　　　　聚楽塗り
- 床――――既存のまま

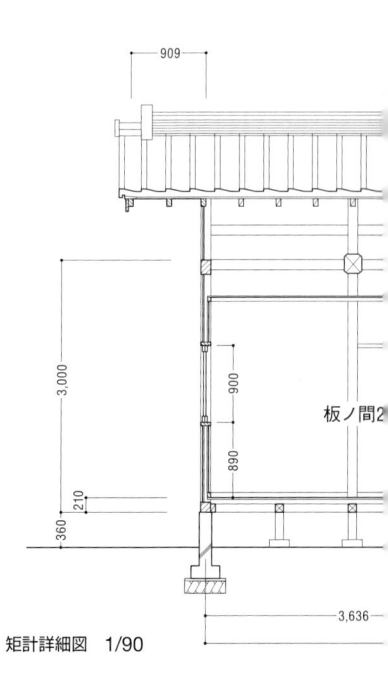

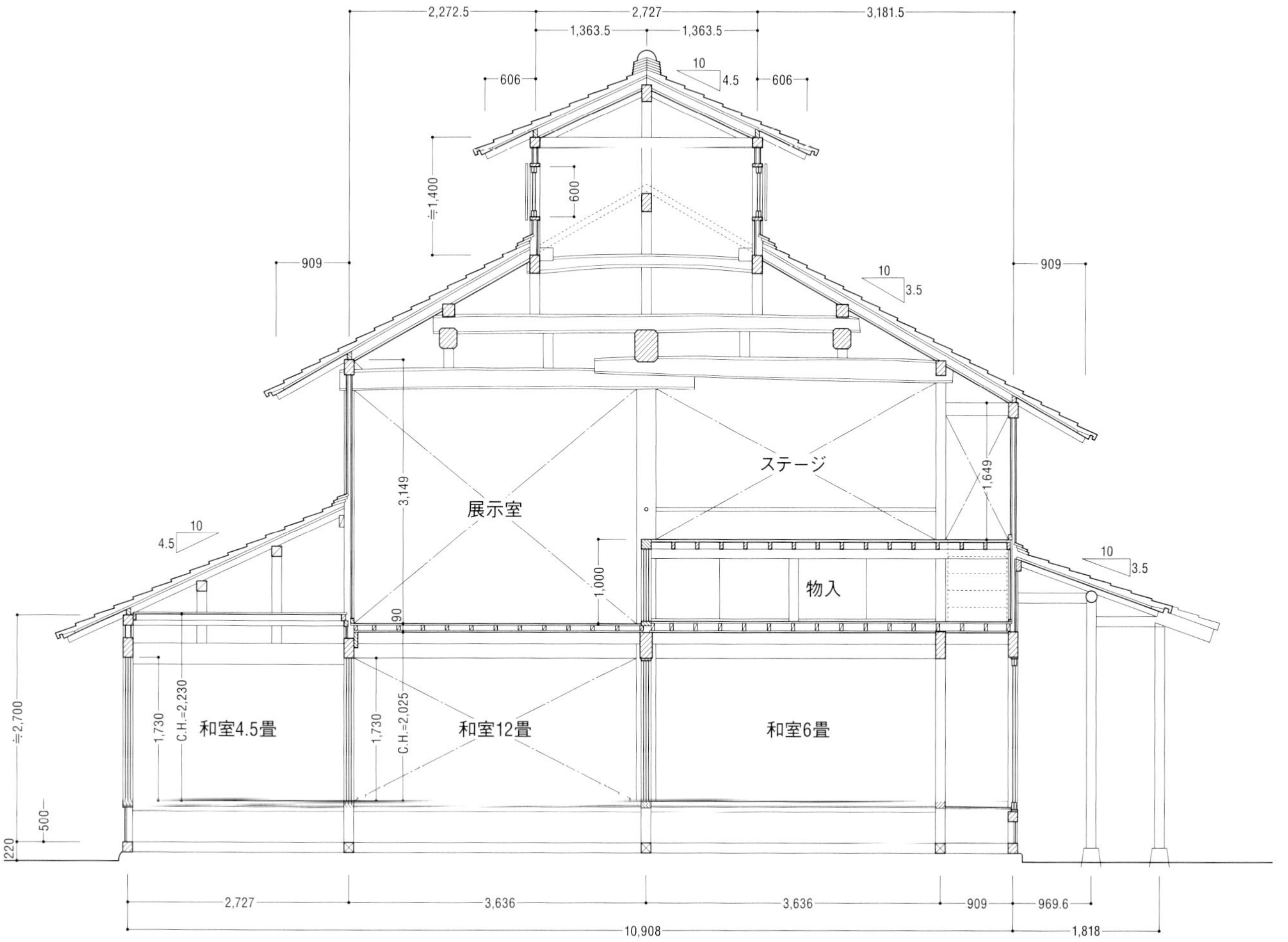
展示室
ステージ
物入
和室4.5畳
和室12畳
和室6畳

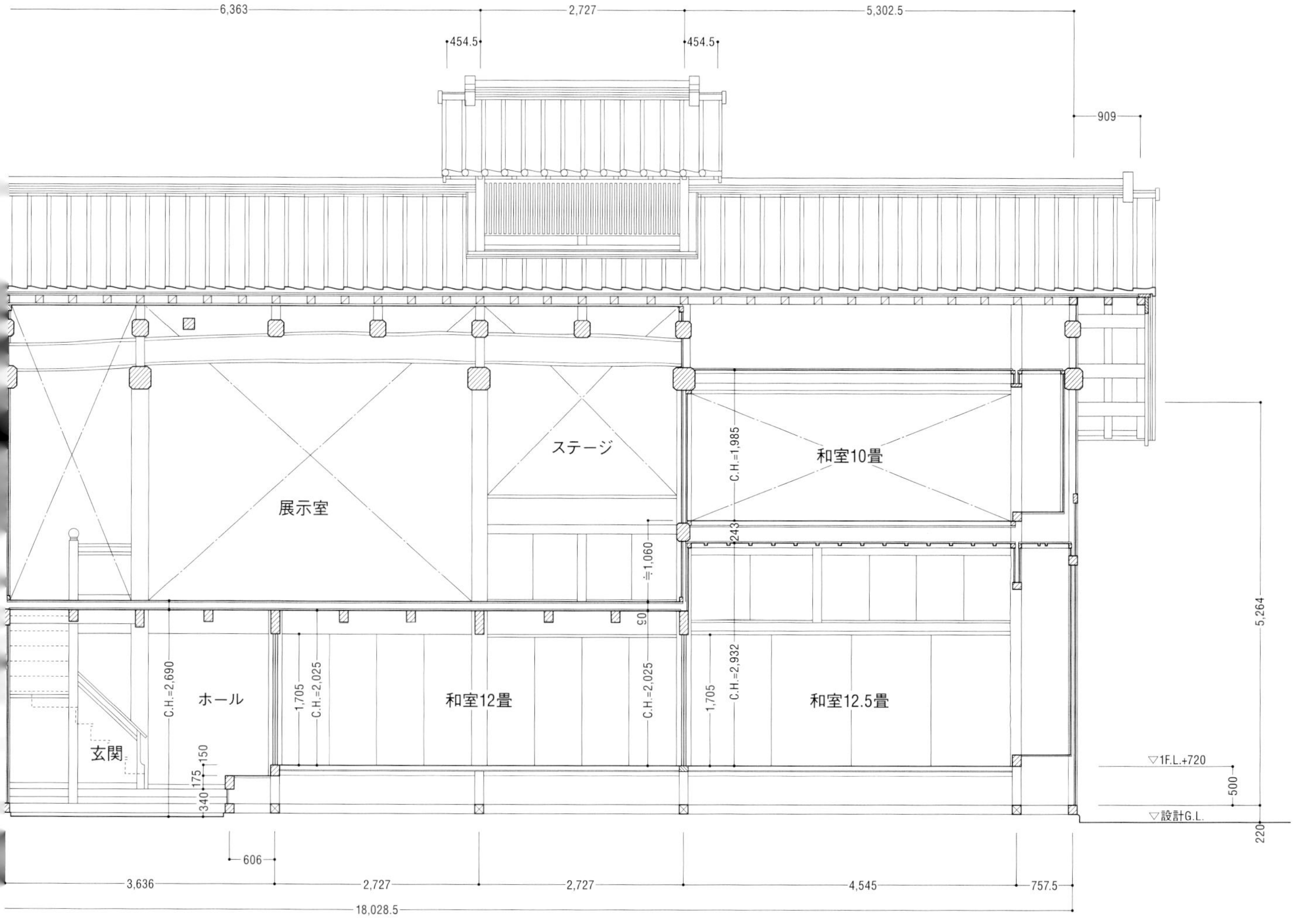
展示室
ステージ
和室10畳
ホール
玄関
和室12畳
和室12.5畳
▽1F.L.+720
▽設計G.L.

# 工芸ギャラリー ひよし

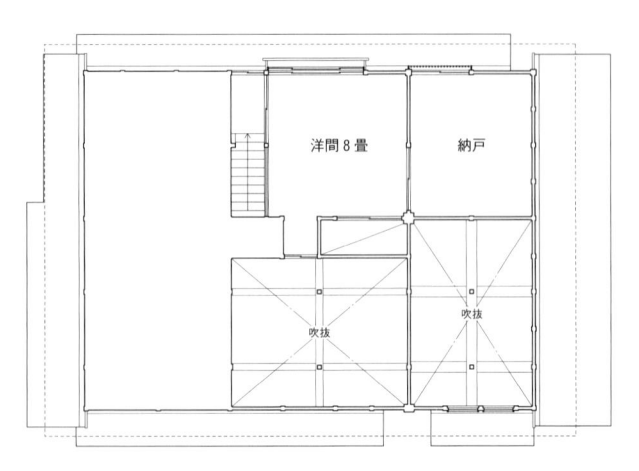

2階平面図

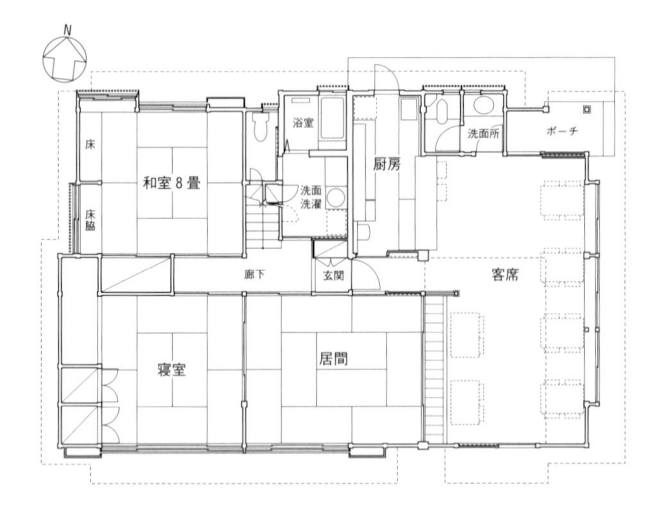

1階平面図　1/200

矩計詳細図　1/90

**工芸ギャラリー ひよし**

〒339-0047
埼玉県さいたま市岩槻区原町7-25
電話　048-756-3868
東武野田線「岩槻」駅下車・徒歩18分

### 資料

- ●建物名──工芸ギャラリーひよし
- 所在────埼玉県さいたま市岩槻区
- ●設計───降幡建築設計事務所
- ●施工───小林工務店
- 竣工────1989年8月
- 構造規模──木造2階建
- ●面積
- 敷地面積──297㎡
- 建築面積──130.08㎡
- 延床面積──163.31㎡
  （1階/127.37㎡ うち店舗49.32㎡
  2階/35.94㎡）
- 建蔽率───50%（43.79%）
- 容積率───80%（54.98%）
- 地域地区──第一種住居専用地域
- ●主な外部仕上げ
- 屋根────日本瓦葺き
- 壁─────漆喰塗り
- 建具────木製建具、一部アルミサッシ
- ●主な内部仕上げ
- 天井────玄関／根太天井　客席／根太天井、吹抜け／梁組現し、化粧野地板
- 壁─────玄関／ラスボード厚7mm＋プラスター塗り　客席／ラスボード厚7mm＋プラスター塗り　腰：竪羽目板張り
- 床─────玄関／モルタル金鏝　客席／ブナパーケットフロア油拭き

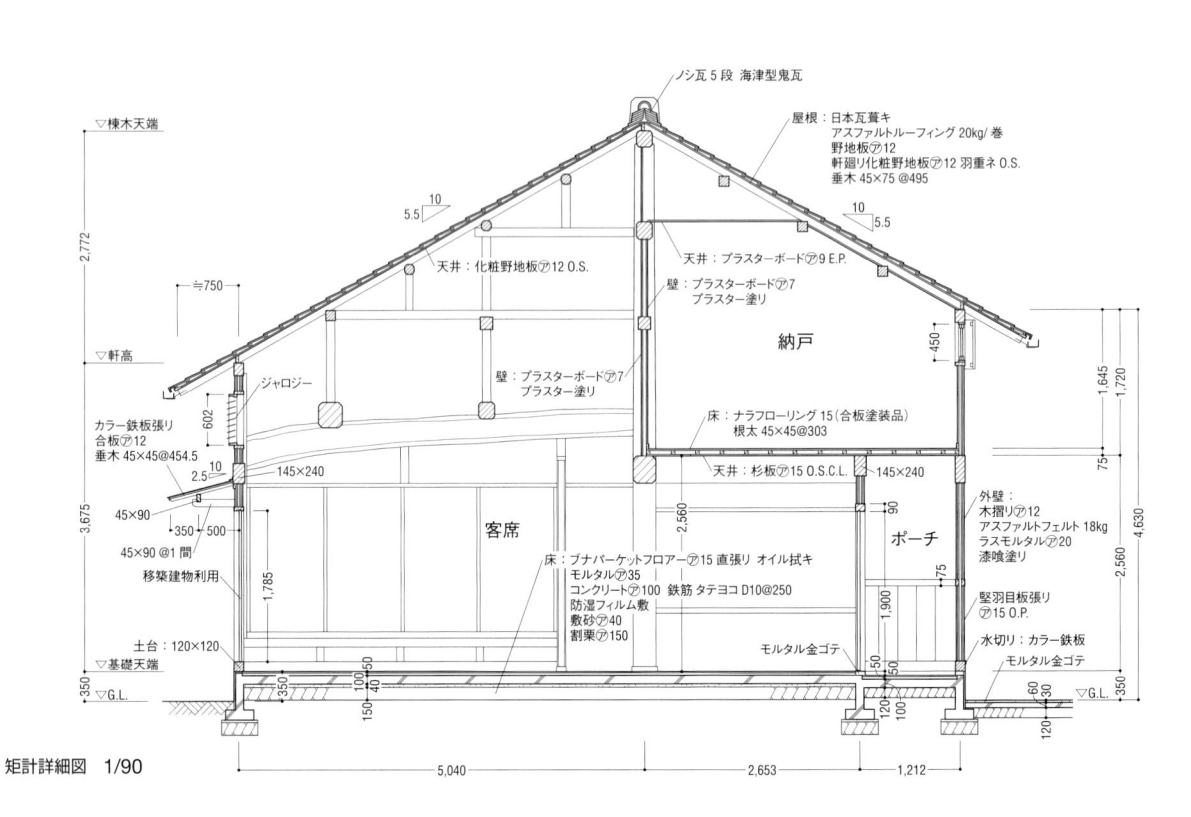

# 備伊巣

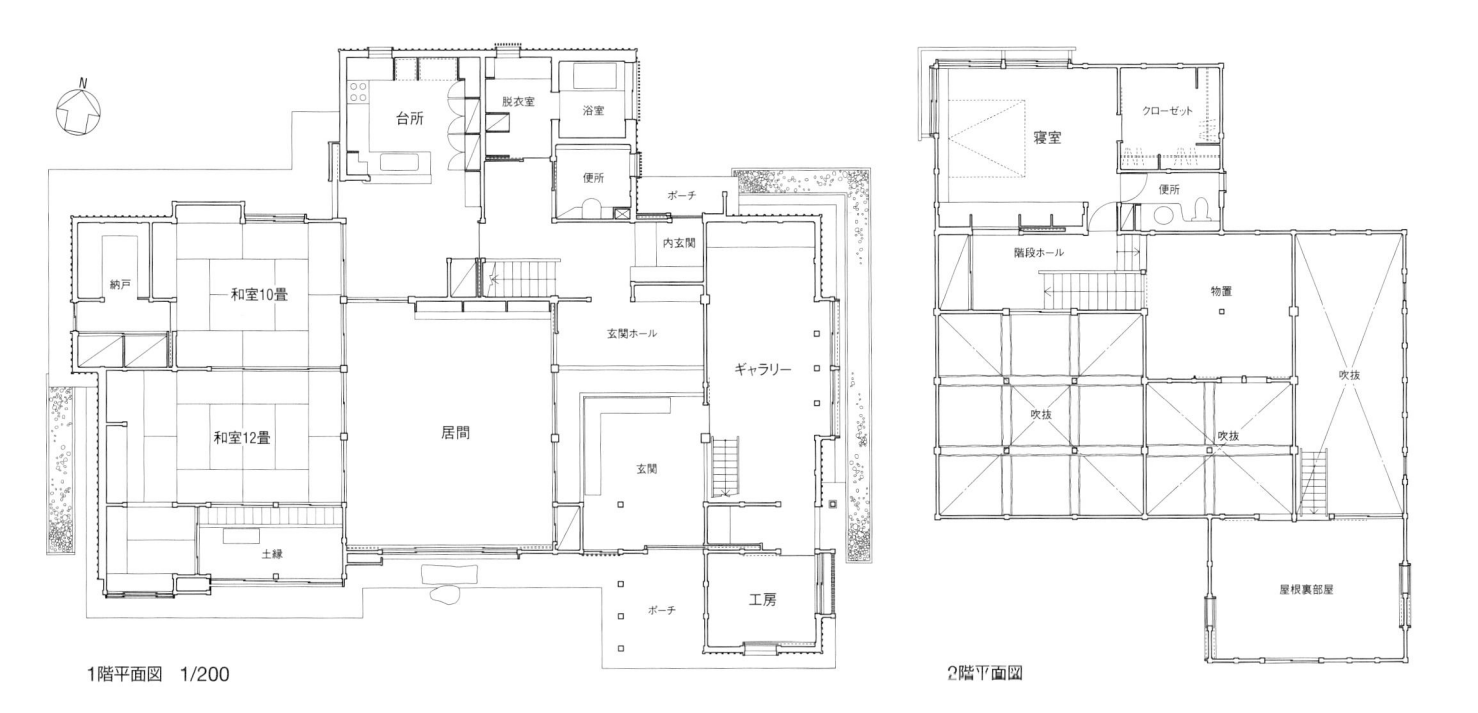

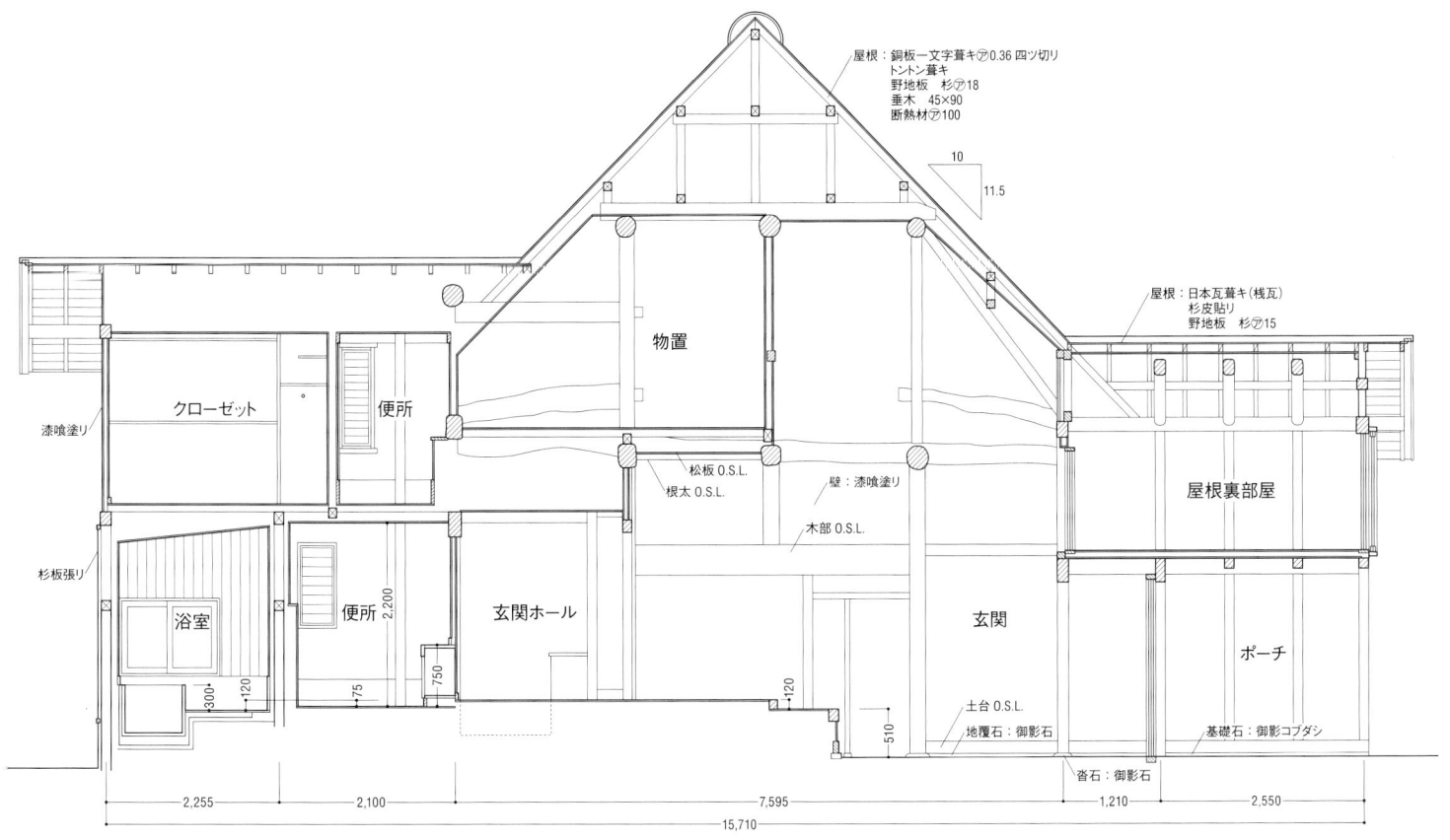

1階平面図　1/200

2階平面図

矩計詳細図　1/90

## 備伊巣
びいす

〒515-2504
三重県津市一志町高野254-1
（小渕病院内）
電話　059-293-5111
E-mail　kobuchi@ztv.ne.jp
近鉄線川合高岡駅下車・徒歩6分

### 資料
- 建物名──備伊巣
- 所在──三重県津市一志町
- 設計──降幡建築設計事務所
- 施工──三協建設
- 竣工──1992年5月
- 構造規模──木造2階建
- 面積

敷地面積──1,466.15㎡
建築面積──229.97㎡
延床面積──305.16㎡
地域地区──都市計画区域外

### ●主な外部仕上げ
屋根──銅板一文字葺、一部日本瓦葺（いぶし銀）
壁──漆喰塗り　腰：杉板
建具──アルミサッシ

### ●主な内部仕上げ
天井──玄関／化粧根太　和室／杉中杢竿縁
壁──玄関／ラスボード厚7mm＋漆喰塗り、一部杉板竪羽目板張り　和室／ラスボード厚7mm＋聚楽塗り
床──玄関／タイル貼り、一部松板　和室／畳敷

# 常乙女

**常乙女**
とこおとめ

〒739-0588
広島県廿日市市宮島町中之町531-1

2階平面図

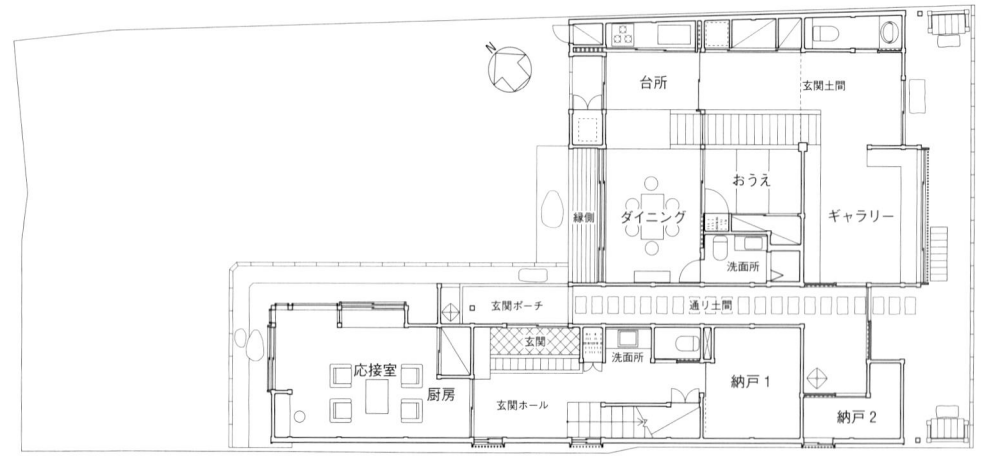

1階平面図 1/200

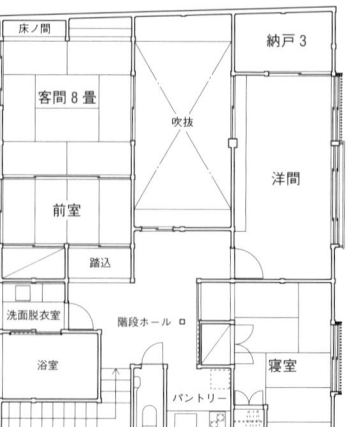

矩計詳細図 1/75

## 資料

- ●建物名──常乙女
- 所在──広島県廿日市市宮島町
- ●設計──降幡建築設計事務所
- ●施工──堀田建設
- 竣工──2009年11月
- 構造規模──木造2階建
- ●面積
- 敷地面積──288.56㎡
- 建築面積──134.44㎡
- 延床面積──207.88㎡
  （1階／122.30㎡　2階／85.57㎡）
- 建蔽率──46.59％（70％）
- 容積率──72.04％（400％）
- 地域地区──無指定
- ●主な外部仕上げ
- 屋根──いぶし瓦葺き
- 壁──漆喰塗り
- 建具──アルミサッシ、一部木製建具
- ●主な内部仕上げ
- 天井──土間玄関・ギャラリー／化粧大引天井
- 壁──土間玄関・ギャラリー／ラスボード厚7mm＋漆喰塗り
- 床──土間玄関・ギャラリー／珪藻土タタキ
- ●設備
- 冷暖房──床暖房・エアコン
- 給湯──エコ給湯
- ●主な設備機器
- 台所・洗面所・浴室──TOTO
- トイレ──パナソニック
- 照明──松下、オーデリック、三浦照明、柳澤木工所

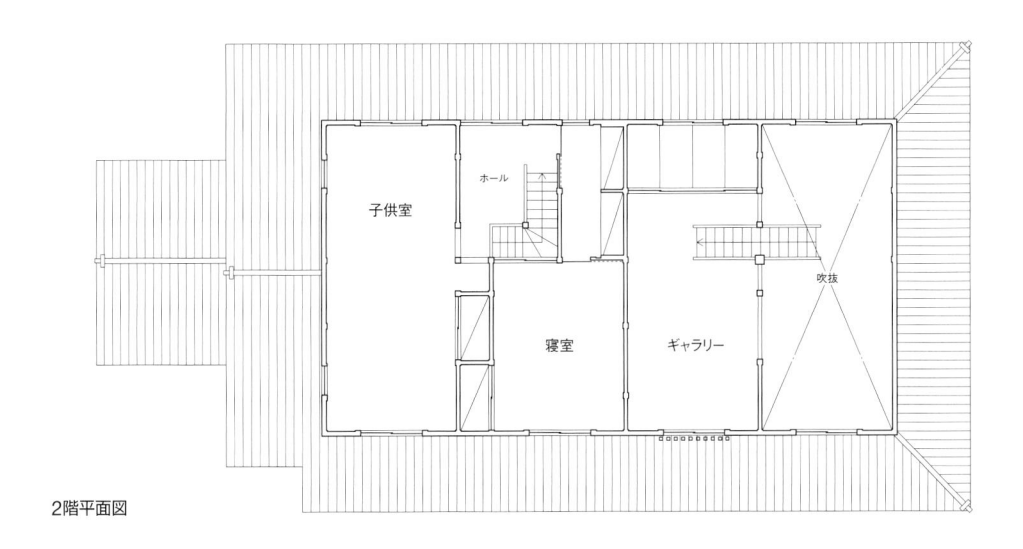

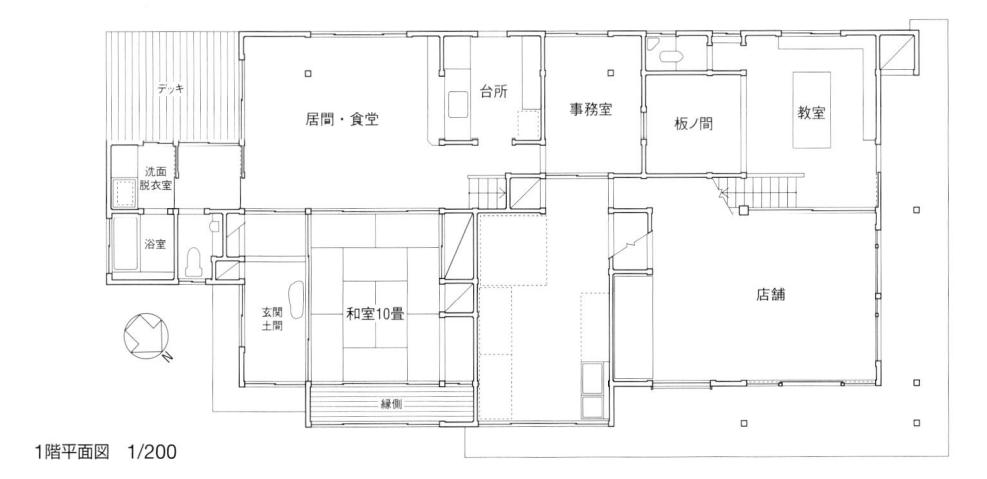

# 四季彩

2階平面図

子供室 / ホール / 寝室 / ギャラリー / 吹抜

1階平面図　1/200

デッキ / 居間・食堂 / 台所 / 事務室 / 板ノ間 / 教室 / 洗面脱衣室 / 浴室 / 玄関土間 / 和室10畳 / 縁側 / 店舗

矩計詳細図　1/90

**四季彩**
しきさい

〒 509-6124
岐阜県瑞浪市一色町3-48
電話・FAX　0572-68-4433
e-mail/sikisai4931@nifty.com
営業時間／9:00〜19:00
（日曜日・祝日 18:00迄）
定休日／木曜日
http://www.sikisai-flower.jp/
JR瑞浪駅より車で5分

## 資料

- 建物名――四季彩
- 所在――岐阜県瑞浪市一色町
- 設計――降幡建築設計事務所
- 施工――保母建設
- 竣工――1996年 6月
- 構造規模―木造２階建
- 面積
  - 敷地面積―604.96㎡
  - 建築面積―219.94㎡
  - 延床面積―281.01㎡
    （1階／183.72 ㎡　2階／97.29 ㎡）
  - 建蔽率―36.36%（60%）
  - 容積率―46.45%（200%）
  - 地域地区―住居／22条指定
- 主な外部仕上げ
  - 屋根――土瓦葺き（和型、いぶし）
  - 壁――漆喰塗り、一部リシン吹付け、腰板：杉板厚15mm
- 主な内部仕上げ
  - 天井――根太天井小屋裏現わし、一部古材天井板
  - 壁――漆喰塗り

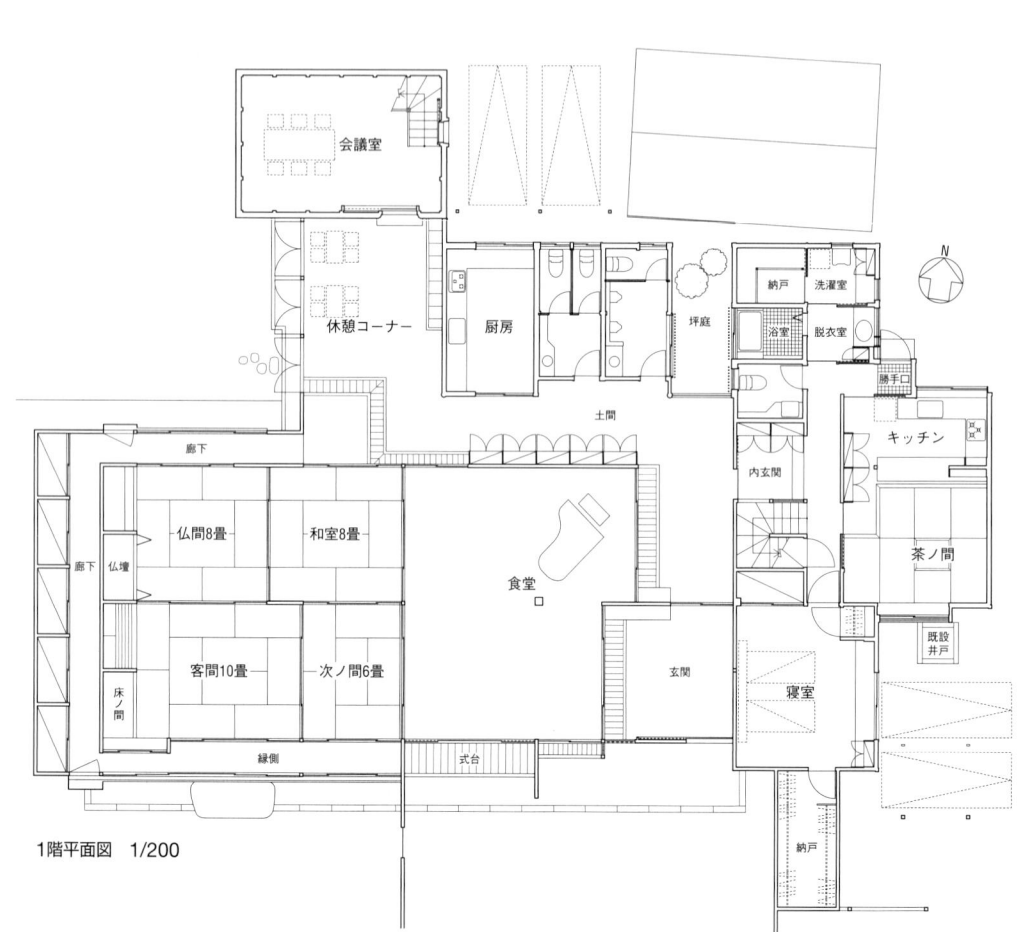

# 木野邑

2階平面図

1階平面図　1/200

### 木野邑
このむら

大阪市生野区桃谷2-10-26
JR環状線桃谷駅または鶴橋駅
近鉄線鶴橋駅下車

**資料**

- 建物名──木野邑
- 所在──大阪市生野区桃谷
- 設計──降幡建築設計事務所
- 施工──キンキ企画
  造園／杉景
- 竣工──1997年10月
- 構造規模──木造平屋建一部木造2階建
- 面積
- 敷地面積──1,467.2㎡
- 建築面積──571.6㎡
- 延床面積──690.1㎡
- 建蔽率──母屋のみ　37％（60％）
- 容積率──母屋のみ　47.5％（300％）
- 主な外部仕上げ
- 屋根──本屋根：日本瓦引掛桟瓦葺き
  下屋：日本瓦引掛桟瓦葺き一部銅板一文字葺き
- 壁──ラスモルタル下地漆喰塗り
  腰：堅羽目板張り一部目板押え
  土蔵腰壁：瓦ナマコ貼り
- 建具──木製建具、一部アルミサッシ
- 主な内部仕上げ
- 天井──玄関／既存大引天井補修　客間／既存竿縁天井補修　仏間／竿縁天井（既存竿縁天井撤去）
- 壁──玄関／ラスボード厚7mm＋漆喰塗り　客間・仏間／ラスボード厚7mm＋聚楽塗り
- 床──玄関／瓦タイル200mm角四半敷き　客間・仏間／黒縁畳敷き
- 設備
- 冷暖房──エアコン、床暖房
- 給湯──ガス給湯
- 主な設備機器
- 洗面所・浴室・トイレ─TOTO

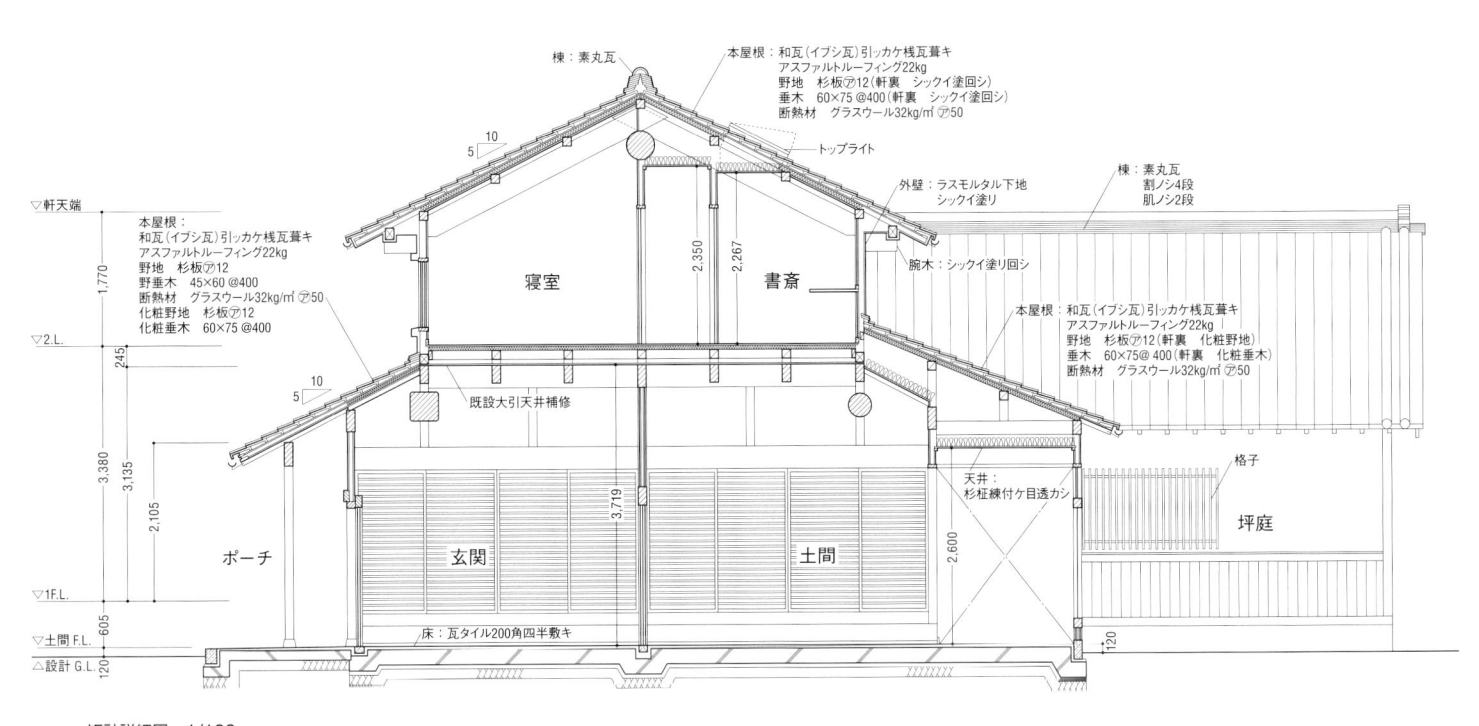

矩計詳細図　1/100

写真＝白谷賢

# 桜の庄兵衛

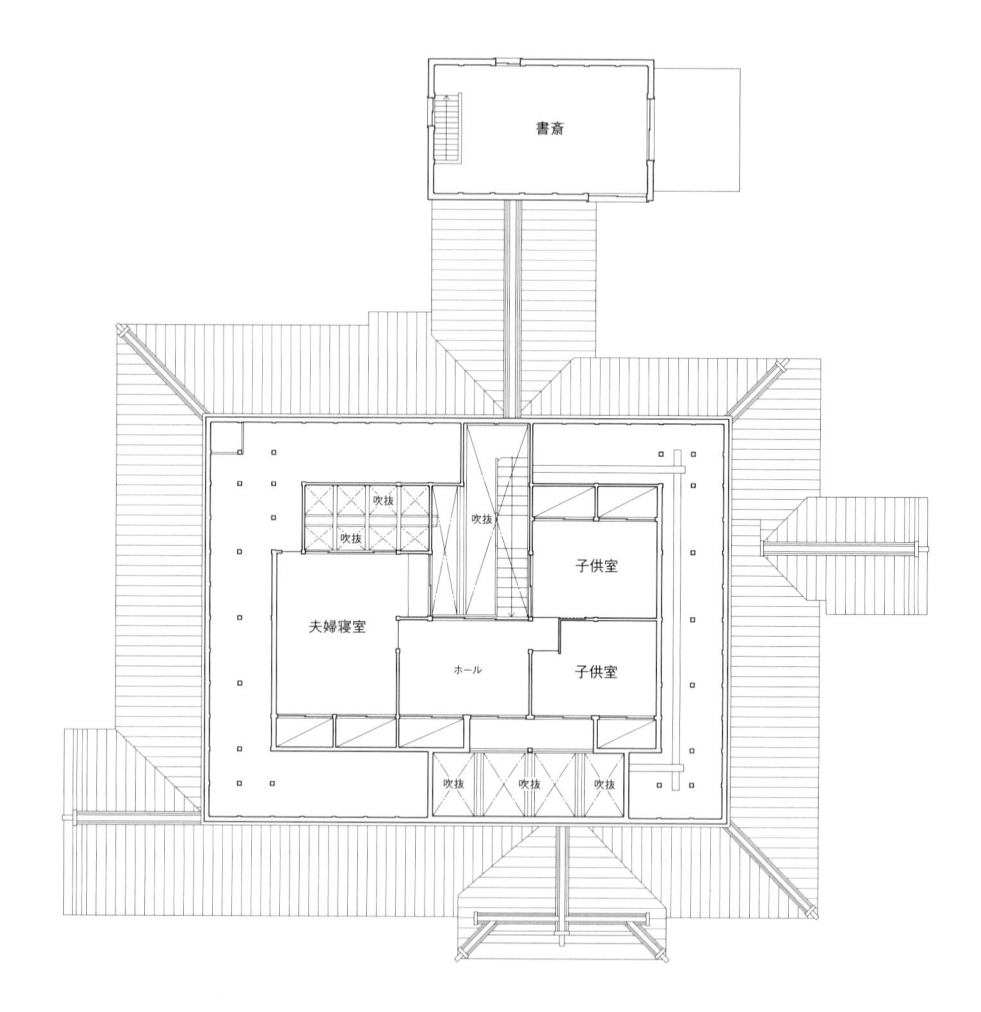

2階平面図

1階平面図　1/225

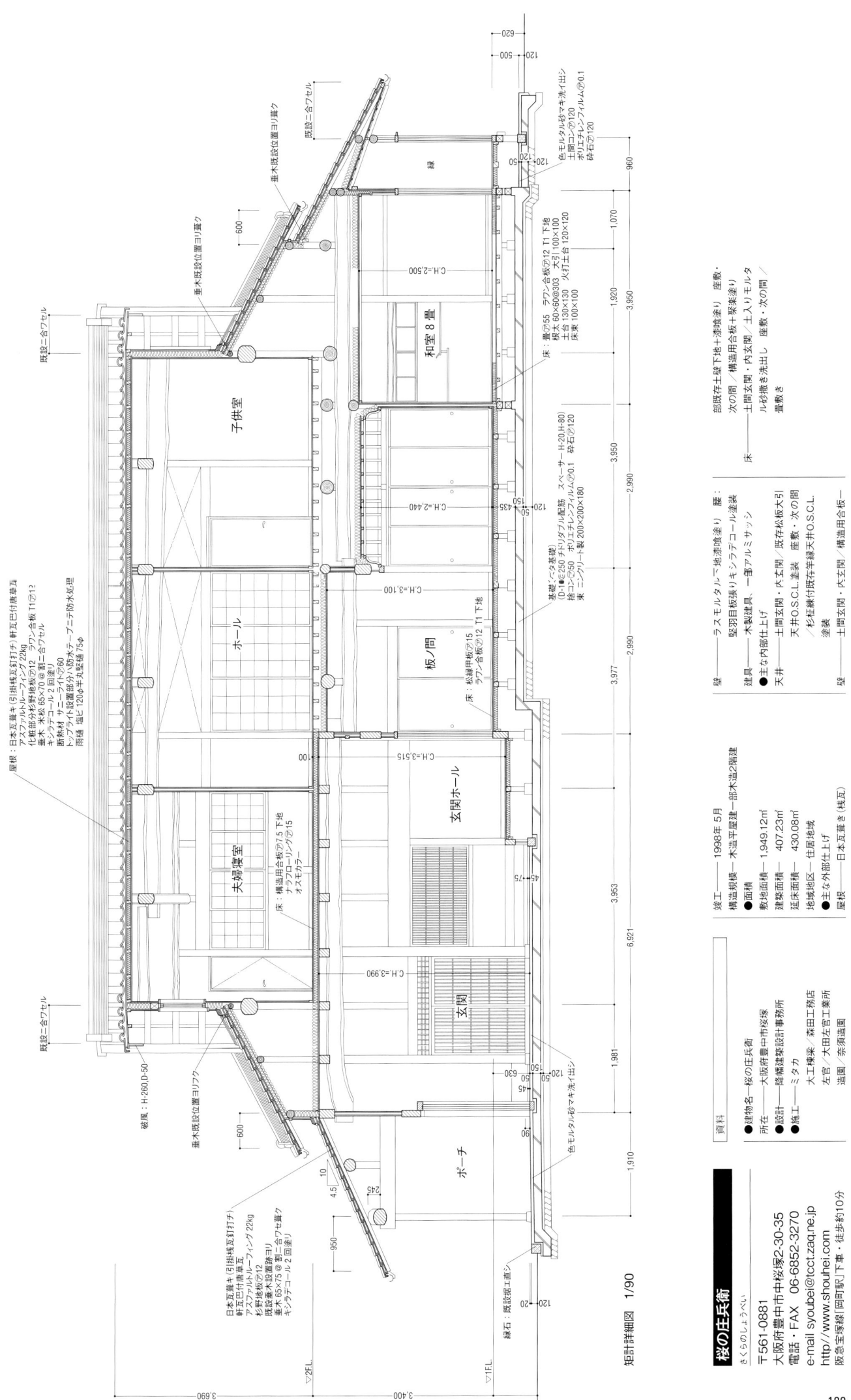

## 桜の庄兵衛
さくらのしょうべい

矩計詳細図 1/90

屋根：日本瓦葺キ（引掛桟瓦釘打チ）軒瓦巴付唐草瓦
アスファルトルーフィング 22kg
化粧部分杉野地板⑦12
垂木 米松 65×70 @303 割二合ニ合ワセル
キシラデコール2回塗リ
断熱材 サニーライト⑦60
トップライト設置部分⑦防水テープテーラ防水処理
雨樋 塩ビ 120φ半丸集水器 75φ

屋根：日本瓦葺キ（引掛桟瓦釘打チ）軒瓦巴付唐草瓦
アスファルトルーフィング 22kg
杉野地板⑦12
既設垂木設置跡ヨリ
垂木 65×75 @割二合ニ合ワセ葺ク
キシラデコール2回塗リ

破風：既設踏襲

縁石：既設踏襲

垂木既設位置ヨリ葺ク

既設二合ワセル

色モルタル砂マキ洗イ出シ

950

620
120
500

2FL
1FL
3,690
3,400

ポーチ
玄関 CH=3,990
夫婦寝室 CH=3,953
玄関ホール CH=3,515
ホール CH=3,100
子供室 CH=2,440
和室8畳 CH=2,500
縁

1,910 / 1,981 / 6,921 / 3,977 / 2,990 / 3,950 / 1,070 / 960

床：構造用合板⑦7.5 下地
ナラフローリング⑦15
オスモカラー

床：松葉縁甲板⑦15
ラワン合板⑦12 下地

基礎（ベタ基礎）
D-13@250 チドリダブル配筋
捨コン⑦50 ポリエチレンフィルム⑦0.1 砕石⑦120
束 コンクリート製 200×200×180

床：畳⑦55 ラワン合板⑦12 T1下地
根太 60×60@303 大引 100×100
土台 130×130 火打土台 120×120
床束 100×100

色モルタル砂マキ洗イ出シ
土間コンクリート⑦120
ポリエチレンフィルム⑦0.1
砕石⑦120

---

**資料**

- 建物名──桜の庄兵衛
- 所在──大阪府豊中市桜塚
- 設計──隆織建築設計事務所
- 施工──ミタカ

大工棟梁／森田工務店
左官／大田左官工業所
造園／奈須造園

- 竣工──1998年5月
- 構造規模──木造平屋建一部木造2階建

●敷地面積──1,949.12㎡
●建築面積──407.23㎡
●延床面積──430.08㎡
●地域地区──住居地域
●主な外部仕上げ
  屋根──日本瓦葺き（桟瓦）

壁──ラスモルタル下地漆喰塗り
竪羽目板張りキシラデコール塗装
木製建具一部アルミサッシ

●主な内部仕上げ
天井──土間玄関・内玄関 既存松板大引
座敷・次の間 既存松O.S.C.L.
塗装
天井O.S.C.L.塗装 座敷・次の間天井縁既存竿天井O.S.C.L.
杉板縁付既存天井O.S.C.L.
塗装
壁──土間玄関／構造用合板一
部既存土壁下地＋漆喰塗り 座敷・
次の間／構造用合板＋聚楽塗り
土間玄関・内玄関／土入りモル
タル砂磨き洗い出し
床──土間玄関・内玄関 座敷・次の間
畳敷き

〒561-0881
大阪府豊中市中桜塚2-30-35
電話・FAX 06-6852-3270
e-mail syoubei@tcct.zaq.ne.jp
http://www.shouhei.com
阪急宝塚線[岡町駅]下車・徒歩約10分

# 茶房 宮﨑邸

1階平面図 1/200

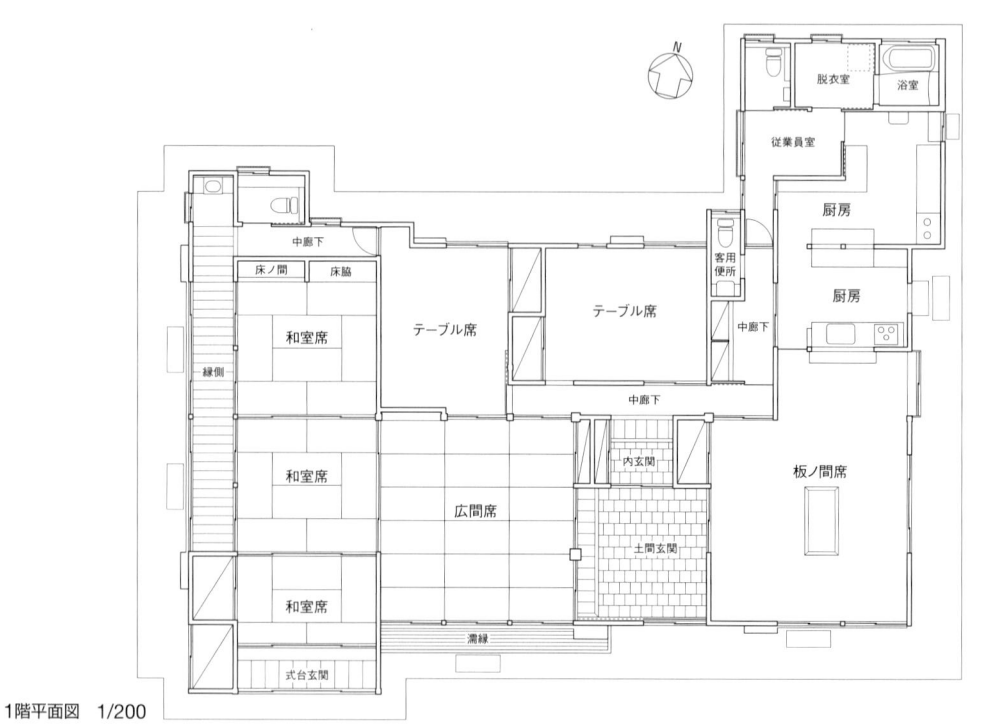

**茶房宮﨑邸**
さぼうみやざきてい

〒270-1345　千葉県印西市船尾483
電話　0476-45-0808
木・金・土　11:00～17:00
定休日　日・月・火・水
e-mail contact@miyazakitei.com
http://www.miyazakitei.com/
千葉ニュータウン中央駅よりレインボーバス神崎線約10分　船尾坂上下車すぐ

## 資料

- 建物名――茶房宮﨑邸
- 所在――葉県印西市船尾
- 設計――幡建築設計事務所
- 施工――田喜工務店
  - 現場監督・大工棟梁／佐藤棟梁
  - 左官／加藤左官
  - 建具／高嶋建具店
- 造園――岩井植木店
- 塗装――山口塗装店
- 竣工――2011年8月
- 構造規模――木造平屋建
- ●面積
  - 建築面積――273.20㎡
  - 延床面積――244.87㎡（235.78㎡＋9.09㎡）
  - 地域地区――市街化調整区域
- ●主な外部仕上げ
  - 屋根――いぶし瓦葺き
  - 壁――漆喰塗り、腰／杉ササラ子下見板張り
  - 建具――製建具、一部アルミサッシ
- ●主な内部仕上げ
  - 天井――玄関／小屋梁現わし　板の間／既存根太天井補修　和室／既存竿縁天井補修
  - 壁――スボード厚7mm＋漆喰塗り
  - 床――玄関／外床用タイル200mm角いも目地敷き　板の間／無垢フローリング厚15mm塗装品　和室／荒板厚15mm＋畳敷き厚60mm
- ●設備
  - 冷暖房――エアコン
  - 給湯――灯油
- ●主な設備機器
  - 洗面所――TOTO：マーブライトカウンターML50

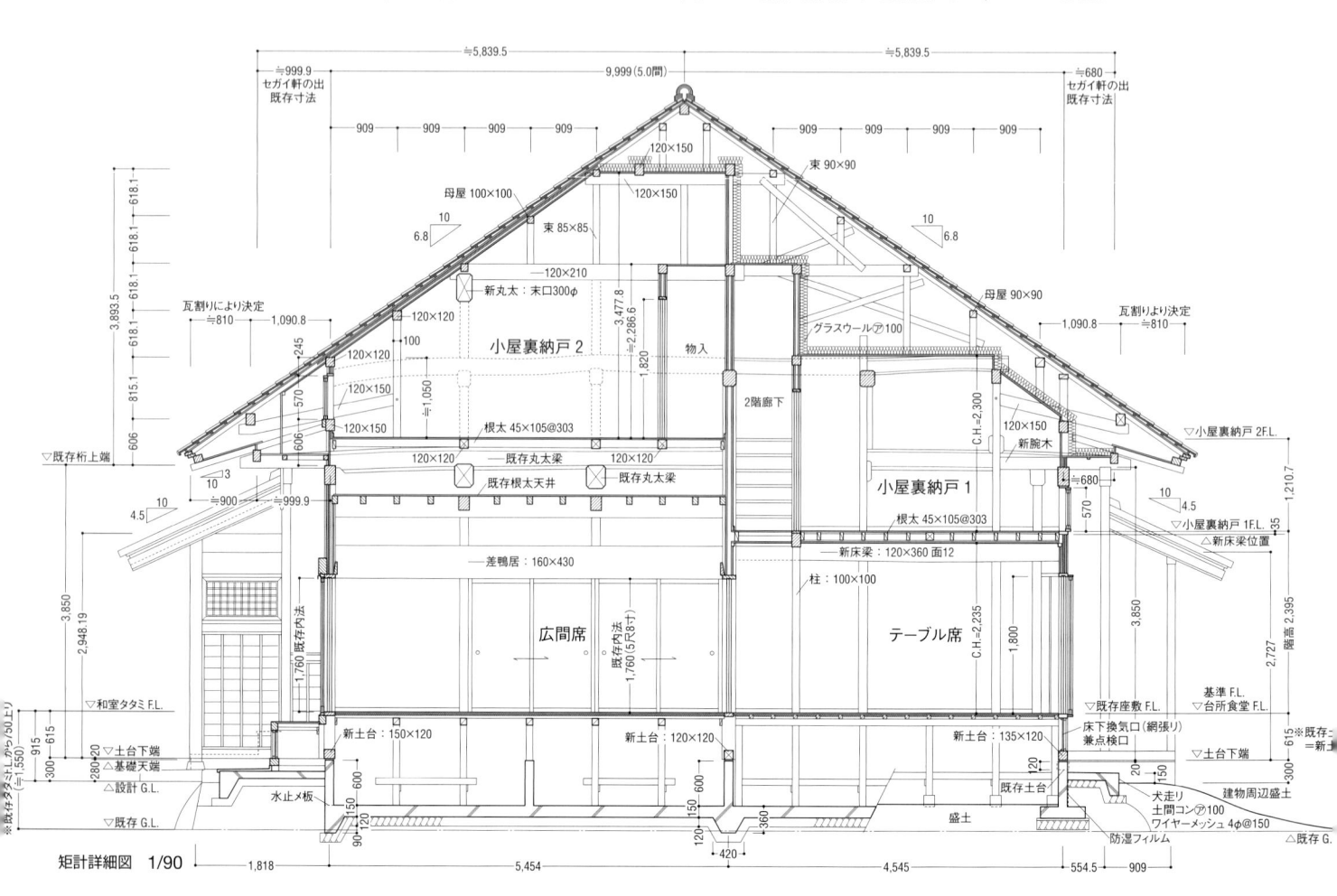

矩計詳細図 1/90

# 車家

1階平面図 1/200

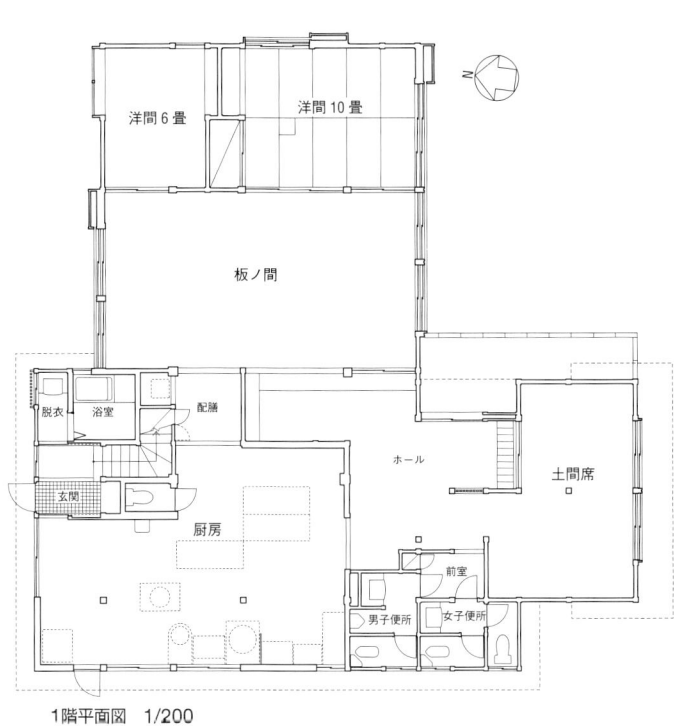

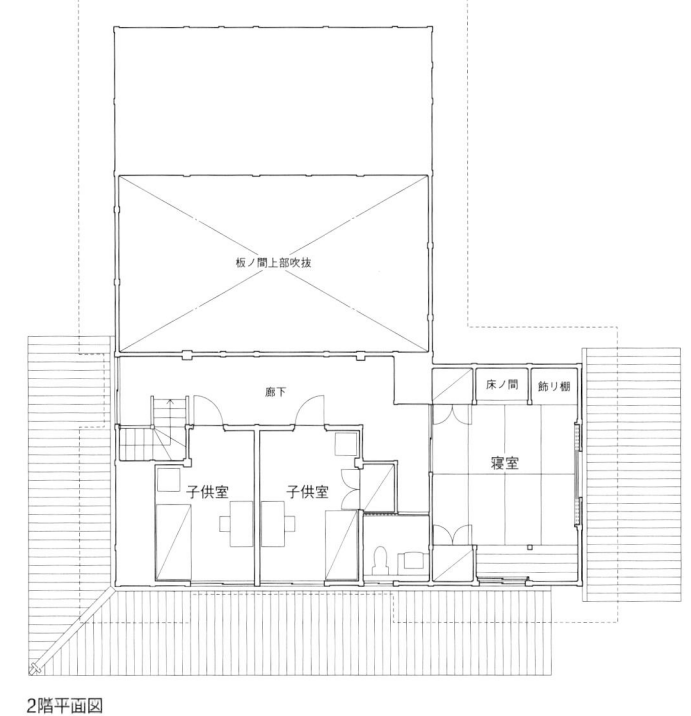

2階平面図

### 資料

- 建物名―車家
- 所在―東京都八王子市越野
- 設計―降幡建築設計事務所
- 施工―山共建設
- 竣工―1986年8月
- 構造規模―木造2階建
- ●面積
  - 敷地面積―1,653.70㎡

- 建築面積―198.72㎡
- 延床面積―265.58㎡
  - (1階／192.61㎡ 2階／72.97㎡)
- 建蔽率―12.02%（60%）
- 容積率―16.06%（200%）
- 地域地区―第2種住居専用地域、第2種高度地域、準防火地域、土地区画整備事業地区
- ●主な外部仕上げ

| 屋根 | 上屋／銅板横葺き<br>下屋／いぶし瓦葺き |
|---|---|
| 壁 | 漆喰塗り 腰／杉ササラ子下見板張り |
| 建具 | 木製建具、一部アルミサッシ |

- ●主な内部仕上げ

| 天井 | 土間席／根太天井＋松板厚15mm＋OS 板の間／松板厚15mm＋OS 厨房／珪酸カルシウム板厚12mm＋EP塗り |
|---|---|
| 壁 | 土間席／ラスボード厚7mm＋聚楽塗り 腰／杉羽目板張り厚15mm 板の間／ラスボード厚7mm＋漆喰塗り 厨房／フレキシブルボード厚5mm＋ステンレス厚0.2mm 腰：タイル貼り |
| 床 | 土間席／米松縁甲板厚15mm幅100mmオイル拭き 板の間／松縁甲板厚30mm幅180mm 厨房／モルタル金鏝 |

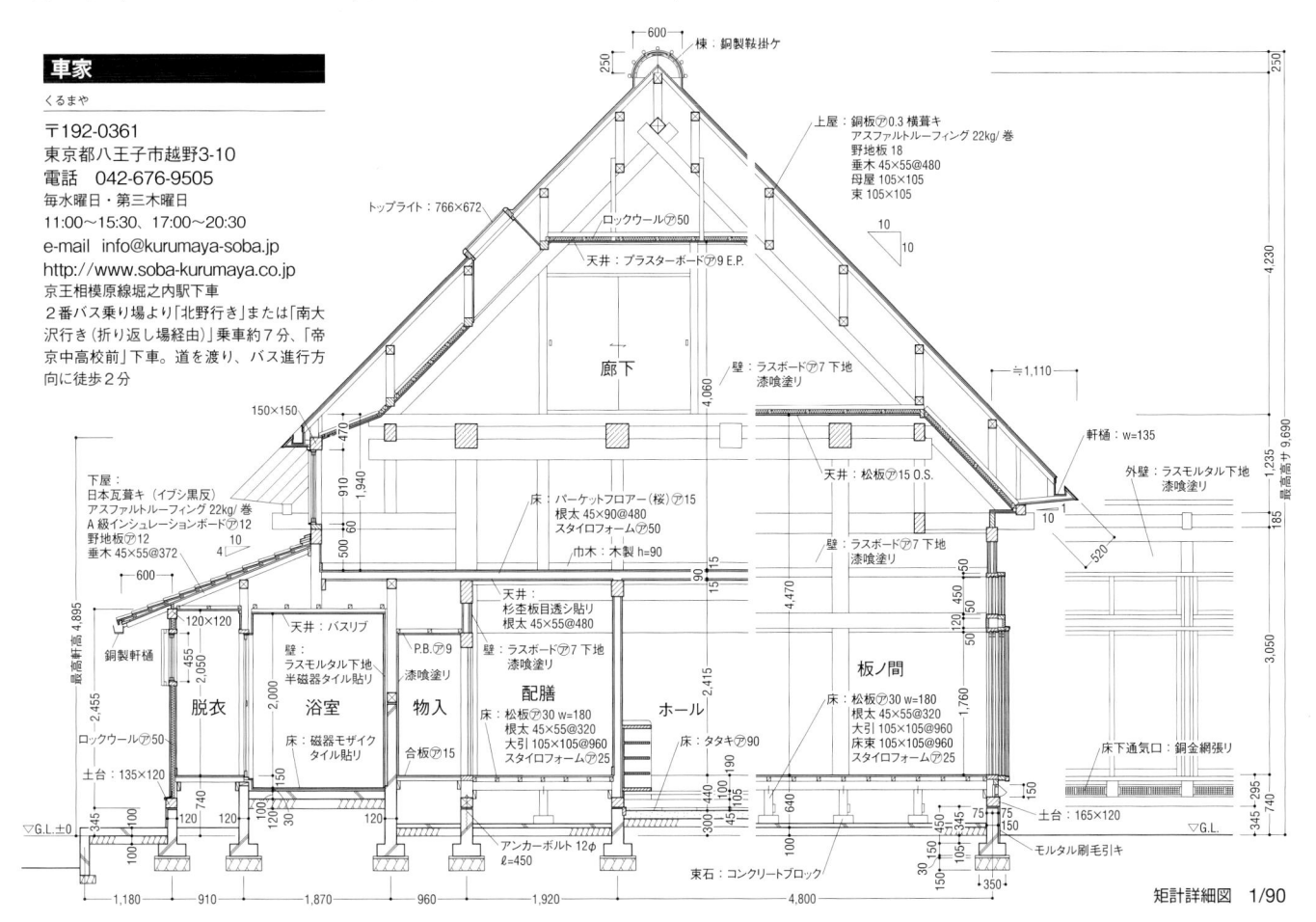

### 車家

くるまや

〒192-0361
東京都八王子市越野3-10
電話 042-676-9505
毎水曜日・第三木曜日
11:00～15:30、17:00～20:30
e-mail info@kurumaya-soba.jp
http://www.soba-kurumaya.co.jp
京王相模原線堀之内駅下車
2番バス乗り場より「北野行き」または「南大沢行き（折り返し場経由）」乗車約7分、「帝京中高校前」下車。道を渡り、バス進行方向に徒歩2分

矩計詳細図 1/90

# 鈴廣蒲鉾本店

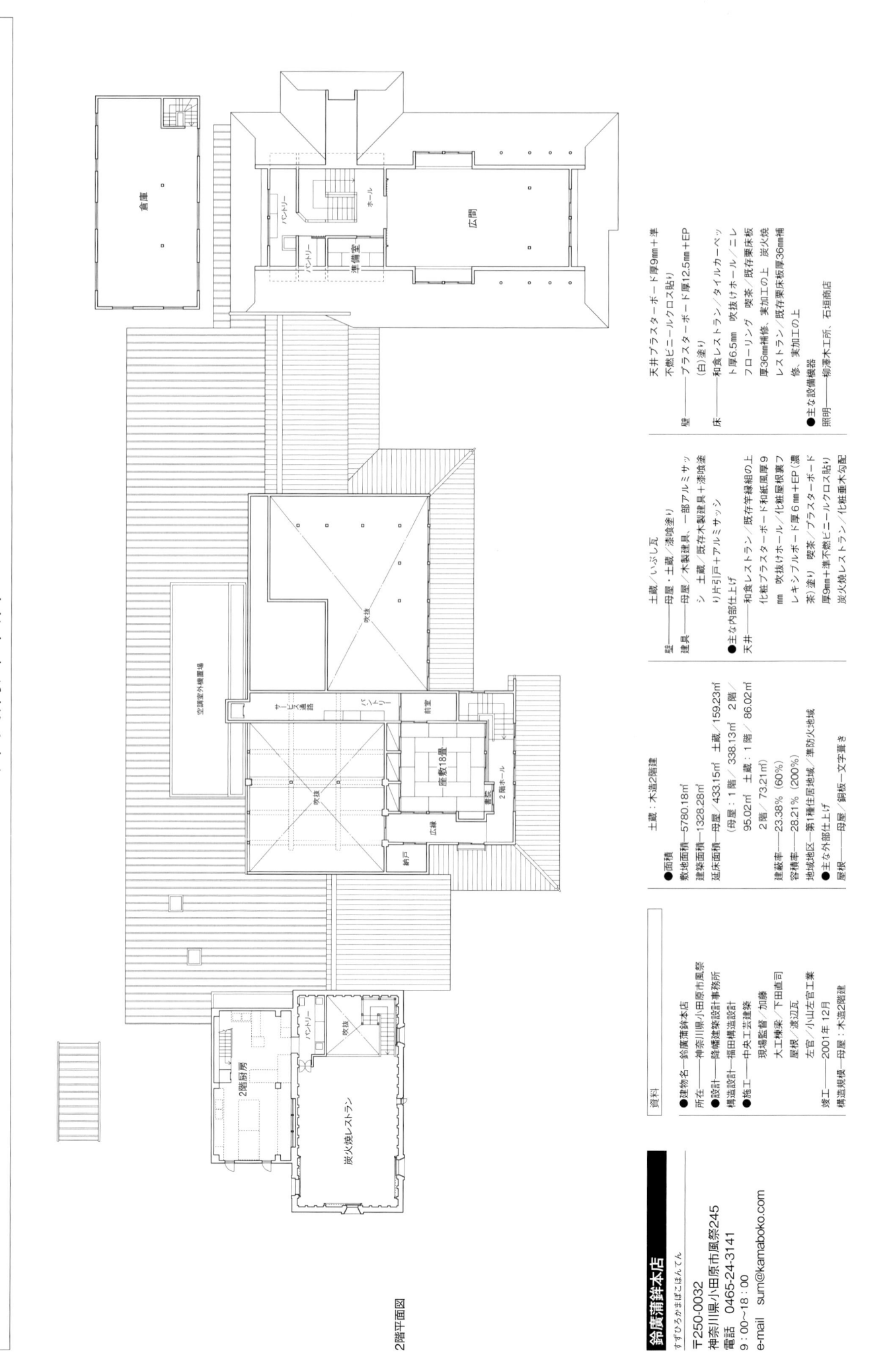

2階平面図

## 鈴廣蒲鉾本店
すずひろかまぼこほんてん

〒250-0032
神奈川県小田原市風祭245
電話　0465-24-3141
9：00〜18：00
e-mail　sum@kamaboko.com

## 資料

●建物名——鈴廣蒲鉾本店
●所在——神奈川県小田原市風祭
●設計——降幡建築設計事務所
　構造設計——福田構造設計
●施工——中央工芸建築
　現場監督——加藤
　大工棟梁／下田直司
　屋根／渡辺瓦
　左官／小山左官工業
●竣工——2001年12月
　構造規模——母屋：木造2階建
　　　　　　　土蔵：木造2階建

●面積
敷地面積——5780.18㎡
建築面積——1328.28㎡
延床面積——母屋：433.15㎡　土蔵：159.23㎡
　　　　　　（母屋：1階　338.13㎡　2階
　　　　　　　95.02㎡　土蔵：1階　86.02㎡
　　　　　　　2階　73.21㎡）
建蔽率——23.38%（60%）
容積率——28.21%（200%）
地域地区——第1種住居地域／準防火地域
●主な外部仕上げ
屋根——母屋：銅板・文字葺き

土蔵：いぶし瓦
壁——母屋・土蔵／漆喰塗り
建具——母屋：木製建具　一部アルミサッシ
　　　　土蔵／既存木製建具＋漆喰塗
　　　　シ片引戸＋アルミサッシ
●主な内部仕上げ
天井——和食レストラン／既存芋縄組の上
　　　　化粧プラスターボード／和紙屋根裏7
　　　　mm
　　　　吹抜ホール／化粧屋根板厚6mm＋EP（濃
　　　　茶）塗り　喫茶／プラスターボード
　　　　厚9mm＋準不燃ビニールクロス貼り
　　　　炭火焼レストラン／化粧垂木勾配

天井プラスターボード厚9mm＋準
不燃ビニールクロス貼り
プラスターボード厚12.5mm＋EP
（白）塗り
壁——和食レストラン／タイルカーペッ
ト厚6.5mm　吹抜けホール／ニレ
フローリング　喫茶／既存栗床板
厚36mm補修、実加工の上　炭火焼
レストラン／既存栗床板厚36mm補
修、実加工の上
●主な設備機器
照明——柳澤木工所、石垣商店

1階平面図 1/300

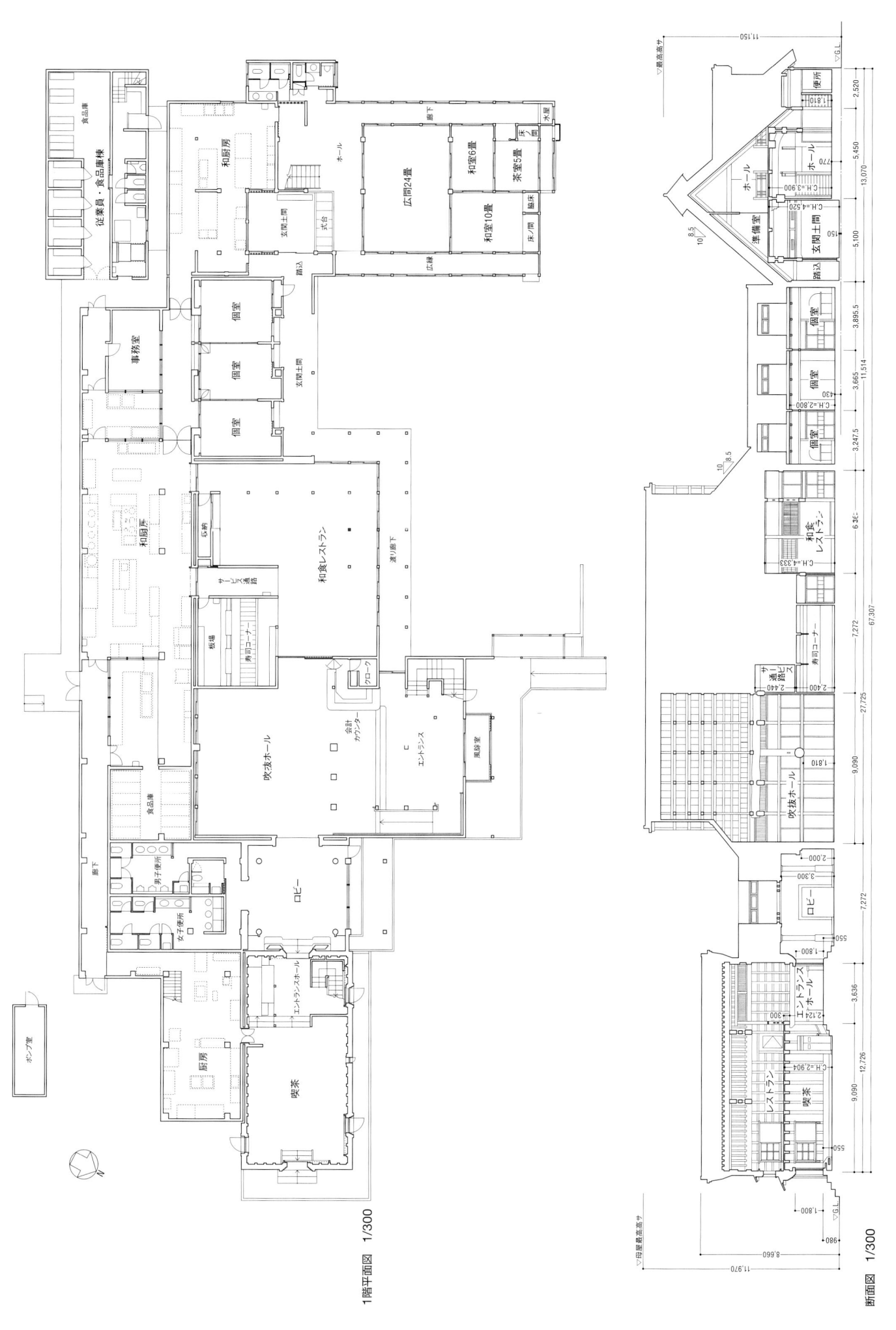

断面図 1/300

# 麓庵 かつ玄

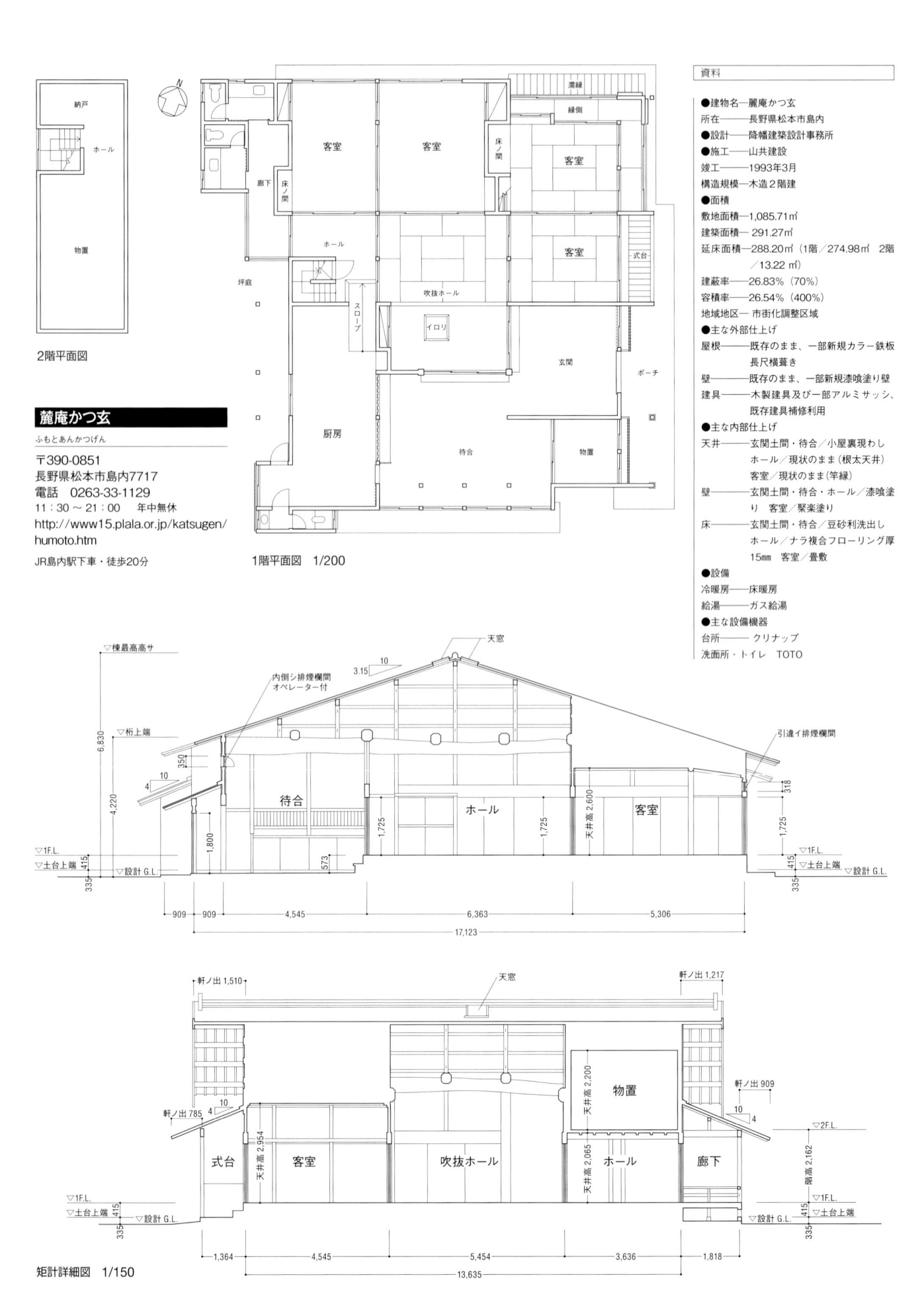

2階平面図

**麓庵かつ玄**
ふもとあんかつげん

〒390-0851
長野県松本市島内7717
電話　0263-33-1129
11：30～21：00　年中無休
http://www15.plala.or.jp/katsugen/humoto.htm

JR島内駅下車・徒歩20分

1階平面図　1/200

## 資料

- 建物名───麓庵かつ玄
- 所在───長野県松本市島内
- 設計───降幡建築設計事務所
- 施工───山共建設
- 竣工───1993年3月
- 構造規模─木造2階建
- 面積
  - 敷地面積─1,085.71㎡
  - 建築面積─291.27㎡
  - 延床面積─288.20㎡（1階／274.98㎡　2階／13.22㎡）
  - 建蔽率───26.83％（70％）
  - 容積率───26.54％（400％）
  - 地域地区─市街化調整区域
- 主な外部仕上げ
  - 屋根───既存のまま、一部新規カラー鉄板長尺横葺き
  - 壁────既存のまま、一部新規漆喰塗り壁
  - 建具───木製建具及び一部アルミサッシ、既存建具補修利用
- 主な内部仕上げ
  - 天井───玄関土間・待合／小屋裏現わし　ホール／現状のまま（根太天井）　客室／現状のまま（竿縁）
  - 壁────玄関土間・待合・ホール／漆喰塗り　客室／聚楽塗り
  - 床────玄関土間・待合／豆砂利洗出し　ホール／ナラ複合フローリング厚15mm　客室／畳敷
- 設備
  - 冷暖房──床暖房
  - 給湯───ガス給湯
- 主な設備機器
  - 台所───クリナップ
  - 洗面所・トイレ　TOTO

矩計詳細図　1/150

# 我馬

平面図　1/200

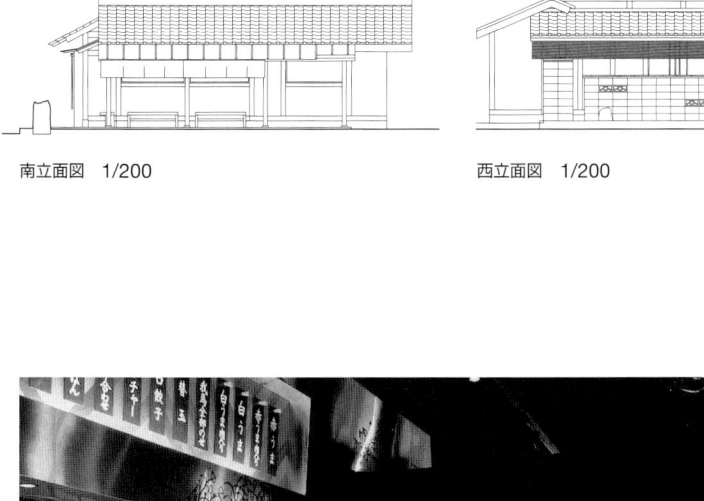

南立面図　1/200

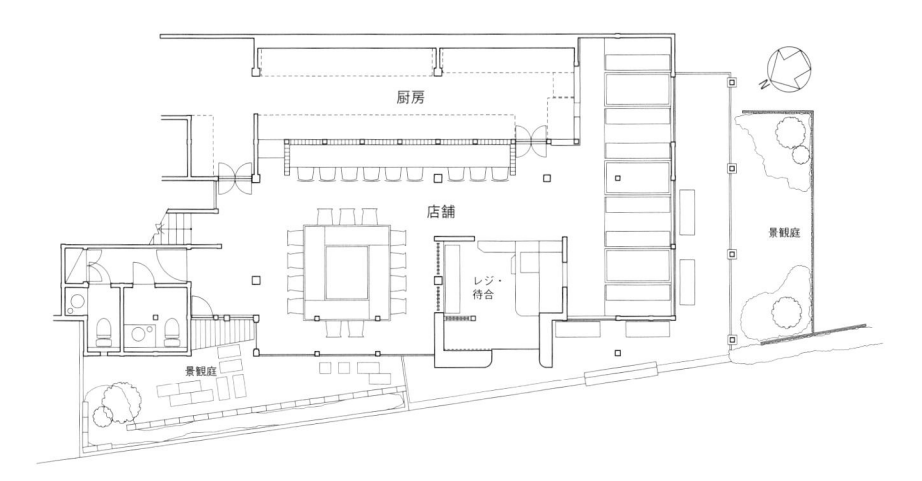

西立面図　1/200

写真＝降幡廣信

**我馬**
がば

〒731-5127
広島県広島市佐伯区五日市7-3-24
電話　082-922-3321
11：00～26：00　年中無休
http://www.gaba-2000.com

## 資料

- ●建物名―我馬五日市店
- 所在―――広島県広島市佐伯区五日市
- ●設計―――降旗建築設計事務所、パイロット・プランニング
- ●施工―――マインド・アーク
- 竣工―――2011年7月
- 構造規模―木造2階建
- ●面積
- 敷地面積―792.84㎡
- 延床面積―110㎡
- ●主な外部仕上げ
- 屋根―――既存銅板、瓦葺きのうえ塗装
- 壁――――既存漆喰り壁のうえ塗装／ライトグレー色F55-50B(日塗工)
- ●主な内部仕上げ
- 天井―――EP塗装
- 壁――――クロス
- 床――――墨モル金コテ仕上
- ●主な設備機器
- 台所―――業務用キッチン
- 照明―――大光電機

# さやの湯処

平面図　1/200

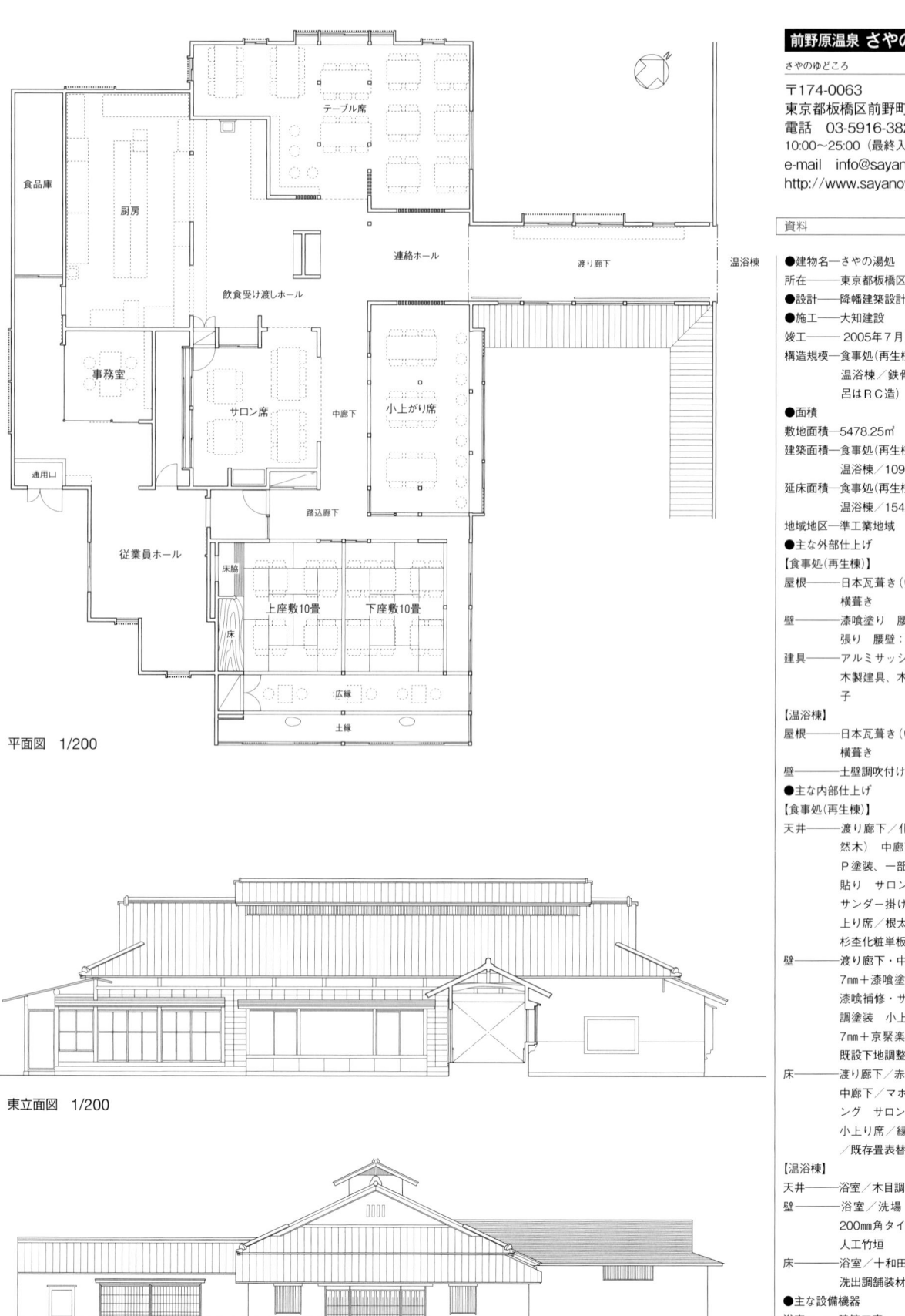

東立面図　1/200

北立面図　1/200

**前野原温泉 さやの湯処**
さやのゆどころ

〒174-0063
東京都板橋区前野町3-41-1
電話　03-5916-3826（さやのふろ）
10:00～25:00（最終入館受付24:00）
e-mail　info@sayanoyudokoro.co.jp
http://www.sayanoyudokoro.co.jp

| 資料 |
| --- |

●建物名――さやの湯処
所在――――東京都板橋区前野町
●設計――――降幡建築設計事務所、玉岡設計
●施工――――大知建設
竣工――――2005年7月
構造規模――食事処(再生棟)／木造平屋建
　　　　　　温浴棟／鉄骨造2階建(薬草蒸風
　　　　　　呂はRC造)
●面積
敷地面積――5478.25㎡
建築面積――食事処(再生棟)／393.9㎡
　　　　　　温浴棟／1091.31㎡
延床面積――食事処(再生棟)／393.69㎡
　　　　　　温浴棟／1542.64㎡
地域地区――準工業地域
●主な外部仕上げ
【食事処(再生棟)】
屋根――――日本瓦葺き(いぶし瓦)、一部銅板
　　　　　　横葺き
壁――――――漆喰塗り　腰板：ササラ子下見板
　　　　　　張り　腰壁：関東蛇紋石洗出し
建具――――アルミサッシ(ペアガラス)、一部
　　　　　　木製建具、木製面付木格子・出格
　　　　　　子
【温浴棟】
屋根――――日本瓦葺き(いぶし瓦)、一部銅板
　　　　　　横葺き
壁――――――土壁調吹付け、既存石貼り(再利用)
●主な内部仕上げ
【食事処(再生棟)】
天井――――渡り廊下／化粧野地板(準不燃天
　　　　　　然木)　中廊下／吹抜腰屋根＋E
　　　　　　P塗装、一部落天井＋紙布クロス
　　　　　　貼り　サロン席／既存漆喰補修・
　　　　　　サンダー掛けの上漆喰調塗装　小
　　　　　　上り席／根太天井　上・下座敷／
　　　　　　杉杢化粧単板張目透し＋既存竿縁
壁――――――渡り廊下・中廊下／ラスボード厚
　　　　　　7mm＋漆喰塗り　サロン席／既存
　　　　　　漆喰補修・サンダー掛けの上漆喰
　　　　　　調塗装　小上り席／ラスボード厚
　　　　　　7mm＋京聚楽塗り　上・下座敷／
　　　　　　既設下地調整の上京聚楽塗り
床――――――渡り廊下／赤松フローリング張り
　　　　　　中廊下／マホガニー柾目フローリ
　　　　　　ング　サロン席／既存寄木張補修
　　　　　　小上り席／縁なし畳　上・下座敷
　　　　　　／既存畳表替え
【温浴棟】
天井――――浴室／木目調バスリブ
壁――――――浴室／洗場：木目調バスリブ／
　　　　　　200mm角タイル貼り　露天風呂／
　　　　　　人工竹垣
床――――――浴室／十和田石貼り　露天風呂／
　　　　　　洗出調舗装材
●主な設備機器
浴室――――建築工事

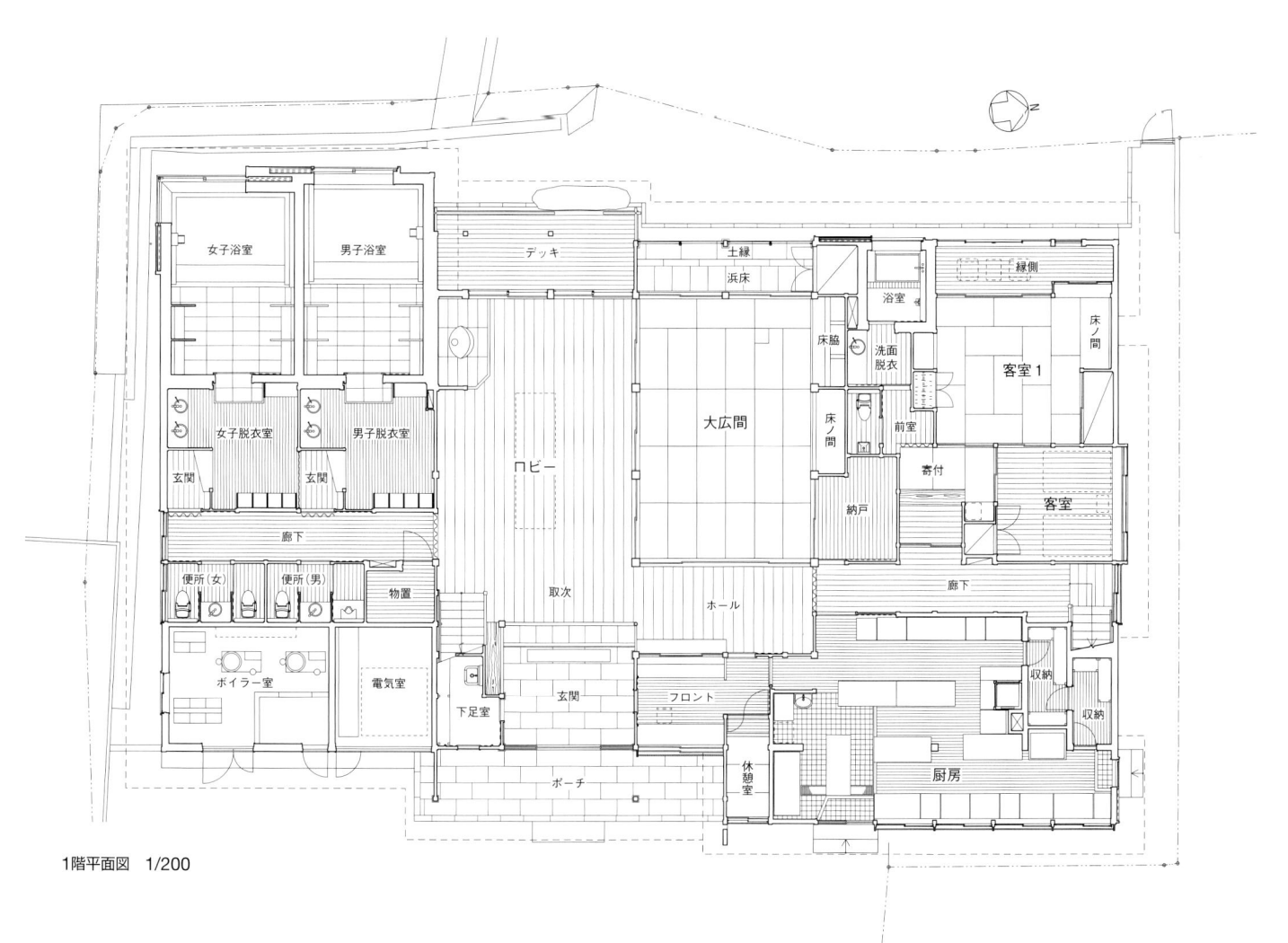

# 料理宿 やまざき

## 2階平面図

- 客室2
- 客室3
- 客室4
- 客室5
- 客室6
- 客室6
- 縁側
- 床ノ間
- 床脇
- 寄付
- 納戸
- 廊下
- 沈面
- パントリー
- 休憩室

## 1階平面図　1/200

- 女子浴室
- 男子浴室
- 女子脱衣室
- 男子脱衣室
- 玄関
- 廊下
- 便所（女）
- 便所（男）
- 物置
- ボイラー室
- 電気室
- デッキ
- ロビー
- 取次
- 下足室
- 玄関
- ポーチ
- フロント
- 休憩室
- 土縁
- 浜床
- 浴室
- 床脇
- 洗面脱衣
- 前室
- 床ノ間
- 大広間
- 納戸
- 寄付
- 客室1
- 客室
- 縁側
- ホール
- 廊下
- 収納
- 厨房

矩計詳細図　1/90

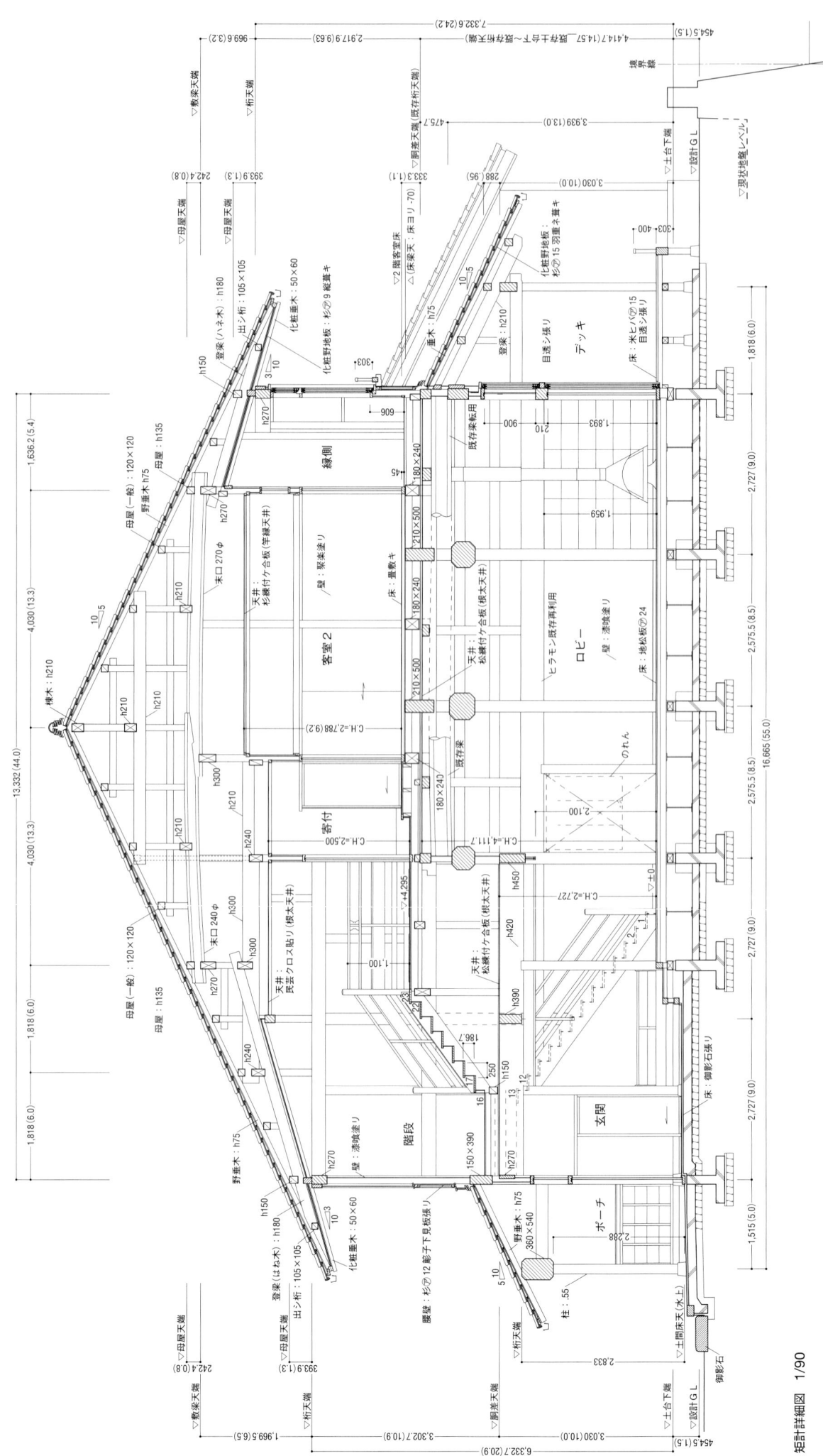

## 越前海岸 料理宿やまざき

りょうりやどやまざき

〒916-0422
福井県丹生郡越前町厨16-53-1
フリーダイヤル 0120-37-1016
電話 0778-37-1016
※タクシーを利用される方
JR福井駅より約60分
JR武生・鯖江駅より約50分
※バスを利用される方
JR武生駅から福鉄バス[かれい崎]行、1時間バス停「くりや」下車・徒歩5分

写真＝林安直

### 資料

- **建物名**──料理宿やまざき
- **所在**──福井県丹生郡越前町
- **設計**──暗幡建築設計事務所
- **施工**──鹿島建設北陸支店　相模
- 大工棟梁 イケハタ
- 左官 ヤケハタ
- 建具 横田建設
- 塗装 山崎塗装店
- 板金・サイトーバンキン
- 設備 梅井設備工業
- 電気・酒井電機
- **竣工**──2007年10月
- **構造規模**──木造2階建
- **敷地面積**──924.44㎡
- **建築面積**──552.97㎡
  本館棟509.28㎡　別館棟43.69㎡
- **延床面積**──832.41㎡
  本館棟753.91㎡
  (1階／460.28㎡　2階／293.63㎡)
  別館棟78.50㎡
  (1階／39.25㎡　2階／39.25㎡)
- **建蔽率**──59.81% (70%)
- **容積率**──90.04% (200%)
- **地域地区**──国立公園普通地域
- **屋根**──日本瓦葺き
- **壁**──窯土、小舞：ガルバリウム鋼板瓦葺き
  弾性タイル中ずはだ上塗り(漆喰塗り)
  ン系平米仕上げ：サラサ下見板張り(パネル状にして貼付け)、杉板厚12mm合決りにして沼重ね　サラサ：杉見付36mm
- **主な外部仕上げ**
- **建具**──木製、アルミサッシ
  アプローチ一御影石ビシャン仕上げ、砕石砂
  利厚150mm
- **主な内部仕上げ**

### [本館棟]

- **天井**──玄関、ホール、フロント／松板目突付目透し
  仕上げ　フロント／ロス貼り　ロビー、大広間
  民芸クロス貼り、松板目突付目透し
  仕上げ　客室／苧縁天井、民芸ク
  ロス貼り　廊下／丸太現わし、民芸ク
  ロス貼り
- **壁**──玄関、ホール、フロント、ロビー、
  大広間、廊下／漆喰塗り　客室／
  漆喰塗り、聚楽塗り　浴室／桧縁甲
  板張り拭き漆塗り
- **床**──玄関／御影石　ホール、ロビー、
  松幅広板厚24mmウレタン塗装　ル
  フロント／チークフローリング
  大広間／リュウビン畳敷き　客室
  ／松フローリング、桧フローリン
  グ、竹フローリング、畳敷き　浴
  室／諸御影石ビシャン仕上げ貼り
  廊下／松フローリング

### [別館棟]

- **天井**──玄関、居間、食堂　ホール、寝室わし、
  既存現わし／梁組現わし　居間・台所、ホー
  室、寝室／チークフローリング
  レタン塗装　子供室　杉厚12mm合決り
  羽重ね
- **壁**──ビニールクロス貼り
- **床**──玄関／御影石、チークフローリン
  グウレタン塗装　居間／台所、ホー
  ル、寝室／チークフローリングウ
  レタン塗装　子供室／畳敷き

### ●設備

- **冷暖房**──空冷ヒートポンプエアコン
- **給湯**──灯油式給湯器
- **主な設備機器**
- 台所──業務用厨房機器
- 洗面所──TOTO、INAX
- 浴室──製作
- トイレ──TOTO
- 照明──柳澤木工所、オーデリック

# 藤助の湯 ふじや

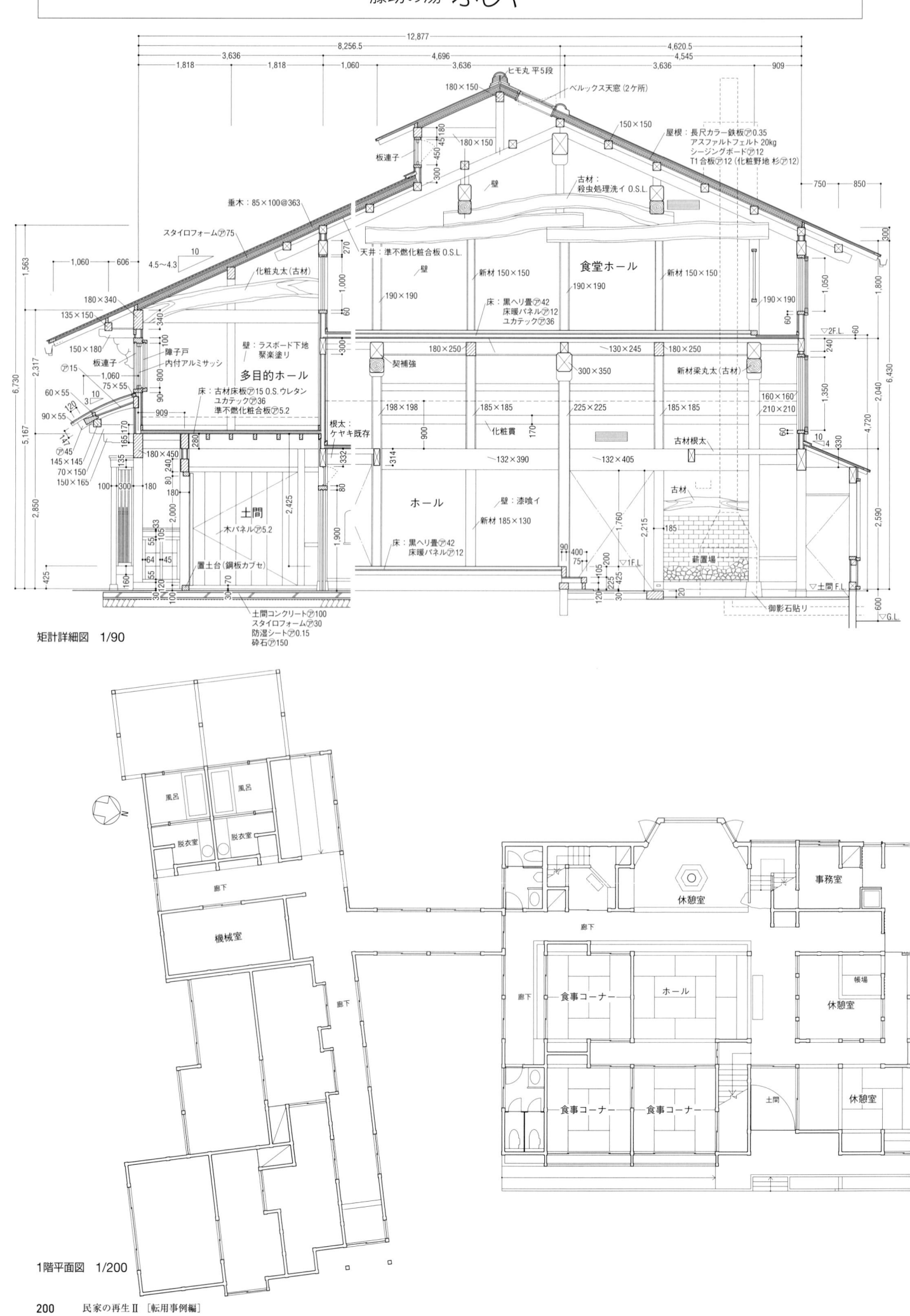

矩計詳細図　1/90

1階平面図　1/200

2階平面図

## 平瀬温泉 藤助の湯 ふじや

とうすけのゆふじや

〒501-5507
岐阜県大野郡白川村平瀬325-1
電話　05769-5-2611(代)
http://www.tousuke-fujiya.com

### 資料

- ●建物名──藤助の湯　ふじや
- 所在──岐阜県大野郡白川村
- ●設計──降幡建築設計事務所
- ●施工──金子工業
- 竣工──2002年4月
- 構造規模──木造2階建
- ●面積
- 敷地面積──2,591.90㎡
- 建築面積──申請部分800.30㎡、申請以外の部分93.37㎡　合計893.67㎡
- 延床面積──申請部分1,320.15㎡、申請以外の部分90.06㎡　合計1410.21㎡（申請部分1階／758.43㎡、申請以外の部分1階／90.06㎡、2階／561.72㎡　合計／1410.21㎡）
- 建蔽率──37.70%（60%）
- 容積率──49.60%（200%）
- 地域地区──都市計画区域外
- ●主な外部仕上げ
- 屋根──カラー鉄板長尺葺き
- 壁──ジョリパット左官仕上、腰板：杉ササラ下見板張り
- 建具──アルミサッシ、木製建具
- ●主な内部仕上げ
- 天井──とーじ・なかとーじ・ホール／木パネル厚5.2mm　客室／杉中杢練付合板竿縁天井、他
- 壁──とーじ・なかとーじ・ホール／ラスボード厚7mm＋漆喰塗り　客室／ラスボード厚7mm＋新京壁
- 床──とーじ・なかとーじ／珪藻土タタキ　ホール／黒縁畳敷き　客室／黒縁畳敷、他
- ●設備
- 冷暖房──エアコン、床暖房
- ●主な設備機器
- 台所──ホシザキ
- 洗面所・トイレ──TOTO

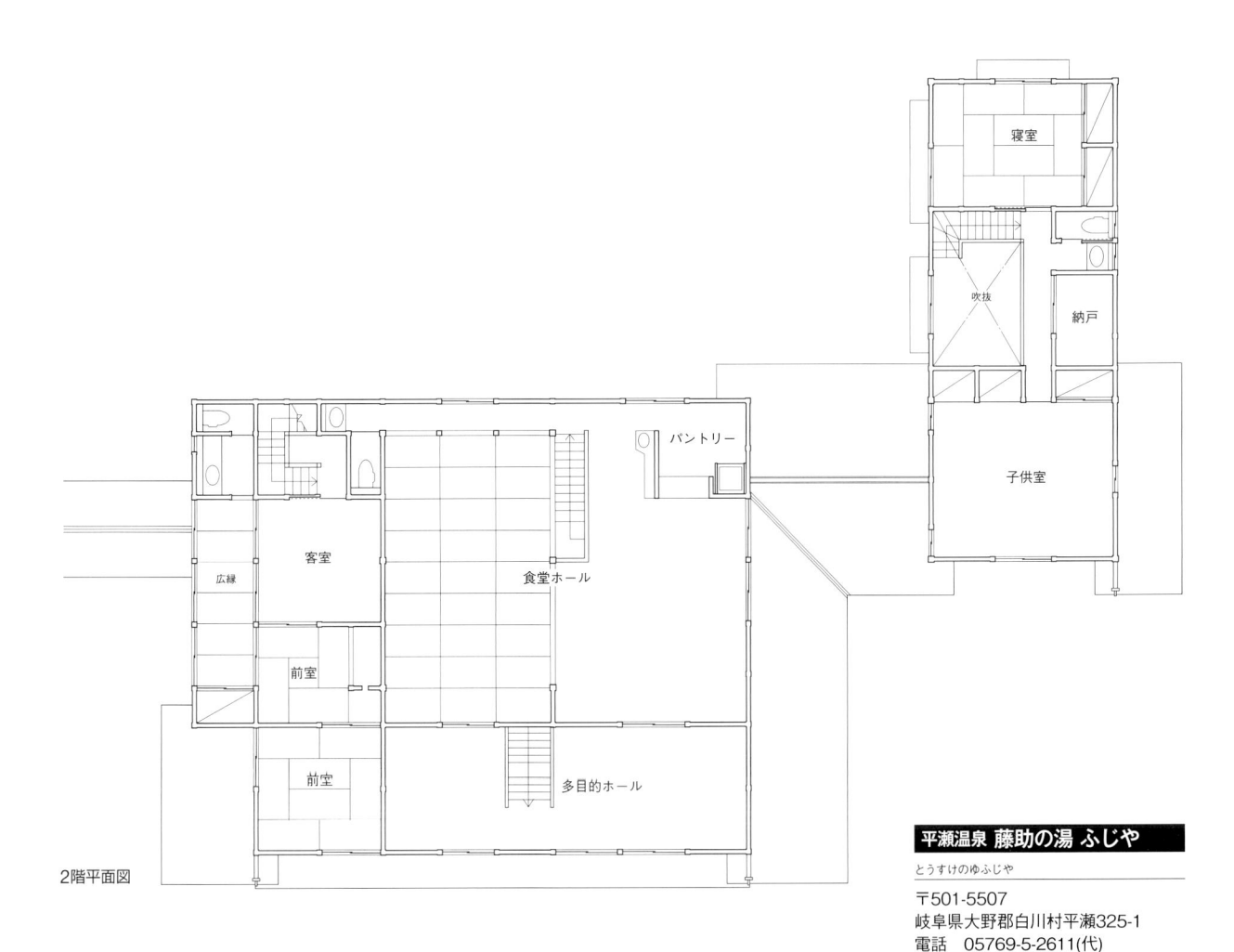

写真＝秋山実

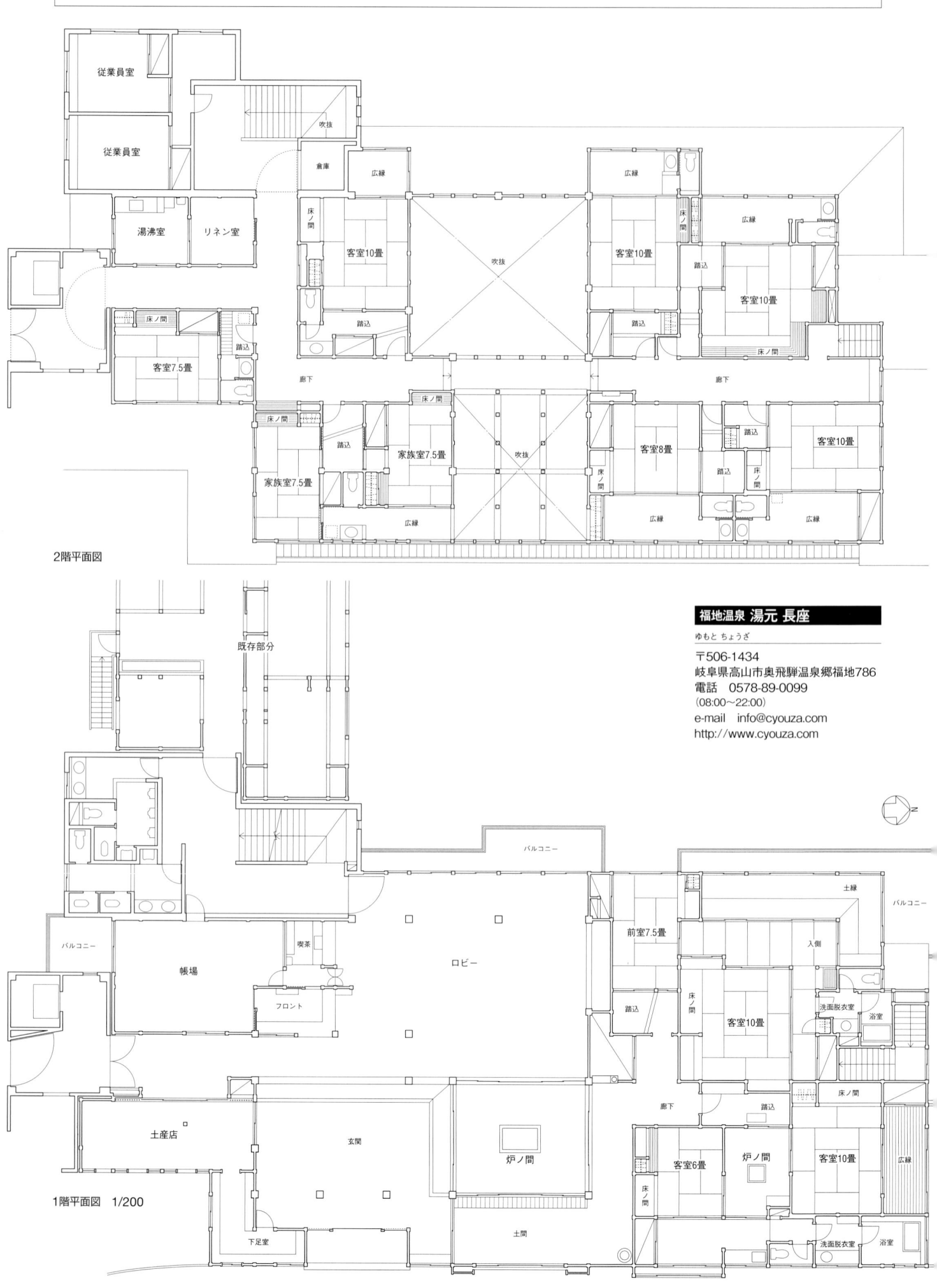

# 湯元 長座

2階平面図

1階平面図 1/200

既存部分

**福地温泉 湯元 長座**
ゆもと ちょうざ

〒506-1434
岐阜県高山市奥飛騨温泉郷福地786
電話　0578-89-0099
（08:00〜22:00）
e-mail　info@cyouza.com
http://www.cyouza.com

矩計詳細図 1/90

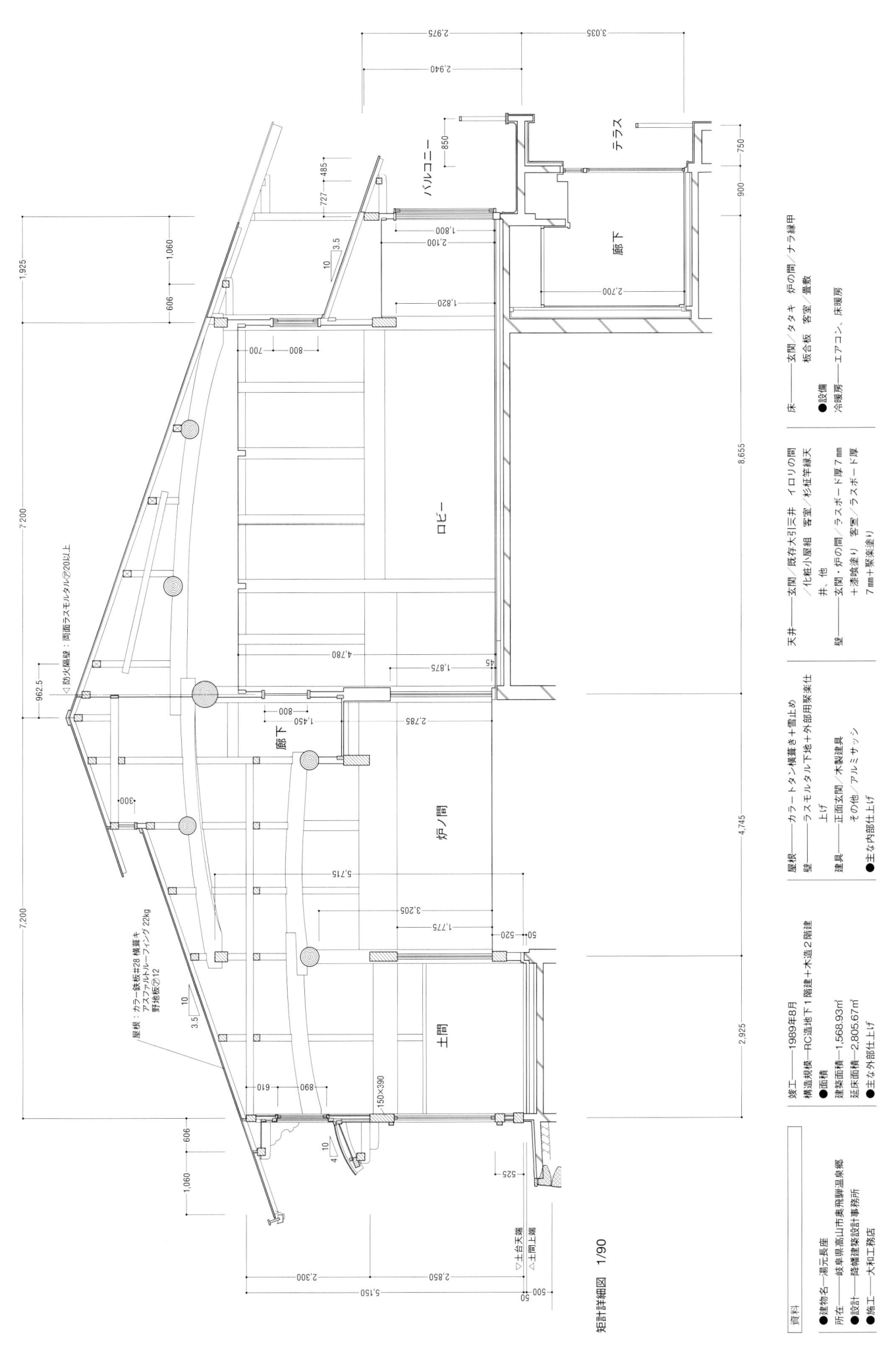

| 資料 | | |
|---|---|---|
| ●建物名 | 湯元長座 | |
| ●所在 | 岐阜県高山市奥飛騨温泉郷 | |
| ●設計 | 降幡建築設計事務所 | |
| ●施工 | 大和工務店 | |

●竣工――1989年8月
●構造規模――RC造地下1階建＋木造2階建
●面積
　建築面積――1,568.93㎡
　延床面積――2,805.67㎡
●主な外部仕上げ
　屋根――カラートタン横葺き＋雪止め
　壁――ラスモルタル下地＋外部用聚楽仕上げ
　建具――正面玄関／木製建具
　　　　　その他／アルミサッシ
●主な内部仕上げ
　天井――玄関／既存大引三引　化粧小屋組　客室／杉柾半縁天井、他　イロリの間　客室／杉柾半縁天井、他
　壁――玄関／炉の間／ラスボード厚7㎜＋漆喰塗り　客室／ラスボード厚7㎜＋茶楽塗り
　床――玄関／タタキ　炉の間／ナラ縁甲板合板　客室　畳敷
●設備
　冷暖房――エアコン、床暖房

# 松宝苑

**新平湯温泉 松宝苑**
しょうほうえん

〒506-1432
岐阜県高山市奥飛騨温泉郷一重ヶ根
電話　0578-89-2244
http://syohoen.com/
新宿・高山・大阪・富山より高速バス・特急バス有

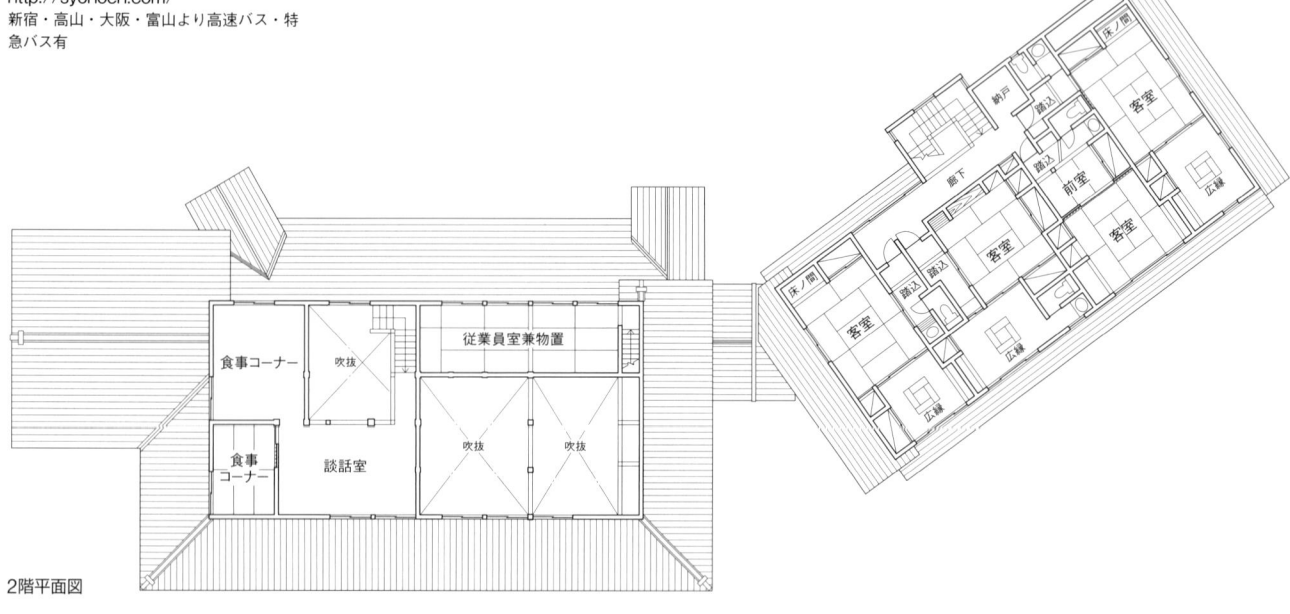

2階平面図

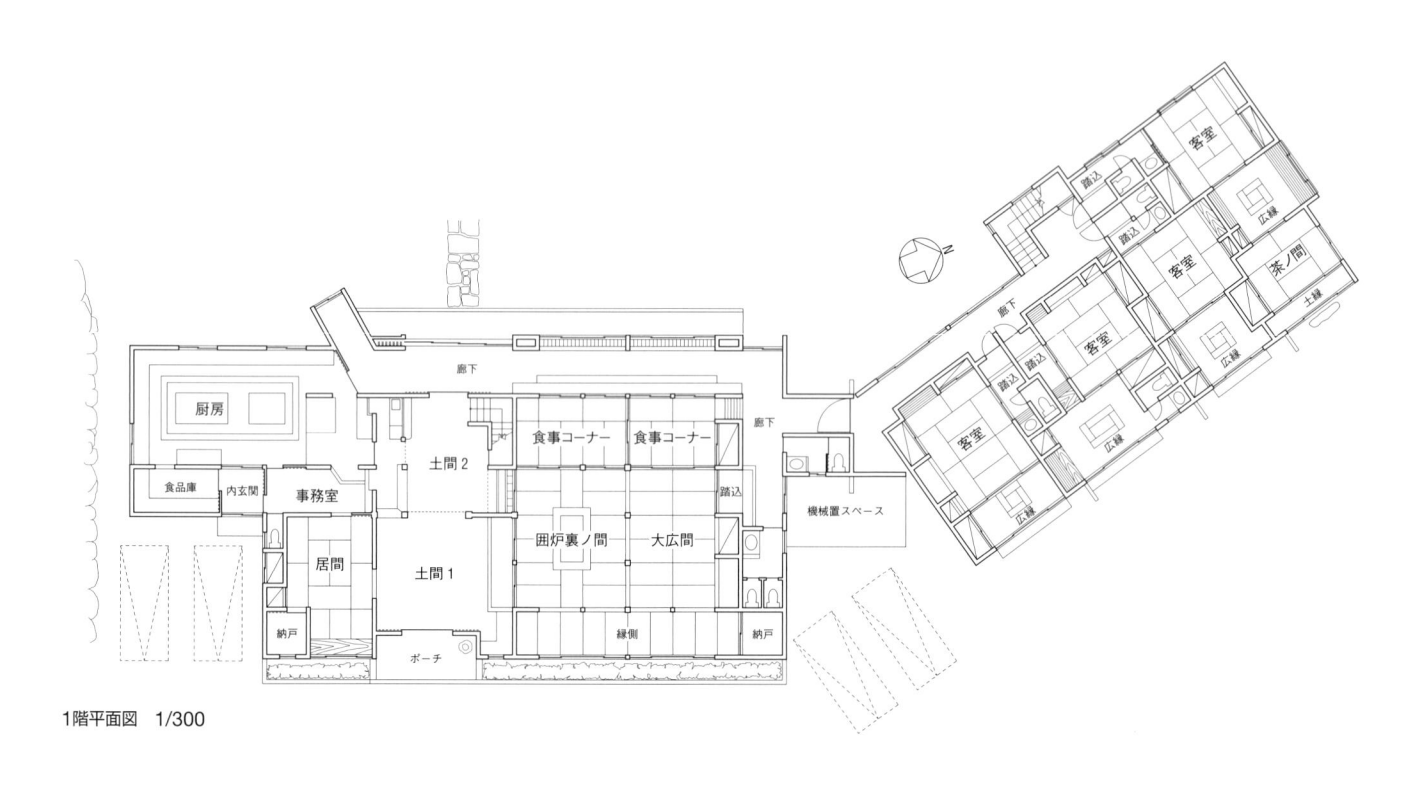

1階平面図　1/300

矩計詳細図 1/90

### 資料

- ●建物名──松宝苑
- 所在────岐阜県高山市奥飛騨温泉郷一重ヶ根
- ●設計───降幡建築設計事務所
- ●施工───金子工業
- 竣工────1999年7月
- 構造規模──木造2階建
- ●面積
- 敷地面積──5,369.44㎡
- 建築面積──1,315.56㎡
- 延床面積──1,449.12㎡
  (1階／1,060.15㎡　2階／388.97㎡)
- 建蔽率───24.50%（70%）
- 容積率───26.98%（200%）
- 地域地区──都市計画区域外
- ●主な外部仕上げ
- 屋根───カラー鉄板長尺葺き、一部土瓦葺き
- 壁────ラスモルタル下地＋ジョリパット吹付け
- ●主な内部仕上げ
- 天井───玄関・食事室／布クロス貼り　客室／竿縁天井
- 壁────ラスボード下地＋聚落塗り、一部漆喰塗り
- 床────玄関／珪藻土タタキ　客室／畳敷
- ●設備
- 冷暖房──空冷ヒートポンプエアコン、床暖房
- 給湯───ガス給湯器、電気温水器
- ●主な設備機器
- 洗面所──TOTO：L517

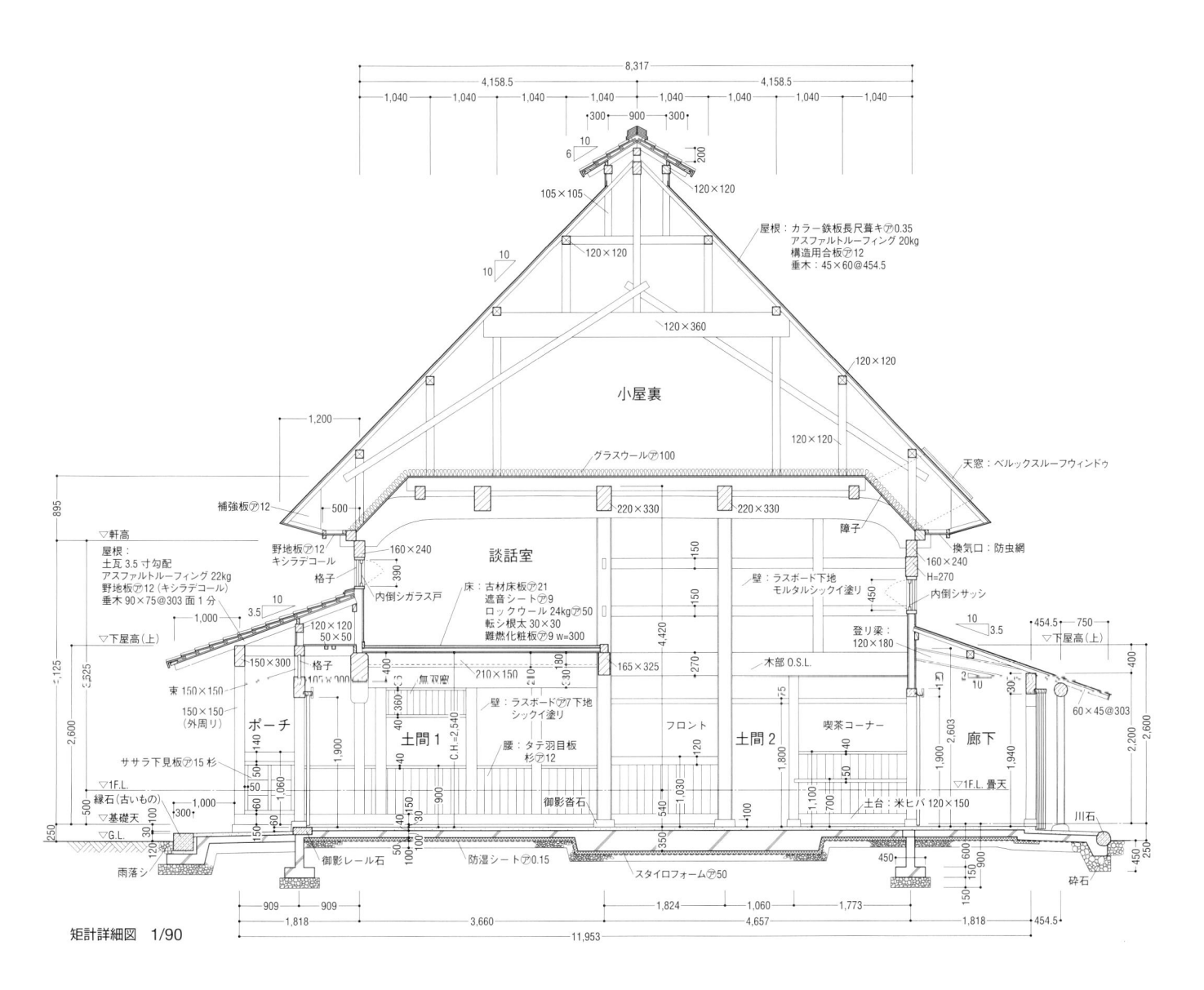

写真＝秋山実

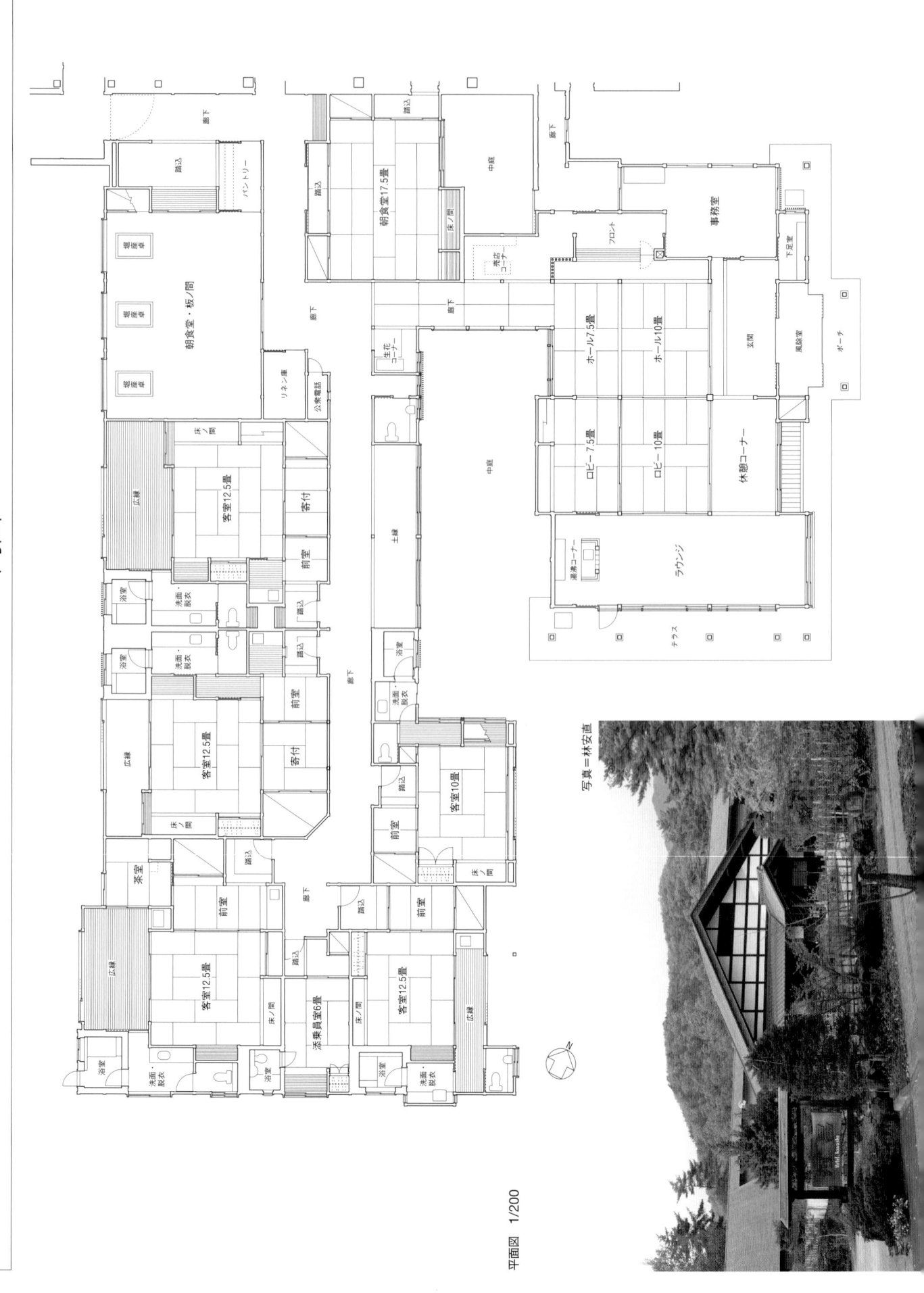

あずみ野 河昌

平面図 1/200

矩計詳細図 1/90

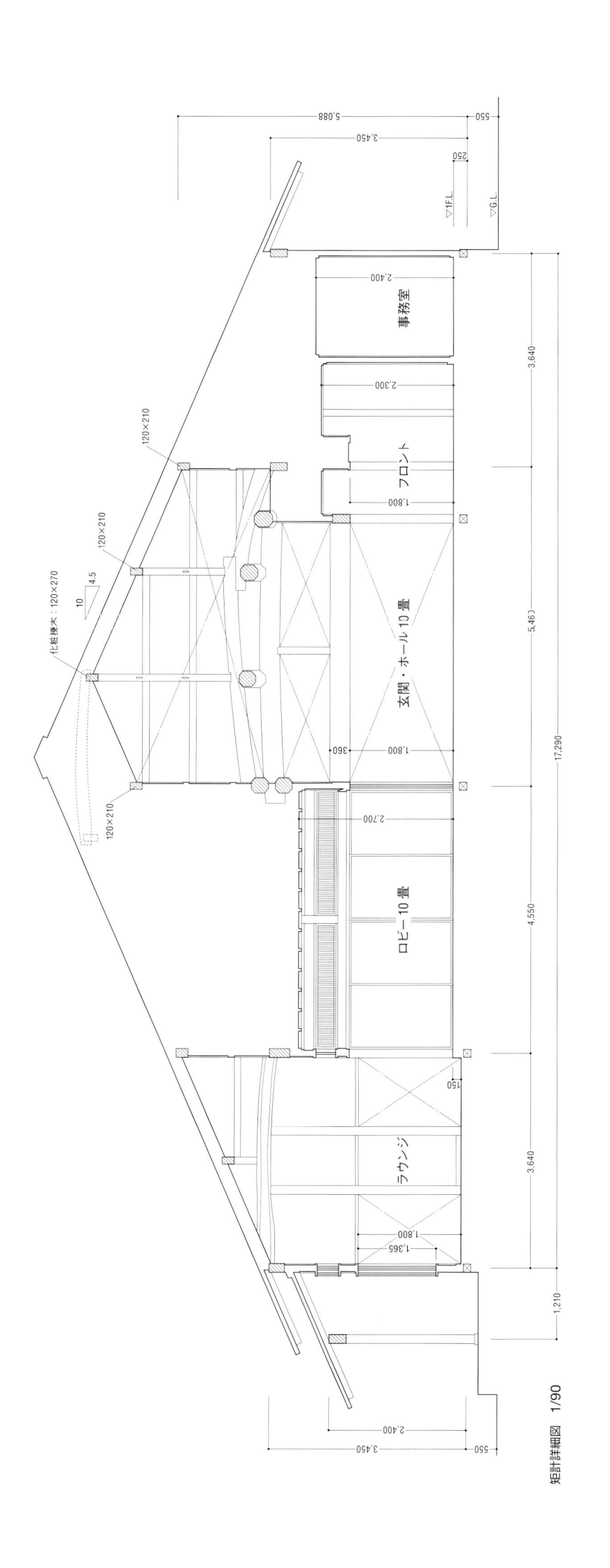

## 大町温泉郷 あずみ野 河昌
あずみの かわしょう

〒398-0001
長野県大町市大町温泉郷2860-1
電話 0261-22-4800
E-mail info@kawasyo.jp
http://www.kawasyo.jp
長野新幹線長野駅よりバス
JR大糸線信濃大町駅よりお迎えのみのサービス有

### 資料
- 建物名──あずみ野 河昌
- 所在──長野県大町市大町温泉郷
- 設計──陸欄建築設計事務所
- 施工──山共建設
- 竣工──1994年7月
- 構造規模──木造2階建＋RC造＋鉄骨造
- 面積──敷地面積─6,632.96㎡

建築面積─申請部分1,299.40㎡、申請以外の部分780.86㎡、合計2,080.28㎡
延床面積─申請部分1,497.04㎡、申請以外の部分747.11㎡、合計2,244.15㎡
（申請部分：地下1階／74.95㎡ 1階／1,273.62㎡ 2階／148.47㎡）
建蔽率─31.36%（50%）
地域地区─その他
●主な外部仕上げ

- 屋根──銅板一文字葺き、一部瓦葺き
- 壁──漆喰塗り、腰：杉化下見板張り
- 建具──ブロンズアルミサッシ、一部玄関戸：ガラス製自動ドア

●主な内部仕上げ
- 天井──玄関・丸太梁現わし漆喰塗り、客室／竿縁＋杉板他
- 壁──玄関／ラスボード厚7mm＋漆喰塗り、客室／ラスボード厚7mm＋聚楽塗り、他
- 床──玄関／瓦タイル四半敷、客室／畳敷、他

●設備
- 冷暖房──エアコン、床暖房
- 主な設備機器
- 台所──建築設備機器
- 洗面所・トイレ─TOTO

# 三水館

**鹿教湯温泉 三水館**

さんすいかん

〒386-0322
長野県上田市西内1866-2
電話　0268-44-2731
E-mail　info@sansuikan.info
http://www.sansuikan.info
JR長野新幹線上田駅より「鹿教湯温泉行き」バス40分 バス停「鹿教湯橋」下車徒歩5分
JR中央東線松本駅より「鹿教湯温泉行き」バス40分 バス停「鹿教湯橋」下車徒歩5分

2階平面図

写真＝林安直

1階平面図　1/200

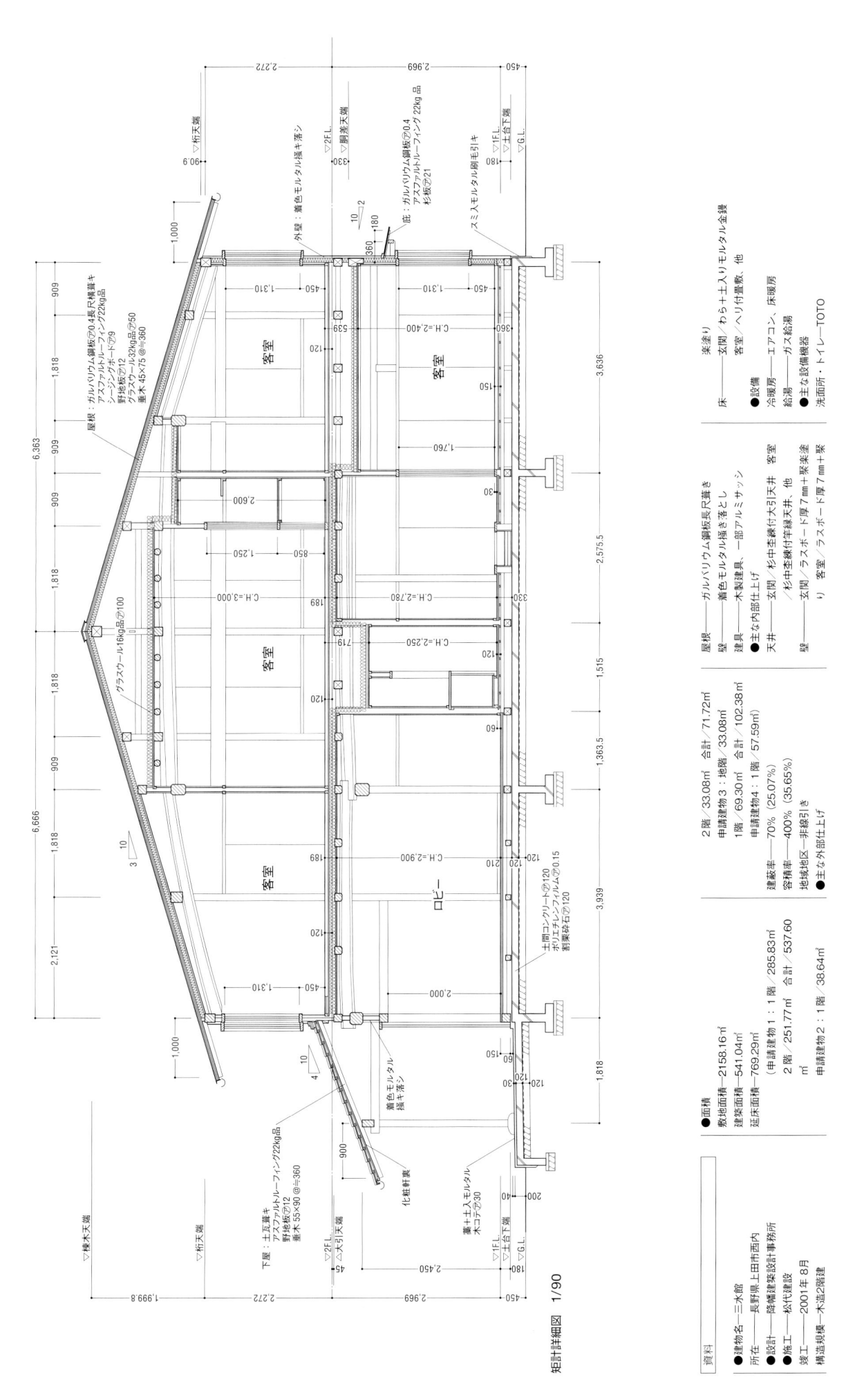

矩計詳細図 1/90

| 資料 | |
|---|---|
| ●建物名 | 三水館 |
| ●所在 | 長野県上田市西内 |
| ●設計 | 降幡建築設計事務所 |
| ●施工 | 松代建設 |
| ●竣工 | 2001年8月 |
| ●構造規模 | 木造2階建 |

●面積
敷地面積／2158.16㎡
建築面積／541.04㎡
延床面積／769.29㎡
　（申請建物1：1階／251.77㎡　合計／537.60㎡
　　　　　　2階／285.83㎡）
申請建物2：1階／38.64㎡
申請建物3：地階／33.08㎡
　　　　　　1階／69.30㎡　合計／102.38㎡
　　　　　　2階／33.08㎡　合計／71.72㎡
申請建物4：1階／57.59㎡
建蔽率／70％（25.07％）
容積率／400％（35.65％）
地域地区／非線引き

●主な外部仕上げ
屋根──ガルバリウム鋼板長尺葺き
壁　──着色モルタル櫛引き落とし
建具──木製建具　一部アルミサッシ

●主な内部仕上げ
天井──玄関・杉中杢縁付大引天井　客室　杉中杢縁付半縁天井、他
壁　──玄関／ラスボード厚7mm＋聚楽塗　客室／ラスボード厚7mm＋聚楽塗り
床　──玄関／わら＋土入りモルタル金鏝
　　　　　　　／わら＋土入りモルタル金鏝
　　　　　玄関／ヘリ付畳敷、他
●設備
冷暖房──エアコン、床暖房
給湯──ガス給湯
主な設備機器
洗面所・トイレ─TOTO

# 民宿 いけしょう

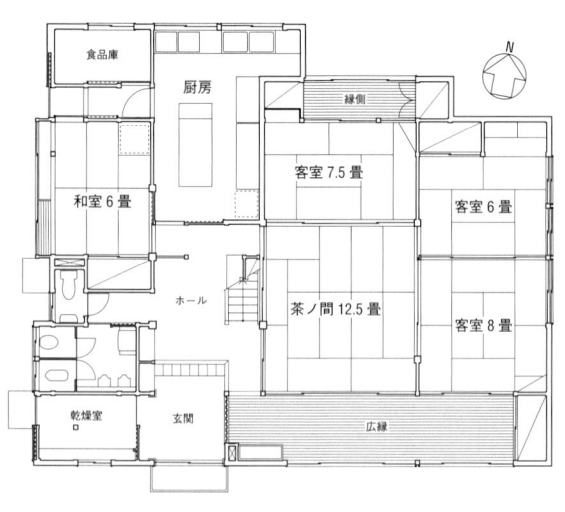

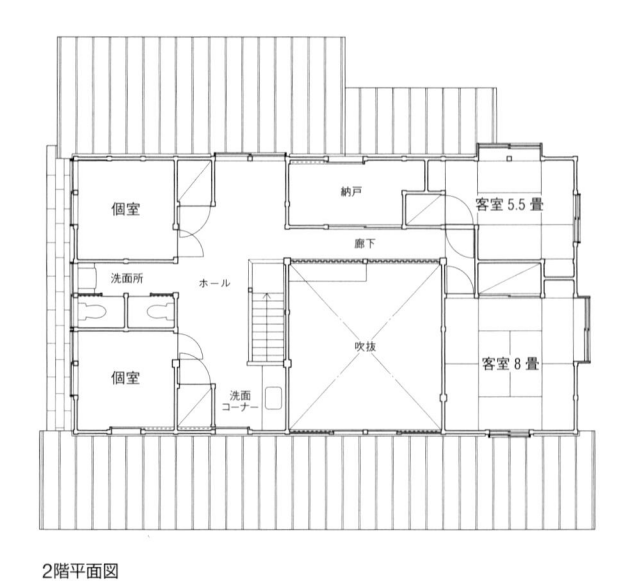

1階平面図 1/200

2階平面図

矩計詳細図 1/90

## 野沢温泉 民宿いけしょう

〒389-2502
長野県下高井郡野沢温泉村
豊郷寺湯8927
電話　0269-85-2138
JR飯山線上境駅下車・徒歩約54分

### 資料

- ●建物名──民宿いけしょう
- 所在────長野県下高井郡野沢温泉村寺湯
- ●設計────降幡建築設計事務所
- ●施工────松野
- 竣工────1996年11月
- 構造規模──木造2階建
- ●面積
  - 敷地面積─338.60㎡
  - 建築面積─149.00㎡
  - 延床面積─223.25㎡
    （1階／149.00㎡　2階／74.25㎡）

- 建蔽率──44%（70%）
- 容積率──65.9%（400%）
- 地域地区─都市計画区域内
- ●主な外部仕上
  - 屋根───増築部分：カラー鉄板厚0.35mm一文字葺き
    - 既存部分：カラー鉄板瓦棒葺き、葺替え（下屋のみ）
  - 壁────既存サイディングパネル撤去の上、米杉下見板パネル外部用OS
    - 既存漆喰塗り壁　薄塗り補修
  - 建具───木製建具及びアルミサッシ（ブロンズ色）一部ペアガラス使用
    - 既存建具補修利用　外部用OS

- ●主な内部仕上げ
  - 天井───玄関・ホール・客室／大引き現し
  - 壁────玄関・ホール／ラスボード厚7mm＋漆喰塗り　客室／既存塗り壁掻き落し＋聚楽塗り
  - 床────玄関／川砂利洗出し　ホール／ナラ複合フローリング厚15mm
    - 客室／畳表替え、黒縁
- ●設備
  - 給湯───ガス給湯
- ●主な設備機器
  - 洗面所・トイレ─TOTO
  - 浴室───建築工事
  - 照明───松下、東芝、岩崎

# 小梨の湯 笹屋

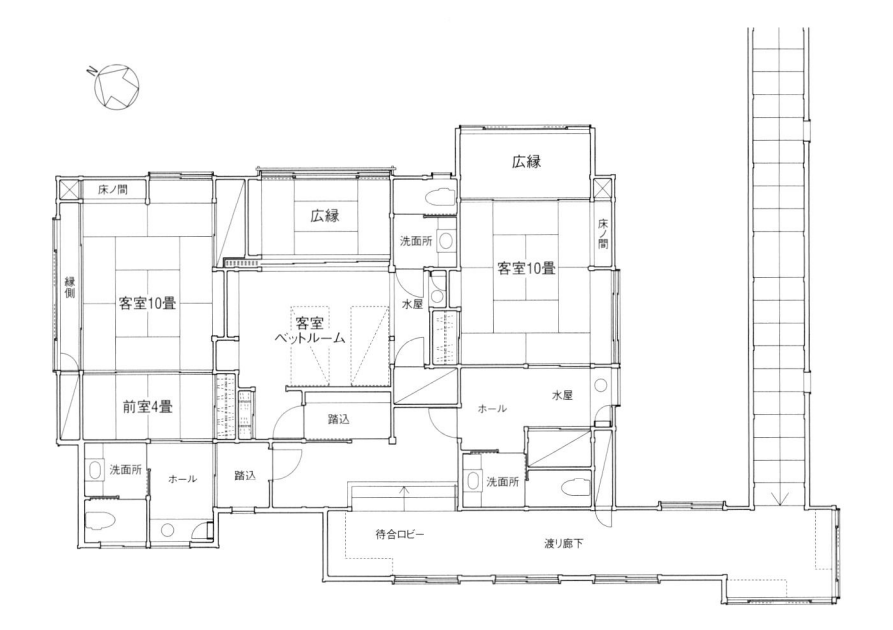

増築部分 平面図 1/200

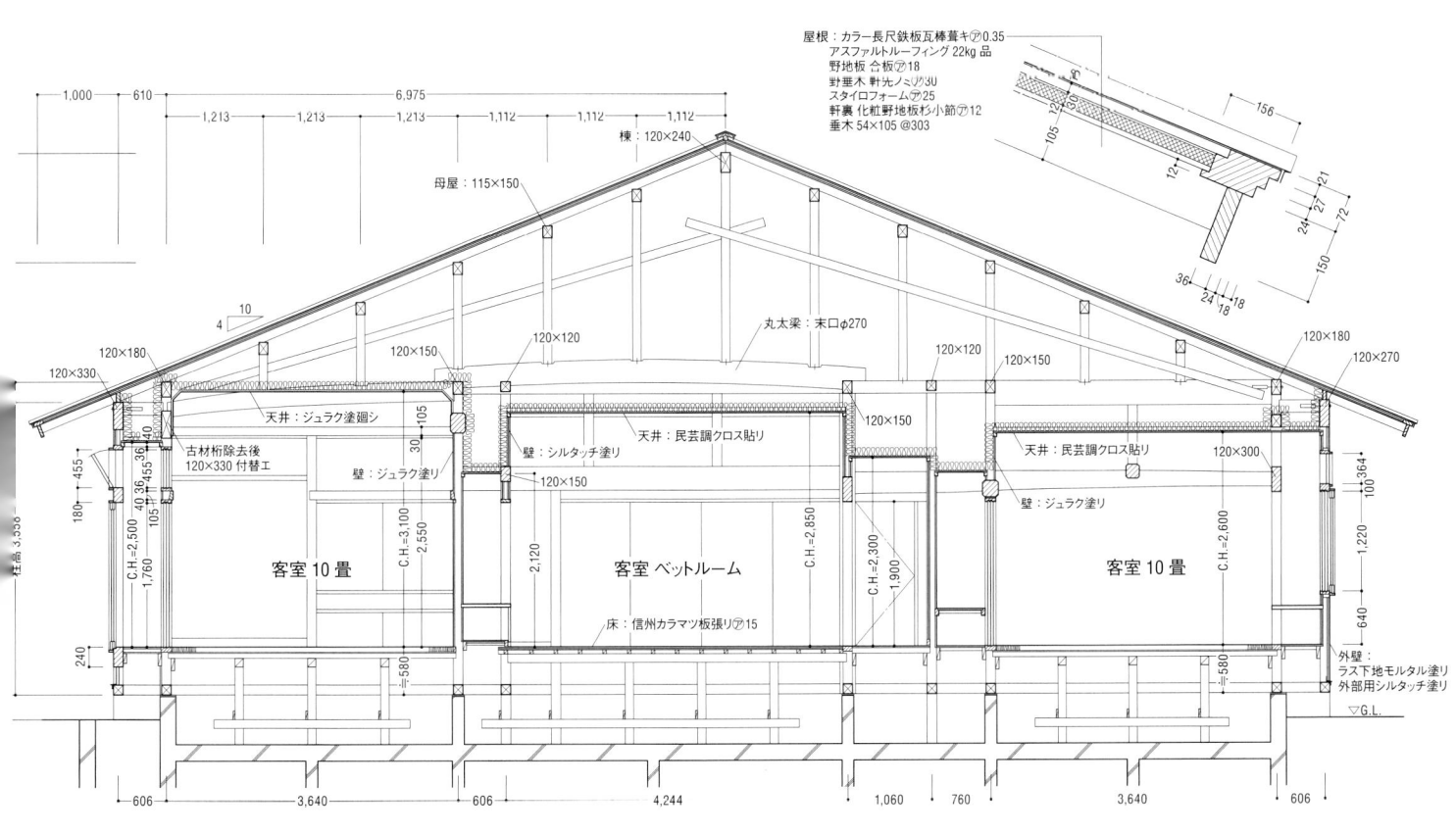

矩計詳細図 1/90

## 白骨温泉 小梨の湯 笹屋
こなしのゆ ささや

〒390-1515
長野県松本市安曇4182-1
電話　0263-93-2132
http://konashinoyu.com
松本電鉄新島々駅下車
バス60分・タクシー40分

### 資料
- 建物名──小梨の湯笹屋
- 所在──長野県松本市安曇白骨
- 設計──降幡建築設計事務所
- 施工──山共建設
- 竣工──1989年12月
- 構造規模──木造2階建
- ●面積
  - 敷地面積─7,161㎡
  - 建築面積─申請部分136.63㎡＋申請以外の部分321.71㎡　合計458.34㎡
  - 延床面積─申請部分266.23㎡＋申請以外の部分552.34㎡　合計818.57㎡
  - (B／申請以外の部分26.5㎡：1階／申請部分219.86㎡　申請以外の部分305.98㎡　2階／申請部分46.37㎡　申請以外の部分219.86㎡)
- 地域地区─国立公園
- ●主な外部仕上げ
  - 屋根──増築部分／カラー鉄板横葺き
  - 壁──漆喰塗り、一部堅羽目板板張り
  - 建具──アルミサッシ、一部面格子付き
- ●主な内部仕上げ
  - 天井──ホール／クロス貼り　客室／梁現わし聚楽塗り、他
  - 壁──ホール／ラスボード厚7mm＋漆喰塗り　客室／ラスボード厚7mm＋聚楽塗り、他
  - 床──ホール／カーペット敷込（フェルト）客室／タタミ敷、他
- ●設備
  - 冷暖房──一部床暖房
  - 給湯──既存利用
- ●主な設備機器
  - 洗面所・トイレ─TOTO
  - 照明──松下、東芝、他
  - 浴室──建築工事

## 民家の再生・店舗等　作品リスト

| 工事名 | 所在 | 構造・規模 | 延床面積 | 着工年月日／竣工年月日 | 担当者名 | 備考 |
|---|---|---|---|---|---|---|
| ささや | 長野県松本市 | 木造2階建 蔵造り | 87.00㎡ | 1967年 3月／1967年 10月 | 降幡廣信 | 和食処 |
| 石亭 | 長野県松本市 | 木造2階建 | 262.10㎡ | 1967年 3月／1968年 10月 | 浅田光雄 | 旅館 |
| 平野酒造 | 長野県楢川村 | 木造2階建 | 293.99㎡ | 1974年 5月／1974年 8月 | 井口正美 | 住宅併用 |
| 中村 | 長野県松本市 | 木造2階建 | 109.73㎡ | 1974年 9月／1975年 3月 | 井口正美 | 資料館 |
| 木曽屋 | 長野県松本市 | 木造2階建 | 222.34㎡ | 1975年 3月／1975年 7月 | 藤原清志 | 和食処 |
| 上問屋資料館 | 長野県楢川村 | 木造2階建 | 344.00㎡ | 1976年 3月／1976年 8月 | 藤原清志 | 資料館 |
| 笹屋 | 長野県楢川村 | 木造2階建 | 125.40㎡ | 1977年 4月／1977年 8月 | 藤原清志 | 雑貨 |
| 花織 | 岡山県倉敷市 | 木造2階建 土蔵造り | 301.40㎡ | 1978年 1月／1979年 1月 | 降幡廣信 | 土産物 |
| 懶（ものぐさ）亭 | 長野県松本市 | 木造平屋建 | 206.02㎡ | 1980年 5月／1980年 10月 | 萬羽増雄 | ドライブイン移築 |
| 萬翠樓福住 | 神奈川県箱根町 | 木造3階建 土蔵造り | 内装403.00㎡ | 1980年 7月／1980年 12月 | 松岡秀直 | 旅館 |
| 山共建設社屋 | 長野県三郷村 | 木造2階建 | 294.98㎡ | 1983年 4月／1983年 12月 | 藤原清志 | 新潟県より移築 |
| 辻工房 | 長野県穂高町 | 木造2階建 | 367.32㎡ | 1983年 10月／1984年 10月 | 藤原清志 | 新潟県より移築 |
| 石井味噌 | 長野県松本市 | 木造2階建 | 55.60㎡ | 1984年 8月／1985年 5月 | 藤原清志 | 味噌屋休憩室 |
| 和泉屋旅館 | 長野県松本市 | 木造2階建 | 493.57㎡ | 1985年 3月／1987年 7月 | 川上恵一 | 旅館 |
| 手塚商店 | 長野県楢川村 | 木造2階建 | 188.50㎡ | 1985年 4月／1985年 12月 | 松田郁夫 | 住宅併用、漆製品 |
| **車家** | 東京都八王子市越野 | 木造2階建 | 265.58㎡ | 1985年 9月／1986年 8月 | 川辺昌弘 | そば屋、住宅併用 福島県の中門造りを移築 |
| 長井医院 | 山口県小野田市 | 木造平屋建 | 180.00㎡ | 1986年 3月／1986年 11月 | 赤坂 攻 | 医院 |
| カネホン商店 | 長野県塩尻市 | 木造2階建 | 184.58㎡ | 1986年 4月／1986年 12月 | 藤原清志 | 酒店 |
| 鈴木斐庫人 | 山梨県甲府市 | 木造2階建 | 195.96㎡ | 1986年 3月／1987年 3月 | 赤坂 攻 | 病院厚生施設 |
| 木舟 現在 我馬 | 広島県広島市 | 木造2階建 | 110㎡ | 1987年 3月／1987年 8月 | 松田郁夫 | 2011年和食処からラーメン店へ改修、新潟県の民家を移築 |
| 指月庵 | 長野県諏訪市 | 木造2階建 | 301.30㎡ | 1987年 6月／1988年 4月 | 勝家 健 | 休憩所、住宅併用 |
| 小手川商店 | 大分県臼杵市 | 木造2階建 | 300.04㎡ | 1987年 6月／1988年 1月 | 藤岡龍介 | 商店 |
| 飯沼飛行士生家 | 長野県豊科町 | 木造2階建 | 274.61㎡ | 1988年 9月／1989年 4月 | 勝家 健 | 住宅併用 |
| 飯沼記念館 | 長野県豊科町 | 木造2階建 | 73.7㎡ | 1988年 10月／1989年 4月 | 井上妙子 | 記念館 |
| **湯元 長座** | 岐阜県高山市奥飛騨温泉郷福地温泉 | 地階RC造 木造2階建 | 2,805.67㎡ | 1988年 11月／1989年 8月 | 大谷景子 | 旅館、新潟県より移築 |
| **工芸ギャラリーひよし** | 埼玉県さいたま市 | 木造2階建 | 163.31㎡ | 1988年 11月／1989年 8月 | 川辺昌弘 | 住宅併用 |
| 栗の家 | 茨城県岩間町 | 木造平屋建 | 246.34㎡ | 1988年／1989年 12月 | 小坂 進 | 和食処 |
| 栗の家 蔵 | 茨城県岩間町 | 木造平屋建 石蔵造り | 75.76㎡ | 1988年／1989年 12月 | 小坂 進 | 和食処 |
| 武井工芸店 | 長野県長野市 | 木造2階建 土蔵造り | 151.27㎡ | 1988年 9月／1989年 5月 | 清水 宏 | 民芸品 |
| **小梨の湯 笹屋** | 長野県松本市安曇野 | 木造2階建 | 266.23㎡ | 1989年 6月／1989年 12月 | 松田郁夫 | 旅館、新潟県より移築 |
| ひかり味噌 | 長野県飯島町 | 木造2階建 土蔵造り | 67.70㎡ | 1989年 7月／1989年 12月 | 堀 郁夫 | 展示場 |
| 見晴荘（斎藤勝幸） | 長野県白骨温泉 | 木造2階建 | 429㎡ | 1989年 4月／1989年 9月 | 川上恵一 | 温泉旅館 |
| ひかるや | 長野県松本市 | 木造2階建 土蔵造り | 450.76㎡ | 1989年 5月／1990年 10月 | 松岡秀直 | 資料館、レストラン |
| **あずみ野河昌** | 長野県大町市 大町温泉郷 | 木造2階建＋RC造＋鉄骨造 | 2,244.15㎡ | 1991年 3月／1994年 12月 | 松田郁夫 | 温泉旅館 |
| **塩尻短歌館** | 長野県塩尻市広丘 | 主屋木造2階建 | 449.36㎡ | 1991年 4月／1992年 3月 | 川上恵一 | 記念館 |
| **備伊巣** | 三重県津市一志町 | 木造2階建 | 305.16㎡ | 1900年 11月／1992年 5月 | 藤岡隆介 | 病院厚生施設 |
| 淨蓮寺庫裏 | 長野県長野市川中島 | 木造2階建 | 434.44㎡ | 1991年 7月／1992年 6月 | 清水 宏 | 庫裏 |
| **麓庵かつ玄** | 長野県松本市島内 | 木造2階建 | 288.20㎡ | 1992年 5月／1993年 3月 | 松田郁夫 | 食事処 |

太ゴシックは本誌掲載の建物

| 工事名 | 所在 | 構造・規模 | 延床面積 | 着工年月日 / 竣工年月日 | 担当者名 | 備考 |
|---|---|---|---|---|---|---|
| 松月 | 富山県富山市岩瀬町 | 木造2階建 | 1,100㎡ | 1993年 10月 / 1994年 8月 | 降幡廣信 | 料亭 |
| **杏の里板画館 森獏郎美術館** | 長野県千曲市森 | 木造2階建 | 346.33㎡ | 1994年 3月 / 1995年 4月 | 丸山裕之 | 美術館 |
| 柿次郎 | 三重県桑名市森忠 | 木造平屋建 | 858㎡ | 1995年 9月 / 1996年 6月 | 清水 宏 大村万里子 | 食事処 |
| 四季彩 | 岐阜端浪市一色町 | 木造2階建 | 281.01㎡ | 1995年 9月 / 1996年 6月 | 八木美砂子 | 花屋 |
| **中町・蔵シック館** | 長野県松本市中央 | 木造2階建 | 445.64㎡ | 1995年 3月 / 1996年 3月 | 清水 宏 | 催事場 |
| **民宿いけしょう** | 長野県野沢温泉村 | 木造2階建 | 223.25㎡ | 1996年 4月 / 1996年 11月 | 櫻井靖雄 | 民宿 |
| 木野邑 | 大阪府大阪市生野区 | 木造平屋建 一部木造2階建 | 690.10㎡ | 1995年 10月 / 1997年 4月 | 天野善夫 | 催事場 |
| うらしま | 長野県松本市 | 木造2階建 | 99.38㎡ | 1997年 5月 / 1997年 10月 | 大村万里子 | 食事処 |
| むじな荘増築工事 | 長野県白馬村神城 | 木造2階建 | 117.05㎡ | 1996年 8月 / 1997年 10月 | 安藤政英 | 旅館 |
| **桜の庄兵衛** | 大阪府豊中市中桜塚 | 木造平屋建 一部木造2階建 | 409.47㎡ | 1996年 10月 / 1997年 12月 | 藤岡龍介 | 催事場 |
| イエローハット研修施設 | 山口県山口市 | 木造平屋建 | 204.40㎡ | 1997年 5月 / 1998年 6月 | 川辺昌弘 | 研修施設 |
| はざま酒造 | 岐阜県中津川市本町 | 木造平屋建 | 498.33㎡ | 1998年 5月 / 1998年 10月 | 池内 剛 | 醸造所 |
| **松宝苑** | 岐阜県高山市奥飛騨温泉郷新平湯温泉 | 木造2階建 | 1,449.12㎡ | 1996年 8月 / 1998年 10月 | 安藤政英 | 温泉旅館 |
| **三水館** | 長野県上田市西内 | 木造2階建 | 769.29㎡ | 1999年 3月 / 2000年 3月 | 川上恵一 | 温泉旅館 |
| **鈴廣蒲鉾本店** | 神奈川県小田原市風祭 | 木造2階建 | 433.15㎡ | 1999年 10月 / 2001年 6月 | 小坂 進 田中良孝 | レストラン・売店 |
| 天狗乃茶屋 | 長野県御代田町 | 木造平屋建 | 181.5㎡ | 2000年 4月 / 2001年 10月 | 安藤政英 | 食事処 |
| 高徳寺 | 富山県南砺市 | 木造平屋建 | 533.93㎡ | 2000年 10月 / 2001年 12月 | 赤坂設計協力 | 本堂・客殿 |
| 正麟寺 | 長野県松本市 | 木造2階建 | 857.55㎡ | 2001年 2月 / 2001年 12月 | 岑村みどり | 本堂・庫裏 |
| 高橋節郎記念美術館 | 長野県安曇野市 | 木造平屋建 | 136.95㎡ | 2001年 6月 / 2001年 12月 | 津村康範 | 美術館 |
| 富久錦（酒造） | 兵庫県加西市 | 木造2階建 | 488.27㎡ | 2000年 11月 / 2001年 11月 | 久富雅雄 | 食事処・売店 |
| 真光寺 | 長野県安曇野市 | 木造2階建 | 440.83㎡ | 2000年 10月 / 2002年 4月 | 池内 剛 | 庫裏 |
| **藤助の湯ふじや** | 岐阜県白川村平瀬温泉 | 木造2階建 | 1,320.15㎡ | 2001年 4月 / 2002年 4月 | 安藤政英 | 温泉旅館 |
| 富士屋Gallery「一也百」 | 大分県別府市鉄輪 | 木造2階建 | 735.9㎡ | 2002年 8月 / 2004年 4月 | 降幡廣信 大分住宅研究室協力 | ギャラリー |
| 徳運寺離れ再生工事 | 長野県松本市入山辺 | 木造平屋建 | 85.24㎡ | 2004年 6月 / 2004年 7月 | 岑村みどり | 庫裏附属 |
| 久楽 | 大分県臼杵市したの江美埼 | 木造2階建 塗屋造り | 766.5㎡ | 2003年 11月 / 2004年 8月 | 高橋文一級建築事務所 | ふぐ料理 |
| 志楽の湯 | 神奈川県川崎市幸区塚越 | 木造平屋建 | 1,882.6㎡ | 2003年 11月 / 2005年 5月 | 松田郁夫 | 公衆銭湯、工場用途変更 |
| 臼杵市子供図書館 | 大分県臼杵市 | 木造2階建 | 393.20㎡ | 2005年 1月 / 2005年 7月 | 川辺昌弘 | 図書館 |
| **さやの湯処** | 東京都板橋区前野町 | 木造平屋建 | 393.69㎡ | 2004年 9月 / 2005年 12月 | 小坂 進 水井七奈子 | スーパー銭湯 |
| かりん亭 | 大分県臼杵市市浜 | 木造平屋建 | 141.90㎡ | 2005年 1月 / 2005年 7月 | 降幡廣信 芝設計協力 | 食事処 |
| 倫理研究所創始者 丸山敏雄生家 | 福岡県豊前市天和 | 木造平屋建 | 139.00㎡ | 2004年 9月 / 2006年 2月 | 芝山憲祐 大分住宅研究室協力 | 記念館 |
| 慶宮寺 | 新潟県佐渡市宮川 | 木造2階建 | 120.39㎡ | 2005年 8月 / 2006年 3月 | 篠伊知郎 | 庫裏 |
| こむぎ亭 | 長野県安曇野郡三郷温 | 木造平屋建 | 336.19㎡ | 2005年 9月 / 2006年 5月 | 堀 郁夫 | 食事処 |
| 無量寺 | 長野県松本市四賀 | 木造2階建 | 491.75㎡ | 2006年 4月 / 2007年 4月 | 篠伊知郎 建築設計事務所協力 | 庫裏 |
| **料理宿やまざき** | 福井県丹生郡越前町 | 木造2階建 | 832.41㎡ | 2007年 4月 / 2007年 10月 | 宮入聖子 金澤設計協力 | 料理宿 |
| **常乙女** | 広島県廿日市市 | 木造2階建 | 207.88㎡ | 2008年 12月 / 2009年 11月 | 手賀俊光 | ギャラリー |
| **佐藤医院** | 新潟県岩船郡関川村 | 木造2階建 | 499.67㎡ | 2009年 3月 / 2009年 12月 | 岑村みどり 手賀俊光 | 医院・住宅 |
| 宮崎邸 | 千葉県印西市 | 木造平屋建 | 244.87㎡ | 2006年 11月 / 2008年 11月 | 小坂 進 ＋東京事務所 | 食事処・催場 |
| 弥生座 | 長野県長野市 | 木造2階建 | 33.00㎡ | 2013年 8月 / 2013年 12月 | 大村万里子 宮入聖子 | 食事処 |

## おわりに

『民家の再生Ⅱ　転用事例編』のために、ご無沙汰していた方々とお目にかかることができた。言葉を交わしただけの方もおられたが、私にとっては懐かしい再会を果たした思いだった。今回の収録はこれまで手掛けた商業施設54軒のうちの約半分だった。仕事を始めて53年、こんな感慨を深めることができたのも、永い間仕事を続けてきたからに他ならない。過去の仕事とともにあった時に触れ、その時代を振り返ることにもなった。

そのなかで、多くの方にお目にかかってお話をうかがうことができたが、いちいちここで紹介することはできない。「車家」の小川さんがくださった手紙を、再生された方々全員の想いと受け止め、その一部を紹介させていただく。

*

「このたびは先生の民家再生作品集に掲載していただき、たいへん光栄に思っております。ありがとうございます。

また、「車家」の店舗（民家）の表情、想いが誰よりも褒めていただきたい先生に伝わり、ご紹介いただけますことは本当に嬉しいです。

店舗のための民家移築を決定するにあたり、多くの方々にお話をうかがいました。なかでも私のそばの師匠であります片倉康雄先生に"良いものをつくりなさい。ある水準を超えたものは、その人の所有を超えて地域の財産に、さらに自治体の文化財になり、多くの方々を楽しませてくれます。法隆寺をみなさい。いまや国を超えて世界の宝です。本物を大切に扱ってあげると、味わいの表情がみえ始め、恩返しをしてくれるものです。穏やかな家には穏やかな人が育つ。間違っても時間が経ったら産業廃棄物になるような文化の低いことは避けてください。"とのお言葉をいただきました。

降幡先生の作品であり、目黒さんの家であり、「車家」の店舗であり、片倉先生、棟梁の伊藤さん、建具屋さん、左官屋さん、その他の職人さんの作品であります「車家」は、皆様方からの預かりもので、大切に管理しながら次の世代へ引き継ぐ考えです。想いのたくさんつまった「車家」をつくっていただき、心から感謝申し上げます。」

*

以上の言葉を重く受け止め、心に刻んで今後10年、94歳まで現役として仕事に励む決意である。94歳というのは、ある会における「村野藤吾先生より1年でも長生きして、再生を見守ってください。」という村松貞次先生とのお約束だった。

私の民家再生の初めから長らく編集でお世話くださった立松久昌氏は他界していまはもうおられない。その声を聞かれないのは淋しい限りである。しかし、前回『民家の再生』を編集してくださった建築思潮研究所の相談役平良敬一氏が元気でおられる。力強い限りである。今回は、平良氏の意をくんで小泉淳子さんが担当してくださった。そのご苦労に対し心より感謝申し上げる。

降幡廣信

降幡廣信（ふりはた・ひろのぶ）

| | |
|---|---|
| 1929年 | 長野県に生まれる |
| 1951年 | 青山学院専門学校建築科卒業 |
| 1953年 | 関東学院大学建築学科卒業 |
| 〜55年 | 同大学建築学教室助手 |
| 1961年 | 山共建設株式会社を継承（三代目） |
| 1963年 | 降幡建築設計事務所設立 |
| 1984年〜2003年 | 大阪市立大学、信州大学にて講師を勤める |
| 2013年 | 事務所設立50周年 |

＊

現在、（財）因幡街道ふるさと振興財団理事、松本市文化財審議会委員

| | |
|---|---|
| 1990年 | 日本建築学会賞受賞（業績） |
| 1997年 | 安曇野大賞 |
| 2013年 | 松本芸術文化協会　地域文化特別賞 |

著書に

『民家建築の再興』（鹿島出版会）、『民家の再生——降幡廣信の仕事』（建築資料研究社）、『民家再生の実践　ひろがる活用法とその設計』（彰国社）、『古民家再生ものがたり』（晶文社）、『民家再生の設計手法』（彰国社）、『現代の民家再考』（鹿島出版会）など

表　紙／「民宿 いけしょう」　写真＝林安直
裏表紙／右上「あずみ野 河昌」　写真＝林安直
　　　　右下「鈴廣蒲鉾本店」　写真＝秋山実
　　　　左上「車家」　写真＝秋山実
　　　　左下「藤助の湯 ふじや」　写真＝秋山実

# 民家の再生 II
転用事例編

発行日
2014年6月15日
著者
降幡廣信／降幡建築設計事務所
編集人
平良敬一
編集所
(有)建築思潮研究所
〒130-0026 東京都墨田区両国4-32-16両国プラザ1004号
電話03-3632-3236　FAX 03-3635-0045
発行人
馬場栄一
発行所
(株)建築資料研究社
〒171-0014 東京都豊島区池袋2-38-2 COSMY-I 4F
電話03-3986-3239　FAX 03-3987-3256

表紙・本文デザイン
大坂 智
印刷・製本
図書印刷株式会社

ISBN978-4-86358-291-0
©Hironobu Furihata